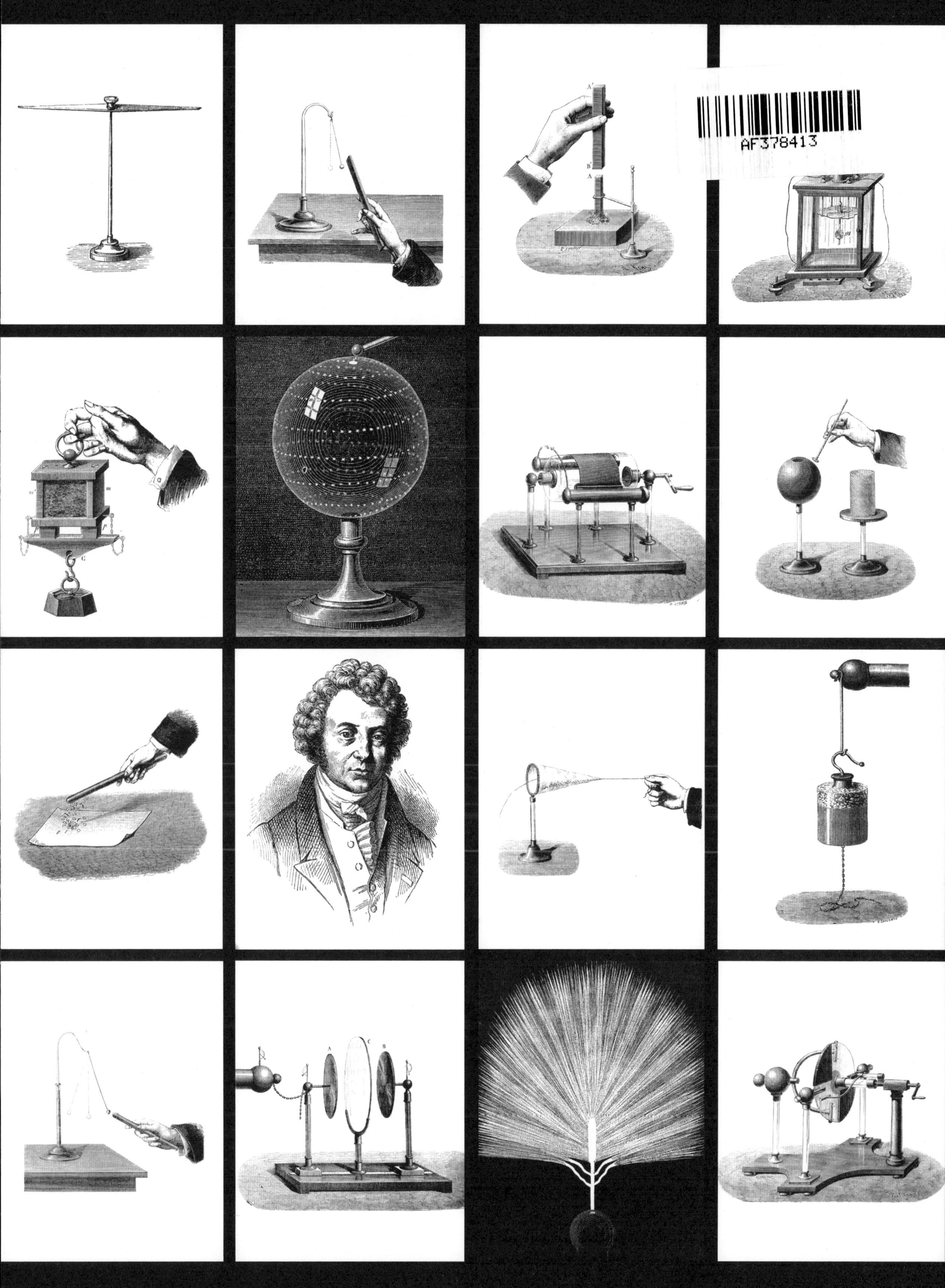

STEFANO RUSSO
HOMO MECHANICUS

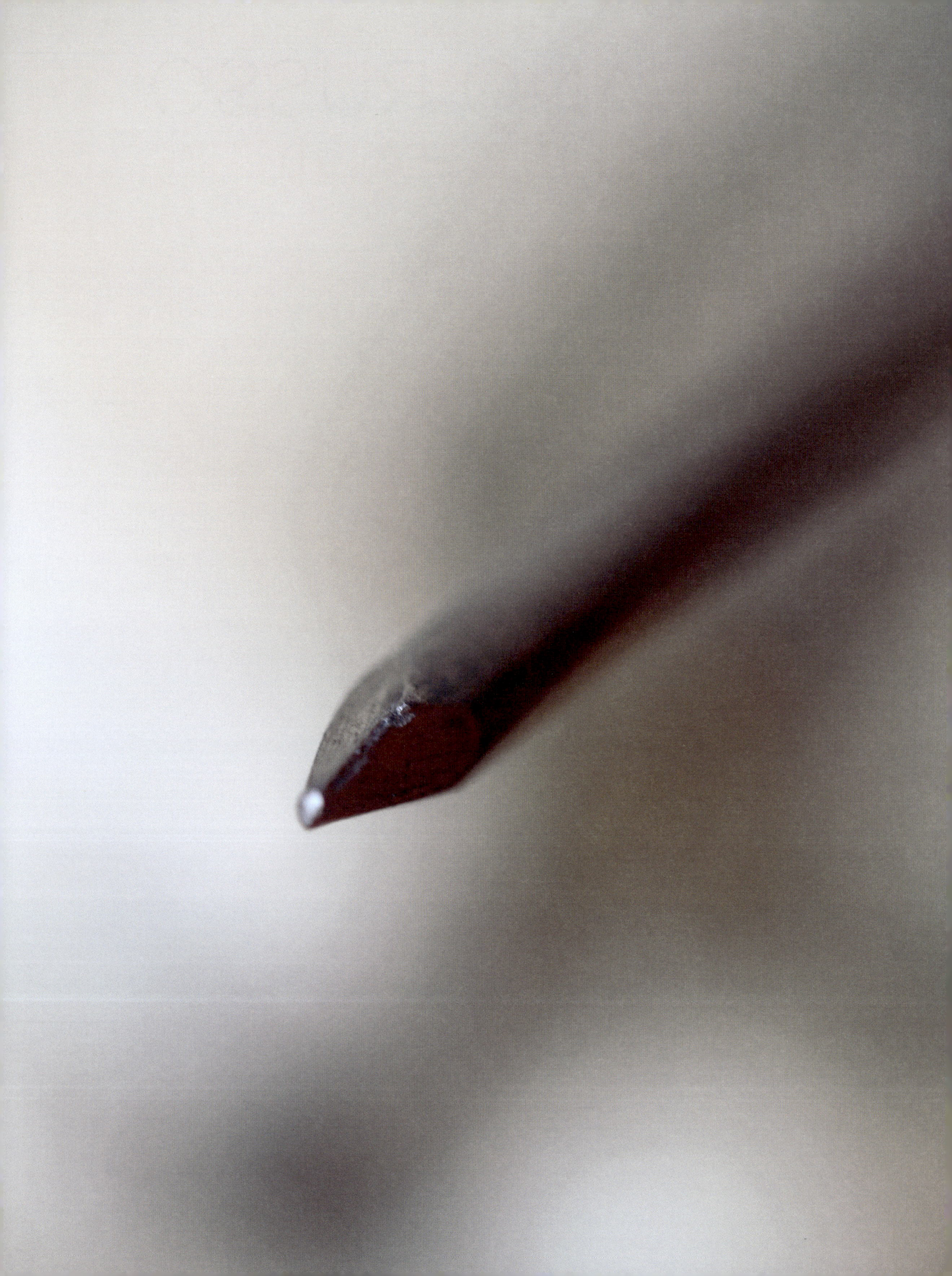

STEFANO RUSSO
HOMO MECHANICUS

a cura di   edited by   sous la direction de
Francesca Alfano Miglietti

SilvanaEditoriale

STEFANO RUSSO.
IL CORPO IN VALIGIA

Francesca Alfano Miglietti

"Per il ragazzo, amante delle mappe e delle stampe,
l'universo è pari al suo smisurato appetito.
Com'è grande il mondo al lume delle lampade!
Com'è piccolo il mondo agli occhi del ricordo!"
Charles Baudelaire

La bellezza vagamente *bohémienne* di oggetti e bagagli, la potente orizzontalità di dati e reperti, l'immenso vuoto che le immagini creano intorno riempiendo di silenzio interiore gli orizzonti. La ricerca di Stefano Russo è una sorta d'immensità geometrica, incandescente, maniacale, a tratti, che esplode fra una valigia e l'altra, creando quasi un'impressione di braci ardenti. Tutto è suddiviso geometricamente: parallele, punti di fuga, prospettive aeree, in una geometria degli intrecci di rapporti umani. Una estensione delle capacità costruttive dell'essere e delle sue capacità di assenza, Stefano sembra voler realizzare lo schema della sparizione della forma. Una drammaturgia straordinaria, per niente teatrale, che assembla le forme più aguzze alle forme più morbide, una sorta di poetica del metamorfismo, in una sintesi, in uno scorcio visionario. Il mistero del sapere e alcuni dei suoi elementi sono condensati qui, quasi uno sguardo sociologico, a suo modo geniale e inusuale, ma eccentrico rispetto ai canoni della disciplina.

Tutte le opere di Stefano Russo trattano dell'energia, un inesausto e infinito richiamarsi al rapporto pieno/vuoto, al rispecchiamento di valori simbolici che risucchiano e consumano le cose. Con la nascita dell'illusione di uno scambio simbolico infinito, in cui si dissolve la realtà, Stefano Russo sembra voler aprire uno spiraglio di senso, offrendo scorci, spunti, intuizioni e analisi, che testimoniano di un impegno costante, diventato uno stile di vita e di poetica. Questo insieme di opere si presenta come il racconto del proprio transitare di esperienza in esperienza, di osservazione in osservazione. Quasi un vezzo letterario, in cui il rigore dell'analisi e della ricerca si coniuga all'estetica dei singoli oggetti. Un "puro viaggiare", nel tempo e nello spazio.

Ogni valigia è un racconto, è una porzione di sapere una parte del corpo, un sentire…

Oggetti, a volte comuni altre volte stravaganti e preziosi, assemblati in modo simbolico e non funzionale, ma anche in articolate costruzioni che sembrano riflettere la volontà di penetrare la sfera dell'umano. Attraverso molteplici processi di elaborazione, tutti gli oggetti che Stefano Russo raccoglie, assembla e presenta, divengono anche altro: conduttori di energia in continua tensione con gli altri elementi e con lo spazio circostante. Molti, valigia dopo valigia, elemento dopo elemento, testo dopo testo, oggetto dopo oggetto, divengono riflessioni attinenti alla sfera dell'organico, al corpo e alle funzioni cognitive, nell'intreccio di diverse tradizioni culturali, ma soprattutto di quelle orientali, che vedono nell'equilibrio e nella conservazione energetica il segreto dell'integrità.

Una delle caratteristiche della ricerca di Stefano Russo è il voler affrontare tematiche profondamente legate all'individuo, dalla storia alla cura del corpo, dall'anima all'energia, dalla sensorialità all'extrasensorialità, utilizzando assemblaggi di materiali vari (molti sono strumenti di misurazione e di ottica), tutti contenuti in singole valigie che diventano la possibilità di un nuovo percorso cognitivo ed estetico. Per Stefano Russo dalle contraddizioni nasce un nuovo spazio dove è possibile dialogare, dove gli opposti determinano un luogo poetico nel quale si manifesta la reciprocità tra le varie esperienze. Gli elementi, i personaggi, gli oggetti, scelti da Stefano Russo, agiscono uno spostamento, uno scarto, uno sguardo, che richiama la presenza di un evento che ha incrinato il loro rapporto con il mondo e fatto perdere la capacità di identificarsi in un ruolo preciso. Una ricerca sull'identità che viene perseguita attraverso esperienze significative che tendono a creare sempre un ulteriore punto di vista. Un 'pretesto' in cui divengono possibili le condizioni per la visione. Un'opera fatta di corpi, di idee, di posizioni, che antepongono la trasparenza dell'immagine alle mistificazioni della parola, e che, soprattutto, preferendo l'evidenza della rappresentazione alla falsità della messa in scena, si fa tramite di uno sguardo preciso e soggettivo. Stefano sembra essere consapevole del fatto che il contemporaneo spesso propone il vuoto come possibilità, e realizza opere come forma di respiro interiore. Nel suo lavoro mente e corpo non sono mai disgiunti e l'opera è pensata come il polo di una 'raccolta di energie'.

L'insieme di quest'installazione è costituita da una serie di vecchie valigie e piccoli bauli, una sorta di simbolo di ogni viaggio e di ogni esilio, di ogni diaspora e di ogni esplorazione. E il viaggio che Stefano propone è dentro la mente, è dentro i sensi umani. Per il buddismo i sensi principali del nostro corpo sono sei (vista, udito, olfatto, gusto, tatto, coscienza), ma per Stefano anche gli oggetti, scelti uno a uno, acquistano un senso: nulla può essere ostacolo alla bellezza. Assemblando gli oggetti, Stefano ne fa apparire quel senso di bellezza che diviene tramite dell'esistenza e della Storia. Un viaggio senza una fine, una fuga realizzata con resti di oggetti vissuti.

Valigie di cuoio e legno di varie dimensioni, geometriche e regolari, al cui interno nasce la possibilità di far convivere qualsiasi tipo di diversità. Ogni valigia è come una tappa: oggetti personali, libri, strumenti, foto. Un luogo fatto di ricordi, opinioni, impressioni sul fare arte e sulla storia, sulle culture e sulle città. Più che un confronto sulle opere, una riflessione sull'identità dei singoli in uno spazio mentale continuamente variabile, fragile e a tratti straniante; sulla percezione dello spazio e del sé. Una sorta di diario che diventa punto focale sulla critica a un sistema che mette da parte le persone in nome di interessi economici e di potere.

La valigia come simbolo del viaggio, della partenza e del cambiamento, ma anche il desiderio di distruggere quel residuo di monumentalità ancora connaturato all'arte contemporanea. Un viaggio dunque, quello cui invita Stefano Russo è un viaggio, reale, virtuale, concettuale, utopico o semplicemente ipotetico, l'idea di un viaggio come possibilità di un altrove, l'idea di un essere qui ma provvisori, proiettati verso una condizione altra, a volte ignota o comunque non definita . Ma la valigia di Stefano è anche bagaglio, spazio per ciò che nell'andare è memoria del vissuto, ed è la trasformazione degli spettatori in passeggeri, transitori, caduchi.

Si attua il tentativo di ricomporre l'identità tra corpo mentale e corpo fisico dell'opera, tra contenuto e forma, identità prerogativa dell'arte simbolica. Una via di fuga verso la destinazione ignota che è meta del viaggio: propone il recupero del senso dell'opera nell'identità tra significante e significato, l'essenzialità estetica contrapposta alla ridondanza, la leggerezza e l'adattabilità a diverse realtà e contesti. Stefano Russo sembra intuire come trasformare la materialità in energia mentale. Risulta chiaro perché alla base del suo lavoro ci sia sempre l'uomo e la ricerca di un nuovo equilibrio tra naturale e artificiale. A partire da questa opposizione Stefano Russo ha saputo creare un complesso corpo di opere che presuppongono l'incontro tra i materiali naturali e l'*objet trouvé*, una ricerca tra gli oggetti e le differenti realtà del mondo. Nelle sue opere assembla materiali diversissimi privandoli in parte del loro significato intrinseco e delle loro funzioni originarie per dare vita a nuovi strumenti capaci di raccogliere e custodire l'essenza di realtà ibride e differenti. Stefano Russo sembra amare ogni genere di trasformazione, provocando un nuovo destino agli oggetti che presenta. Per Stefano Russo la presentazione e l'evocazione della memoria avvengono attraverso piccole cose: fotografie, immagini, oggetti custodi di storie individuali che, unite, contribuiscono a creare una storia collettiva, universale.

Nelle sue opere il rapporto con la memoria è espresso attraverso una sequenza accostata di frammenti di vite, di 'tracce'. Scrive Didi-Huberman a questo proposito: "L'inconscio del tempo si presenta a noi attraverso le sue 'tracce' e il suo 'lavoro'. Le tracce sono materiali: vestigia, rifiuti della storia, contromotivi o controritmi, cadute o irruzioni, sintomi o malesseri, sincopi o anacronismi nella continuità dei fatti del passato. Di fronte a tutto questo lo storico deve rinunciare ad alcune secolari gerarchie – fatti importanti contro fatti insignificanti – e adottare lo sguardo meticoloso dell'antropologo attento ai dettagli e sopratutto ai più piccoli". (Georges Didi-Huberman, 2007)

Per Stefano Russo, testi, oggetti, immagini vanno conservati, ascoltati e considerati anche alla luce dei loro reciproci scambi. Gli oggetti e le immagini devono essere fonte di sopravvivenza e possibilità di riscatto, in continua riscrittura e ricerca di rapporti. Questo modo di guardare il tempo attraverso gli oggetti è la possibilità di ricomporre frammenti di esistenza per costruire collezioni di mondi, dunque per Stefano l'arte è una costellazione di frammenti e di tracce, e sembra voler indicare, opera dopo opera, una temporalità instabilmente in bilico, in esposizioni a metà tra l'archivio e il museo etnografico. Una ricerca, una raccolta e un'esposizione in cui ogni singolo frammento di esistenza ricrea un molteplice intreccio di memoria e identità. Nelle opere di Stefano Russo le piccole cose e le immagini comuni acquistano una fortissima carica emozionale ed evocativa, come delle reliquie, dei reperti, come punti di partenza per un viaggio. Il rapporto io-mondo è inevitabile; quasi a sottolineare l'ineffabilità dell'assenza, della sparizione, della memoria e in questo senso il lavoro è anche una riflessione sulla perdita di identità, attraverso un'operazione di raccolta, accumulo e riciclo, racconta la vita attraverso lo scarto tra l'architettura compositiva e l'ossessiva centralità degli oggetti, e crea uno sviluppo geometrico che genera un'armonia rigorosa, un pensiero intimo, un ricordo, un'emozione.

Come Aby Warburg, Stefano Russo è fortemente convinto che libri e immagini rappresentano la memoria sia materialmente sia allegoricamente, e che gli oggetti sono il veicolo e il simbolo della continuità, Warburg infatti concepì un 'atlante' del potenziale espressivo umano, uno spazio per mostrare la complessa struttura del codice culturale dell'umanità. L'approccio di Warburg agli oggetti della ricerca non si è basato sulla continuità e sulla familiarità, ma su tutto ciò che era incongruente ed enigmatico, considerando ogni dettaglio frammento di un intero ancora sconosciuto. Warburg, che era interessato a tutto ciò che era piccolo e minuscolo, non ha mai considerato la storia come un'eredità solida, ma come qualcosa fatta di rifiuti, cadute, rovesciamenti, rimandi, come le immagini e le opere d'arte, per Warburg cariche non solo di dati della memoria ma anche di equivoci ed enigmi.

In questa serie di opere di Stefano Russo fa esplodere una nebulosa per nessi arditi e la sequenza quasi sempre enigmatica delle immagini. Quello che avvicinano gli oggetti e le valigie di Stefano sono le nozioni di processo, di svolgimento, di raccolta, come le enumerazioni caotiche di Borges e la 'macchina per pensare' di Lullo. Per Stefano Russo l'arte è una sorta di 'montaggio' del tempo, un diverso regime della temporalità, e dunque il contrasto di storia e memoria, una modalità da cui ricavare un'idea di 'atlante', uno strumento di visualizzazione del sapere, una forma ibrida, un modo di organizzare la conoscenza, l'accostamento imprevisto o addirittura il caos.

STEFANO RUSSO.
THE BODY IN A SUITCASE

Francesca Alfano Miglietti

"To a child who is fond of maps and engravings,
the universe is the size of his immense hunger.
Ah! How vast is the world in the light of a lamp!
In memory's eyes how small the world is!"
Charles Baudelaire

The vaguely Bohemian beauty of objects and bagagges, the powerful horizontality of data and repertoires, the immense emptiness that images create around them filling the horizon of interior silences. Stefano Russo's research is a sort of geometrical immensity; incandescent, obsessive, fragmentary, which explodes between a suitcase and the other, almost giving an impression of arding embers. Everything is subdivided geometrically: parallels, vanishing points, aerial perspectives, all intertwining in the geometry of human relations. An extension of the constructing capacities of the being and its capacities of absence. Stefano seems to want to fulfill the shapes' scheme of division. An extraordinary non-theatrical dramaturgy, which assembles the sharpest shapes to softer shapes; a sort of synthesized poetic of metamorphism in visionary perspective. The mystery of knowledge and some of its elements are condensed here, almost with a sociological approach, both brilliant and unusual in its own way, yet eccentric with respect to the discipline's canons.

All of Stefano Russo's works consider energy. An unabated and infinite reference to the relation empty/full, mirroring symbolic values which suck in and consume things. With the illusion of an infinite symbolic exchange in which reality dissolves, Stefano Russo seems to want to open a glimmer of sense by offering glimpses, thoughts, intuitions and analyses, which testify a constant commitment which has become both a lifestyle and a poetic style. This collection of works presents itself as a story of transition from experience to experience, from observation to observation. It almost has a literary charm in which the accuracy of anaylsis and research combine to the aesthetics of each single object. A "pure travelling" in time and space.

Each suitcase represents a story, a portion of knowledge, a part of the body, a feeling... Objects which are at times common and others extravagant and precious. Assembled in a symbolic and nonfunctional way, but also in articulate constructions which seem to reflect the intent to penetrate the human sphere. Throughout multiple processes of elaboration, all the objects Stefano Russo collects, assembles and presents also transform into something else: energy conductors in continuous tension with the other elements and with the surrounding space. Suitcase after suitcase, element after element, text after text, object after object, many of them translate into reflections attaining to spheres such as the organic, the body and cognitive functions in the intertwining of different cultural traditions – mostly Oriental – which see the secret of integrity in equilibrium and energetic conservation.

One of Stefano Russo's research characteristics is the desire to approach thematics profoundly engaged to the individual. From history to body care, from the soul to energy, from sensorial to extrasensorial, this is achieved by assembling various materials (many are measurement and optical instruments), all contained in single suitcases which become the possibility of a new cognitive and aesthetical path. For Stefano Russo, contradiction brings to a new space in which it is possible to dialogue, where opposites determine a poetic space in which reciprocity manifests itself amongst different experiences. The elements, the characters and the objects chosen by Stefano Russo, make a move, a swerve, a look, which recalls the presence of an event which has flawed their relation with the world, thus losing the capacity of being identified in a precise role. A research on identity which is pursued through significant experiences which always tend to create a further point of view. An opportunity in which the conditions for vision become possible. A work made of bodies, ideas and positions which favor the transparency of images to the mystification of words, preferring the evidence of representation to the falseness of a mise-en-scene, transforming into a means of a precise and subjective perspective. Stefano seems to be aware that the contemporary often offers emptiness as a possibility, thus he creates artworks as a form of interior breathing. In his work mind and body are never separate and the piece itself is considered as an energy-collecting pole.

The ensemble of this installation is composed of a series of old suitcases and small trunks; representing a symbol for every journey and every exile, of every diaspora and of every exploration. And the journey which Stefano proposes is within the mind and in the human senses. According to Buddhism, the principal body senses are six (sight, hearing, smell, taste, touch, consciousness), but for Stefano even objects, chosen one by one, gain sense: nothing can be an obstacle to beauty. By assembling the objects, Stefano enhances the sense of beauty which derives through the object's existence and history. A journey with no end, an escape through the remains of worn-out objects.

Leather and wooden different-sized, geometrical and regular suitcases, which bare the chance to make any kind of diversity co-exist within. Every suitcase is like a landmark: personal objects, books, instruments, photos. A space made of memories, opinions, impressions on the making of art and on history, on cultures and on cities. More than a comparison on the works, it is a reflection on the individual's identity in an ever-changing, fragile and at times alienating mental space; on the perception of space and of oneself. A sort of diary which becomes a focal point on the criticism of a system which puts people aside in the name of economic and power interests.

The suitcase as a symbol of travel, of departure and of change, but also of the desire to demolish that residual monumentality still inbred in contemporary art. The journey Stefano Russo invites to is therefore a real, virtual, conceptual, utopian or simply hypothetical one. The idea of travel as a chance of an elsewhere, the idea of being here but temporarily, projected towards another condition, at times unknown, nevertheless undefined. But Stefano's suitcase is also baggage, a space for motion but also a memory of what's been lived, and it is the transformation of the viewers into fleeting, transitory passengers.

It is an attempt to recompose an identity between the artwork's mental body and the physical body, between content and form, prerogative identity of symbolic art. An escape towards an unknown destination which is the journey's destination itself: it proposes the salvage of the work's sense of identity between the signifier and meaning. Aesthetical essentialness opposed to redundancy, lightness and adaptability to diverse realities and contexts. Stefano Russo seems to grasp how to transform materialness into mental energy. It therefore becomes clear why the individual and the search for a new balance between natural and artificial is always at the base of his work. Starting from this oppostition, Stefano Russo has created a complex corpus of works which presume an encounter between natural materials and the *objet trouvé*, a research between objects and world's differing realities. In his works, he assembles very differing kinds of materials, partly depriving them of their intrinsic meaning and their original function to give birth to new instruments which are able to recollect and safeguard the essence of hybrid and different realities. Stefano Russo seems to love every sort of transformation, forging a new destiny for the objects he presents. For Stefano Russo, the presentation and evocation of the memory occur throughout small things: photographs, images, objects guarding individual stories which contribute to a collective and universal story once united.

In his artworks the relation with memory is expressed throughout a sequence of fragmentary lives, of "traces". Regarding this concept Didi-Huberman wrote: "The unconscious of time reaches us through its 'traces' and it's 'work'. Traces are material: vestiges, historical rejections, counter-motives or counterrhythms, downfalls or irruptions, symptoms or discomfort, syncopes or anachronisms in the continuity of the past's circumstances. In front of this all, the historian must overlook some centuries-old hierarchies – important facts versus insignificant facts – and adopt a meticulous anthropologist eye, being careful to details and in particular to the smallest ones." (Georges Didi-Huberman, 2007).

According to Stefano Russo, texts, objects, images should be preserved, listened to and also considered on the basis of their reciprocal links. Objects and images should be source of survival and have the possibility to be redeemed, through continuous recoding and search of relations. This insight on looking at time through objects gives the chance to recompose fragments of existence in order to construct a collection of worlds. Stefano believes art is a constellation of fragments and traces, and work after work, he seems to point out a precarious yet balanced temporality, resulting in exhibitions halfway in between an archive and an ethnographic museum. A research, a collection, and an exhibition in which every single fragment of existence recreates a multiple intersection of memory and identity. In Stefano Russo's works small things and common images seize a powerful emotional and evocative role - in the same way relics and repertoires do - as departing points for a journey. The connection between the self and the world is inevitable. Almost as if to underline the ineffability of absence, of a vanishing act, and the memory, this research is also a reflection on the loss of identity through a collecting act, gathering and recycling; a way to narrate life throughout the underlying scrap between architectural compositions and the obsessive centrality objects have, thus creating a geometrical development which generates rigorous harmony, an intimate thought, a memory, an emotion.

Just like Aby Warburg, Stefano Russo strongly believes books and images represent memory materially and allegorically, and that objects are a vehicle and symbol of continuity. Infact, Warburg conceived an 'atlas' of the human expressive potential, enhancing the complex structure of the human cultural code. Warburg's approach to the research's objects wasn't based on continuity or familiarity, but on all which was incongruent and enigmatic, considering each detail as a fragment of an unknown whole. Warburg was interested in all that was tiny and miniscule. He never considered history as a solid heritage, but more as something made of rejections, downfalls, overthrows, references. Similarly, according to Warburg, images and artworks are permeated with information from the memory but also of ambiguity and enigmas.

In this series of artworks, Stefano Russo emphasizes enterprising connections with the typically enigmatic sequence of imagery. Stefano's suitcases and trunks draw closer to the notions of processing, elaborating, collecting, in the same way as Borges' chaotic enumerations or Lullo's "thinking machine". For Stefano Russo, art is a sort of 'montage' of time, a different regime of temporality, and therefore a contrast of history and memory, a procedure from which it is possible to acquire the idea of an 'atlas', a tool for visualizing knowledge. A hybrid form to organize knowledge, the unexpected or even chaos.

STEFANO RUSSO.
LE CORPS DANS UNE VALISE

Francesca Alfano Miglietti

« Pour l'enfant, amoureux de cartes et d'estampes,
L'univers est égal à son vaste appétit.
Ah ! Que le monde est grand à la clarté des lampes !
Aux yeux du souvenir que le monde est petit !
Charles Baudelaire

La beauté vaguement bohémienne des objets et des bagages, la puissante horizontalité des données et des traces, l'immense vide créé par les images alentour, emplissant de silence intérieur les horizons.

La quête de Stefano Russo est une sorte d'immensité géométrique, incandescente, obsessionnelle, explosant d'une valise à l'autre, comme pour créer une impression de bras ardents. Tout est géométriquement réparti : parallèles, points de fuite, perspectives aériennes, soit une géométrie entrelacée des relations humaines. Une extension des capacités de construction de l'être et de ses prédispositions à l'absence où Stefano semble vouloir tracer le canevas de la disparition de la forme. Une dramaturgie extraordinaire, en rien théâtral, qui assemble les formes les plus effilées aux plus émoussées, une sorte de poétique du métamorphisme, en une synthèse, un raccourci visionnaire. Le mystère de la connaissance et de certains de ses éléments est ici condensé, presque comme un regard sociologique, génial à sa façon et inhabituel, mais excentrique au regard des canons de la discipline.

Toutes les œuvres de Stefano Russo parlent d'énergie, du rappel infini et inépuisable de la relation plein/vide, du miroitement des valeurs symboliques qui épuisent et consument les objets. Par l'apparition de l'illusion d'un échange symbolique infini dans lequel la réalité se dissout, Stefano Russo semble vouloir entrebâiller une lueur de sens en nous proposant des raccourcis, des pistes, des intuitions et des analyses qui témoignent d'un engagement constant, transformé en style de vie et en poétique. Ce florilège d'œuvres se présente comme le récit de son propre voyage, expérience après expérience, observation après observation. Presque comme une coutume littéraire où la rigueur de l'analyse et de la recherche se marie à l'esthétique de chaque objet. Un « pur voyage », dans le temps et dans l'espace.

Chaque valise est un récit, mais aussi un petit bout de savoir, une partie du corps, ou encore une sensation…

Des objets, parfois banals, parfois extravagants ou précieux, sont assemblés de manière symbolique et non fonctionnelle, parfois articulés pour former des constructions qui visent à transcender la sphère humaine. Par le biais de multiples processus d'élaboration, tous les objets que Stefano Russo recueille, assemble et présente se métamorphosent en autre chose : ils deviennent les conducteurs d'une énergie en tension permanente avec les autres éléments et avec l'espace environnant. Nombre d'entre eux, valise après valise, élément après élément, texte

"

après texte, objet après objet, deviennent des réflexions renvoyant au monde de l'organique, au corps et aux fonctions cognitives, dans un enchevêtrement de traditions culturelles hétérogènes, notamment orientales, qui dans l'équilibre et le maintien énergétique reconnaissent le secret de l'intégrité.

Une des caractéristiques de la quête de Stefano Russo est de vouloir affronter des thématiques profondément inhérentes à l'individu : de son histoire au soin de son corps, de son âme à son énergie, de sa sensorialité à l'extra sensorialité, en utilisant des assemblages de matériaux divers (dont de nombreux instruments de mesure et d'optique), tous placés dans des valises solitaires qui s'ouvrent sur la possibilité d'un nouveau parcours cognitif et esthétique.

Pour Stefano Russo, un nouvel espace naît des paradoxes, où un dialogue est possible, dans lesquels les opposés déterminent un espace poétique où se manifeste la réciprocité des différentes expériences. Les éléments, les personnages, les objets choisis par Stefano Russo provoquent un détournement, un écart, un regard évoquant la présence d'un événement qui a ébréché leur rapport au monde et leur a fait perdre la capacité à s'identifier dans une fonction précise. Une recherche sur l'identité qui se poursuit par le biais d'expériences signifiantes, visant à créer un point de vue toujours nouveau. Un « prétexte » qui rend possible la vision. Une œuvre faite de corps, idées, postures qui mettent la transparence de l'image avant les mystifications du verbe et qui, préférant l'évidence de la représentation à la fausseté de la mise en scène, se fait instrument d'un regard précis et subjectif. Stefano semble bien savoir que la modernité propose souvent le vide comme choix et il crée des œuvres comme s'il s'agissait d'un souffle intérieur. Dans son travail, l'esprit et le corps ne sont jamais dissociés et l'œuvre est pensée comme un centre polarisant les énergies.

Cette installation multiple de Stefano Russo se compose d'une série de vieilles valises et petits coffres, une sorte de symbole pour tout voyage et exil, tout diaspora et exploration. Le voyage que Stefano propose est un voyage au sein de l'esprit, au sein des sens humains. Le bouddhisme considère que notre corps possède six sens principaux (la vue, l'ouïe, l'odorat, le goût, le toucher et la conscience). Mais pour Stefano, choisis un par un, les objets aussi acquièrent un sens : rien ne peut faire obstacle à la beauté. Par l'assemblage de ces objets, Stefano laisse transparaître ce sens du beau qui donne voix à l'existence et à l'histoire.

Un périple infini, une fuite élaborée à partir de débris d'objets vécus.

Des valises en cuir ou en bois de tailles différentes, géométriques et classiques, à l'intérieur desquelles naît la possibilité d'une coexistence entre tous les types de diversités. Chaque valise devient une étape : des objets personnels, des livres, des instruments, des photos. Un lieu fait de souvenirs, d'opinions, d'impressions sur l'art et l'histoire, sur les cultures et les villes. Plus qu'un parallèle entre les œuvres, il s'agit d'une réflexion sur l'identité des individus dans un espace mental variable, fragile et parfois déconcertant. Une réflexion sur la perception de l'espace et de soi. Une sorte de journal qui focalise la critique d'un système négligeant les personnes au nom des intérêts économiques et de pouvoir.

La valise comme symbole du voyage, du départ et du changement, mais aussi du désir de détruire ce reste de monumentalité encore inhérent à l'art contemporain. Un voyage, donc : Stefano Russo nous invite à un voyage réel, virtuel, conceptuel, utopique ou simplement hypothétique. C'est l'idée d'un voyage en tant que possibilité d'un ailleurs, l'idée d'une existence ici, mais provisoire, projetée vers une condition autre, parfois ignorée ou non définie.

Pourtant, la valise de Stefano est aussi un bagage, un espace pour garder, après le départ, le souvenir de ce qu'on a vecu ; elle est la métamorphose du spectateur en passager qui transite, caduc.

L'identité entre le corps mental et le corps physique de l'œuvre, entre contenu et forme – une identité privilège de l'art symbolique – se recompose ici. Une issue de secours ouvrant sur une destination inconnue qui est le but du voyage : elle propose de retrouver le sens de l'œuvre dans l'identité entre le signifiant et le signifié, l'essentialité esthétique s'opposant à la redondance, par la légèreté et l'accoutumance aux différentes réalités et contextes. Stefano Russo semble savoir comment transformer la matérialité en énergie mentale. On comprend alors pourquoi le fondement de son travail reste toujours l'humain et la recherche d'un nouvel équilibre entre nature et artifice. À partir de cette opposition, Stefano Russo a su créer un corpus d'œuvres qui impliquent une rencontre entre les matériaux naturels et l'objet trouvé et une quête parmi les objets et les différents aspects du réel. Ses œuvres assemblent des matériaux très disparates, les privant en partie de leur signification intrinsèque et de leurs fonctions originelles afin de donner vie à de nouveaux instruments, pour rassembler et conserver l'essence de réalités hybrides et différentes. Stefano Russo semble aimer toutes les métamorphoses donnant un nouveau destin aux objets qu'il présente. Pour lui la présentation et l'évocation de la mémoire sont rendues possibles par le biais de petites choses : des photographies, des images, des objets, fidèles gardiens de récits individuels qui, rassemblés, contribuent à la création d'une histoire collective, universelle.

Dans ses œuvres, la relation avec la mémoire s'exprime par une séquence rapprochée de fragments de vie, de « traces ». Didi-Huberman écrit à ce propos : « L'inconscient du temps vient à nous dans ses 'traces' et dans son 'travail'. Les traces sont matérielles : vestiges, rebuts de l'histoire, contre-motifs ou contre-rythmes, 'chutes' ou 'irruptions', symptômes ou malaises, syncopes ou anachronismes dans la continuité des 'faits du passé'. Devant cela, l'historien doit renoncer à quelques séculaires hiérarchies – faits importants contre faits insignifiants – et adopter le regard méticuleux de l'anthropologue attentif aux détails, surtout aux moindres. » (Georges Didi-Huberman, 2007)

Pour Stefano Russo, les textes, les objets, les images doivent être conservés, écoutés et envisagés aussi à la lumière de leurs interactions. Les objets et les images se doivent d'être source de survie et de rédemption, dans une perpétuelle réécriture et recherche d'échanges. Cette façon d'observer le temps à travers les objets se veut une possibilité de recomposition de fragments d'existences, pour collectionner des mondes différents. Pour Stefano, en fait, l'art est une constellation de fragments et de traces. Il semble vouloir indiquer, œuvre après œuvre, une temporalité instable et suspendue, dans des expositions à mi-chemin entre les archives et le musée ethnographique. Une recherche, une collection et une exposition où chaque fragment d'existence recrée un enchevêtrement complexe entre mémoire et identité. Dans les œuvres de Stefano Russo, les petits objets du quotidien et les images banales acquièrent une charge émotionnelle et évocatrice puissante, comme s'il s'agissait de reliques ou répères, comme des points de départ pour un voyage. La relation entre le moi et le monde est inévitable, comme pour souligner l'inéffabilité de l'absence, de la disparition, de la mémoire. En ce sens, le travail de Stefano Russo se veut également une réflexion sur la perte de l'identité. À travers une opération de collecte, accumulation et recyclage, il raconte la vie à partir de l'écart entre architecture de la composition et centralité obsessionnelle des objets, et crée un développement géométrique générant lui-même une harmonie rigoureuse, une pensée intime, un souvenir, une émotion.
À l'instar d'Aby Warburg, Stefano Russo est fermement convaincu que les livres et les images représentent la mémoire, que ce soit d'un point de vue matériel ou allégorique, et que les objets sont le véhicule et le symbole de la continuité. En effet Warburg a conçu un « atlas » de la potentialité expressive humaine, un espace pour montrer la structure complexe du code culturel de l'humanité. L'approche de Warburg aux objets de sa recherche n'est pas fondée sur la continuité ou la familiarité, mais sur tout ce qui est incongru et énigmatique, en considérant chaque détail comme un fragment d'un tout encore inconnu. Warburg, qui s'intéressait à tout ce qui est petit et minuscule, n'a jamais considéré l'histoire comme un héritage solide, mais plutôt comme un ensemble composé de déchets, chutes, renversements, renvois ; telles sont aussi les images et les œuvres d'art qui gardent en soi non seulement les données de la mémoires, mais aussi les malentendus et les énigmes.
Dans cette série, Stefano Russo fait éclater une nébuleuse par des liens audacieux et une séquence des images toujours énigmatique. Ce qui rapproche ses objets et ses valises ce sont les notions de processus, développement, collecte, comme dans les énumérations chaotiques de Borges et dans la machine à penser de Lulle. Pour Stefano Russo, l'art est une sorte de « montage » du temps, un régime différent de la temporalité, et donc le contraste entre histoire et mémoire, une manière d'obtenir l'idée « d'atlas », un instrument de visualisation du savoir, une forme hybride, un mode d'organisation de la connaissance, le rapprochement imprévu, voire le chaos.

HOMO MECHANICUS

Stefano Russo

IL VUOTO E IL NON VUOTO

Per me tutto comincia dal punto esatto dove avviene la scintilla della nascita della vita. Il bagliore, il flash di luce, il primo input di elettricità che accende la macchina del corpo e avvia i processi del ciclo vitale dell'uomo.

Uno dei punti più misteriosi del nostro organismo: un punto cieco dove non vi sono fotorecettori, e proprio in quel punto cieco il nostro cervello colma quel vuoto elaborando invenzioni di realtà. Un punto di contatto tra realtà e illusione. Un punto di collisione nell'interstizio tra materiale e immateriale. Un punto di confine tra presente e passato. Il punto preciso di sinergia tra i milioni di neuroni del nostro cervello e le milioni di galassie e il punto di coincidenza di corrispondenza e sincronia. Il punto del corpo, il punto della terra, il punto dell'universo infinito. Precisamente in quel punto, dove avviene la percezione di quelle onde visibili che, mescolandosi alle forme del reale, creano la marea delle emozioni. Un mondo a più dimensioni, mosso da fenomeni di attrazione e repulsione nel continuo divenire tra ritmi opposti.

Spunti di riflessione si sintetizzano nei 'multiversi', dimensioni di mondi paralleli. E milioni sono i dettagli che compongono un oggetto senza tempo e milioni di punti di vista che raccontano un dettaglio.

IL MACROCOSMO È IL MICROCOSMO

I filosofi greci Anassimeno di Mileto, Eraclito e Platone, gli antichi gnostici, il filosofo ebreo-giudaico precristiano Filone, e il filosofo medioevale Maimonide abbracciarono tutti l'idea di 'Macro-Microcosmo'.

Il profeta egiziano Ermete Trismegisto impiegò un modo differente di esprimere tale concetto, attestando che una delle chiavi principali della conoscenza è la comprensione che "l'esteriore è come l'interiore, il piccolo è come il grande."

Per gli alchimisti Medioevali, Ermete Trismegisto divenne un grande ispiratore, e dalle sue intuizioni distillarono l'idea del "sotto è come sopra."

La disciplina del *Vishvasara Tantra* conferma la stessa teoria affermando: "Ciò che è qui è in ogni luogo".

L'uomo di medicina Oglala Sioux Alce Nero, mentre si trovava sul monte 'Harney Peak', nelle Black Hills, fu testimone di una grande visione; "Vidi ciò che non posso dire, e compresi più di ciò che vidi, poiché stavo vedendo in modo sacro le forme di tutte le cose nello spirito, e la forma di tutte le forme nel mondo in cui devono vivere come un solo essere." Affermò che "'Harney Peak' è il centro del mondo" e dunque "qualunque luogo è il centro del mondo".

Oltre 25 secoli prima, il filosofo greco Empedocle si avvicinò alla stessa definizione: "Dio è un circolo il cui centro è ovunque, e la Sua circonferenza in nessun luogo".

L'autore dell'*Avatamsaka Sutra* buddista paragona l'universo a un reticolo di perle pendenti sul palazzo cosicché guardandone una tutte le altre riflettevano in essa.

Con quest'immagine spiegò che "ogni oggetto nel mondo non è soltanto se stesso, ma include ogni altro oggetto, e include ogni altra cosa."

Questo è dunque un viaggio nella meccanicità dei sensi in un salto oltre le percezioni del senso fuori dallo spazio-tempo. Una danza rotatoria dei protoni e dei neutroni attorno al nucleo nelle nostre cellule in relazione alla rotazione dei pianeti dell'universo, che a loro volta ruotano attorno a sé stessi. Una danza rotatoria che alimenta una produzione di energia illimitata, in continuo movimento dall'attivazione ripetuta dei circuiti cerebrali.

Tutto ciò che vediamo, sentiamo, proviamo, sono in realtà mediate dal cervello e non esistono come realtà oggettive all'infuori di noi. Il cervello agisce come un emulatore della realtà, e nei campi morfici è contenuta la memoria collettiva della specie.Vi è una connessione tra milioni di microrganismi che non sanno di appartenere al mio corpo. Dunque, Io a quale corpo appartengo? L'occhio che indaga attraverso l'obbiettivo della fotocamera, ricrea le forme, esaltando dettagli nascosti che da protagonisti vibrano di energia propria. Vi è una profonda connessione fra la meccanica primordiale e gli organi interni. Una geografia interiore in perfetta sincronia con la geografia astrale, emisfero destro ed emisfero sinistro cerebrale, globo occidentale e orientale, cielo meridionale e settentrionale. Il sistema nervoso si traduce in un punto d'incontro tra l'Io e l'infinito. Siamo unici ma uniti universalmente.

Il corpo umano è un sistema aperto, con energie in circolo che entrano ed escono. Assorbe ed emette continuamente radiazioni. Con il suo 'Principio di Indeterminazione', il fisico Heisenberg ha dimostrato che non è possibile osservare l'assoluta verità di un fenomeno poiché la sola osservazione lo modifica. Vivere è un processo irreversibile. Un processo che va in un'unica direzione verso l'invecchiamento della materia/corpo fino alla morte.

Il progetto esplora la complessità processuale all'interno del nostro corpo e le mille sfaccettature della meccanicità che talvolta prendono il sopravvento, metafora tra la relazione esterno/interno dell'essere umano. Il nostro sé interiore è influenzato dalle nostre esperienze, ma ciò che ci circonda è spesso una emanazione della nostra interiorità. D'altra parte, lo stesso progetto può essere visto come un riferimento alla crescente automatizzazione della vita contemporanea. Più complessità ci contiene e più semplicità ci ispira.

Di cosa si muore? Rispettando i ritmi del nostro essere, dando priorità al sentire, vivendo una vita sana e bilanciando nutrizione e illuminazione in un ambiente controllato, sarà certa l'immortalità.

HOMO MECHANICUS

Stefano Russo

To me, everything begins in that exact point where the spark of life-birth begins. A glare, a flashlight, the first electrical input which ignites the body's machine and starts up human life cycle processes.

One of the most mysterious parts of our organism: a blind spot where no photoreceptors are found. It is in that exact same point that our brain fills that emptiness, elaborating inventions of reality. A point connecting reality and illusion. An intersticial point where material and immaterial collide. A borderline between present and past. The exact synergetic point where milions of neurons in our brain and millions of galaxies interact, but also a point where coincidence, correspondance and synchrony occur. A spot of the body, a spot of Earth, a spot of the infinite universe. Precisely in that point, the perception of visible waves takes place, combining with real forms, generating that emotional tide. A multidimensional world, moved by attraction-repulsion phenomenons in the flux of opposing rhythms.

Other food for thought could be synthesized in 'multiverses', parallel world dimensions. Millions are the details which compose a timeless object and millions are the points of view showing a detail.

THE MACROCOSM AND THE MICROCOSM

Greek philosophers such as Anaximenes of Miletus, Eraclitus and Plato, ancient Gnostics, Pre-Catholic Jewish philosopher Philo Judaeus and Medieval philosopher Maimonides, all embraced the idea of 'Macro-Microcosm'.

Egyptian philopher Hermes Trismegistus embraced a different approach to express this concept, affirming that one of the principles of knowledge is the comprehension that "outer is inner, micro is macro."

For Medieval alchemists, Hermes Trismegistus became a great inspiring figure, and departing from his intuitions, they conceived the idea that "as above, so below".

The discipline of *Vishvasara Tantra* confirms the same theory stating: "What is here is everywhere."

The famous medicine man Oglala Sioux Black Elk, witnessed a great vision whilst on 'Harney Peak' in the Black Hills: "I saw more than I can tell and I understood more than I could see, for I was seeing in a sacred manner the shapes of all things in the spirit, and the shape of all shapes as they must live together like one being." He professed that "'Harney Peak' is the center of the universe" therefore "every place is the center of the universe."

More than 25 centuries earlier, Greek philosopher Empedocles elaborated the same definition: "God is a circle whose center is everywhere, and its circumference nowhere." The author of Buddhist *Avatamsaka Sutra*, compares the universe to a vast network of pearls hanging over a palace, so arranged that if you look at one you see all the others reflected in it. With this image it is explained that "each object in the world is not merely itself but involves every other object and in fact is everything else."

This is therefore a journey in the mechanicity of the senses in an excursus that goes beyond the perception of senses, out of time-space. A rotatory dance of protons and neurons around the nucleus in our cells, in relation to the rotation of the universe's planets, which rotate around themselves. A rotatory dance charging an unlimited energy production, in perpetual movement from the repeated activation of cerebral circuits.

Everything we see and feel, is really mediated by the brain and doesn't exist as an objective reality outside of us. The brain functions as an emulator of reality, and it is in the morphic fields that collective unconscious memory is contained. There is a connection between millions of microorganisms which are unaware that they belong to my body. So, which body do I belong to? The eye which inspects through the camera's lens reshapes forms, exalting hidden details which vibrate of their own energy as protagonists. There is a profound connection between primordial mechanicalness and internal organs. An interior geography perfectly synchronized to astral geography; the cerebral right and left hemispheres, the Occidental and Oriental globe, the Southern and Northern Hemispheres. The nervous system translates into a meeting point between I and the Infinite. We are unique yet universally united.

The human body is an open system, with energies circulating, entering and exiting it. It constantly absorbs and emits radiations. With his 'Uncertainty Principle', physician Heisenberg demonstrated the impossibility to observe the absolute truth of a phenomenon, as the only act of observing modifies it. Living is an irreversible act. A one-direction process towards matter/body ageing until death.

The project explores the complexity of the interior procedures within our bodies and the thousands of mechanical aspects which occur, as a metaphor to the relation in the human being's inner/outer. Our inner self is conditioned by our experiences, but what surrounds us is frequently a reflection of our interiority. On the other hand, the same project can be seen as a reference to the increasing automation of contemporary life. The more complexity contains us the more simplicity inspires us.

What do we die of? By respecting our being's rhythms, giving priority to feeling, living a healthy life, balancing nutrition and lighting in a controlled environment immortality is assured.

HOMO MECHANICUS

Stefano Russo

LE VIDE ET LE NON-VIDE

Pour moi, tout commence au point exact où surgit l'étincelle de la naissance de la vie. L'éclat, le flash de lumière, la première impulsion d'électricité qui allume la machine corporelle et lance les processus du cycle vital de l'homme.

Un des points les plus mystérieux de notre organisme : un point aveugle qui ne comporte pas de photorécepteurs. C'est précisément dans ce point aveugle que notre cerveau comble le vide, élaborant des réalités inventées. Un point de contact entre réel et illusion. Un point d'impact dans l'interstice entre le matériel et l'immatériel. Un point de frontière entre le présent et le passé. Le point précis de la synergie entre les millions de neurones de notre cerveau et les millions de galaxies. Le point de concordance, de correspondance et synchronie. Le point du corps, le point de la terre, le point de l'univers infini. C'est sur ce point-là précisément que peut surgir la perception de ces vagues visibles, qui créent, en se mêlant aux formes du réel, le flux des émotions. Un monde de plusieurs dimensions, entraîné par des phénomènes d'attraction et de répulsion dans un va-et-vient perpétuel de rythmes opposés.

Des pistes de réflexion sont synthétisées dans les « multiunivers », ces dimensions de mondes parallèles. Et les détails qui composent un objet hors du temps sont des millions, comme sont des millions les points de vue qui racontent chaque détail.

LE MACROCOSME EST LE MICROCOSME

Les philosophes grecs Anaximène de Milet, Héraclite et Platon, les gnostiques, le philosophe juif hellénisé Philon d'Alexandrie et le philosophe Moïse Maïmonide, rabbin andalou du XIIe siècle, tous embrassèrent-ils le concept de « Macro-Microcosme ». Le prophète égyptien Hermès Trismégiste exprima ce concept de manière différente, affirmant qu'une des principales clés de la connaissance était la compréhension que « l'extérieur est comme l'intérieur, que le petit est comme le grand ».

Pour les alchimistes médiévaux, Hermès Trismegiste fut un grand inspirateur et ils déduisirent de ses intuitions l'idée que « le dessous est comme le dessus ».

La discipline du *Vishvasara Tantra* confirme cette même théorie en affirmant : « Ce qui est ici est en tout lieu ».

Le médecin et homme sacré Wapiti Noir de la tribu des Sioux, se trouvant sur la montagne Harnes Peak dans les Black Hills, fut le témoin d'une grande vision : « Je vis ce que je ne peux pas dire et compris plus que ce que j'ai vu, car je voyais de manière sacrée les formes de toutes les choses dans l'esprit, et la forme de toutes les formes dans le monde où elles doivent exister comme un seul être. » Il affirma : « Harnes Peak est le centre du monde » et donc « tout lieu est le centre du monde. » Vingt-cinq siècles auparavant, le philosophe grec Empédocle s'approcha de cette même définition : « Dieu est un cercle dont le centre est partout, et Sa circonférence nulle part ».

L'auteur du *Sutra Avatamsaka* bouddhiste compare l'univers à un réseau de perles pendant sur le palais : en regardant une perle on voyait aussi toutes les autres s'y reflétant. Par cette image, il expliqua que « chaque objet présent au monde ne se limite pas à être ce qu'il est, mais inclut tout autre objet et tout autre chose ».

Voici donc un voyage dans la mécanique des sens, un saut au-delà des perceptions sensorielles hors de l'espace-temps. Une ronde dansée par les protons et les neutrons autour du noyau de nos cellules qui entre en relation avec la rotation des planètes de l'univers, qui à leur tour tournent sur elles-mêmes. Une ronde dansée qui alimente une production d'énergie illimitée, dans un mouvement rendu perpétuel par l'activation renouvelée des circuits cérébraux.

Tout ce que nous voyons, sentons, éprouvons est en réalité filtré par notre cerveau et n'existe pas en tant que réalité objective hors de nous-mêmes. Le cerveau agit comme un émulateur de la réalité et la mémoire collective de notre espèce est contenue dans les champs morphiques. Il existe une connexion entre des millions de microorganismes qui ne savent pas qu'ils appartiennent à mon corps. Alors, moi, à quel autre corps est-ce que j'appartiens ? L'œil qui observe à travers l'objectif de l'appareil photo recrée les formes, met en valeur les détails cachés qui, devenus protagonistes, vibrent de leur propre énergie. Il existe une relation profonde entre la mécanique primordiale et les organes internes. Une géographie intérieure en parfaite synchronie avec la géographie astrale, l'hémisphère cérébral droit et l'hémisphère cérébral gauche, le globe occidental et le globe oriental, le ciel méridional et le ciel septentrional. Le système nerveux se traduit par un point de rencontre entre le Moi et l'infini. Nous sommes uniques, mais universellement unis.

Le corps humain est un système ouvert, dont les énergies entrent et sortent, formant un cercle. Il absorbe et émet des radiations en continu. Par son « Principe d'Indétermination », le physicien Heisenberg a démontré qu'il n'est pas possible d'observer la vérité absolue d'un phénomène dans la mesure où son observation seule le modifie. Vivre est un processus irréversible. Un processus qui va dans une seule direction, vers le vieillissement de la matière/corps jusqu'à la mort.

Le projet explore la complexité de ce processus à l'intérieur de notre corps et les mille facettes de notre mécanique, qui parfois prennent le dessus, métaphore de la relation entre l'extérieur et l'intérieur de l'être humain. Notre Moi intérieur est influencé par nos expériences, mais ce qui nous entoure est souvent une émanation de notre intériorité. D'autre part, ce projet peut également être interprété comme un renvoi à l'automatisation croissante de notre vie contemporaine. Plus elle est complexe et plus elle nous inspire de la simplicité.

De quoi meurt-on ? Si nous respectons nos propres rythmes, en donnant la priorité aux sensations, en privilégiant une vie saine et en équilibrant notre nourriture et notre éclairage dans un environnement contrôlé, nous parviendrons certainement à l'immortalité.

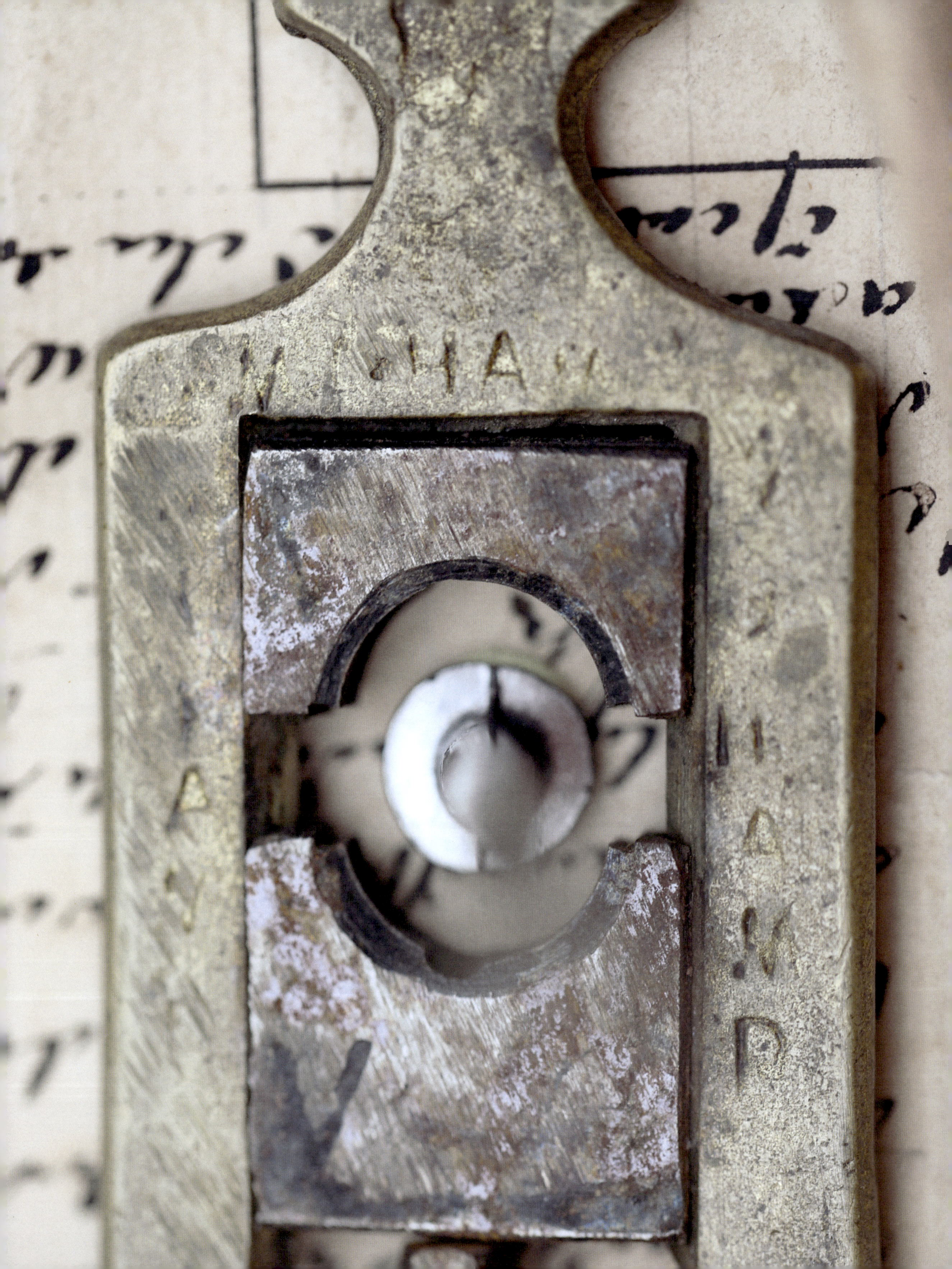

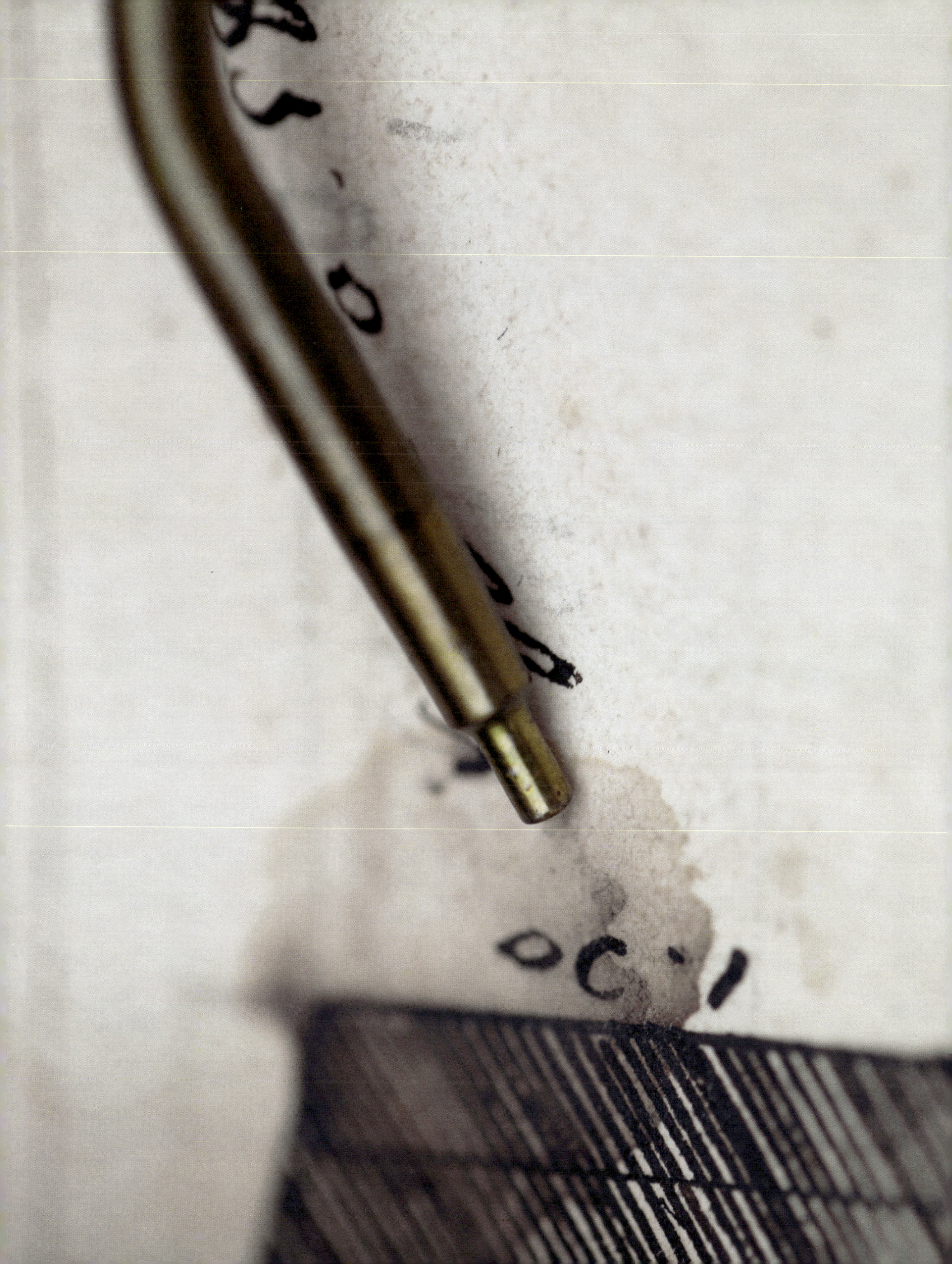

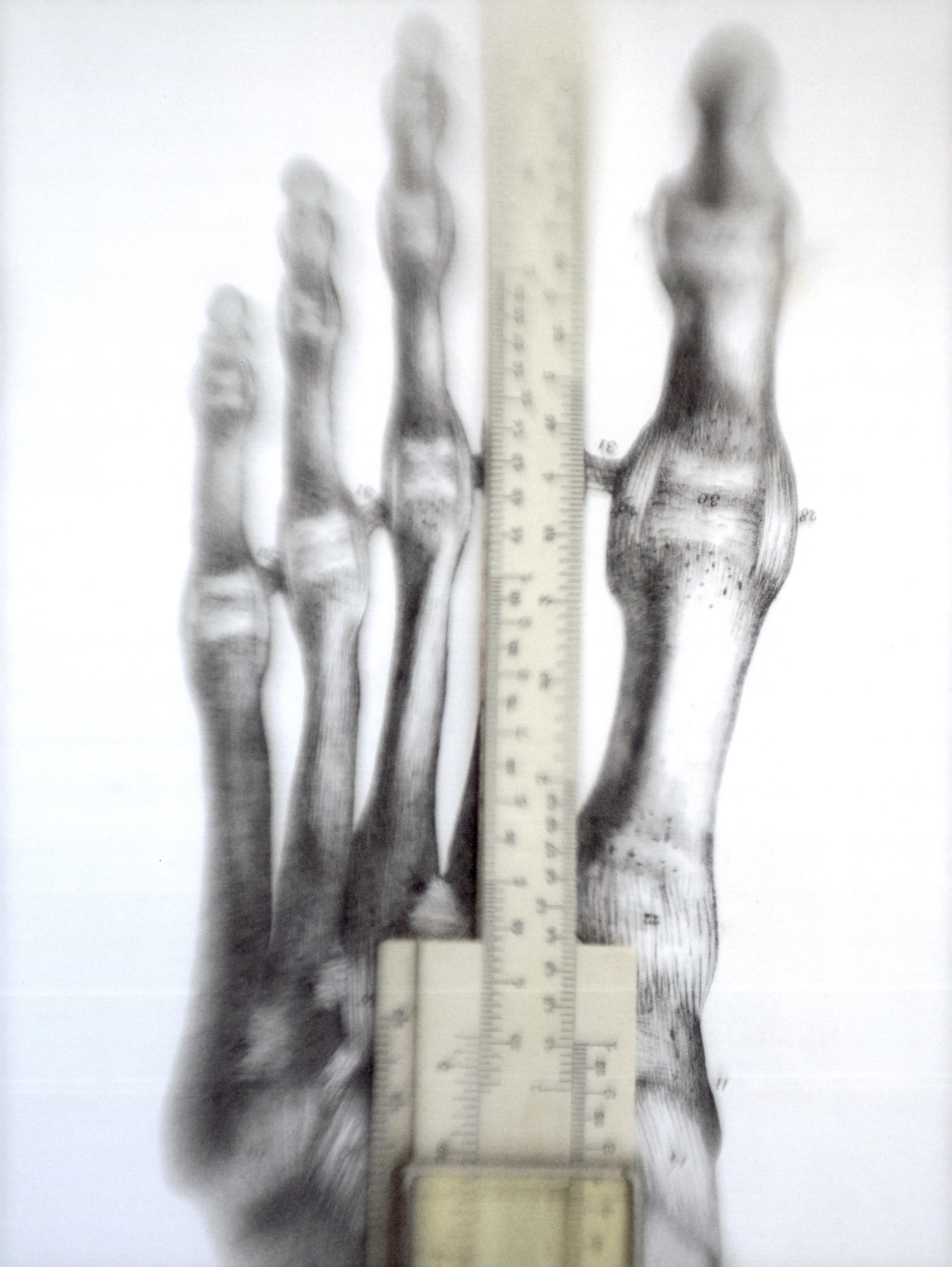

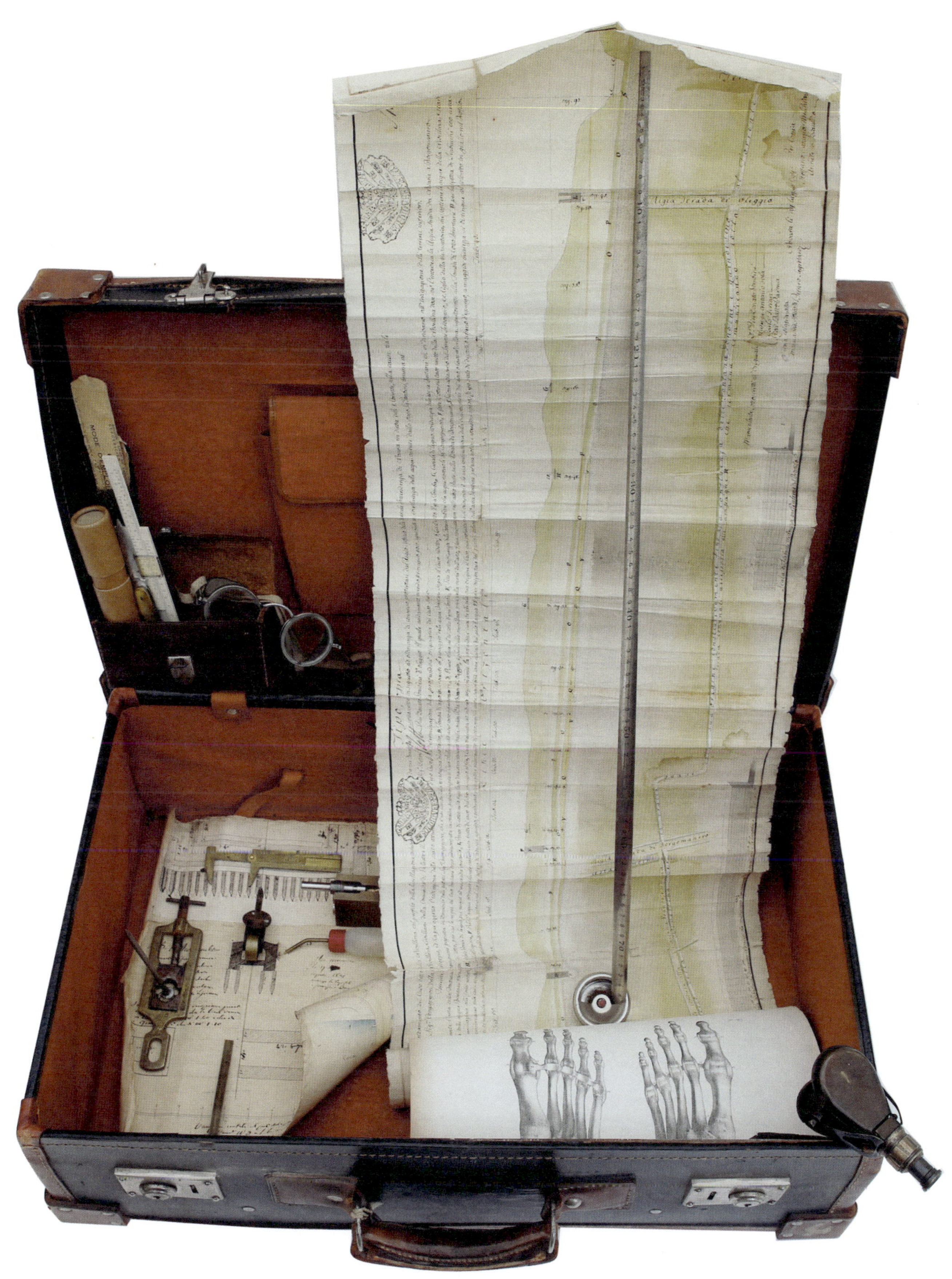

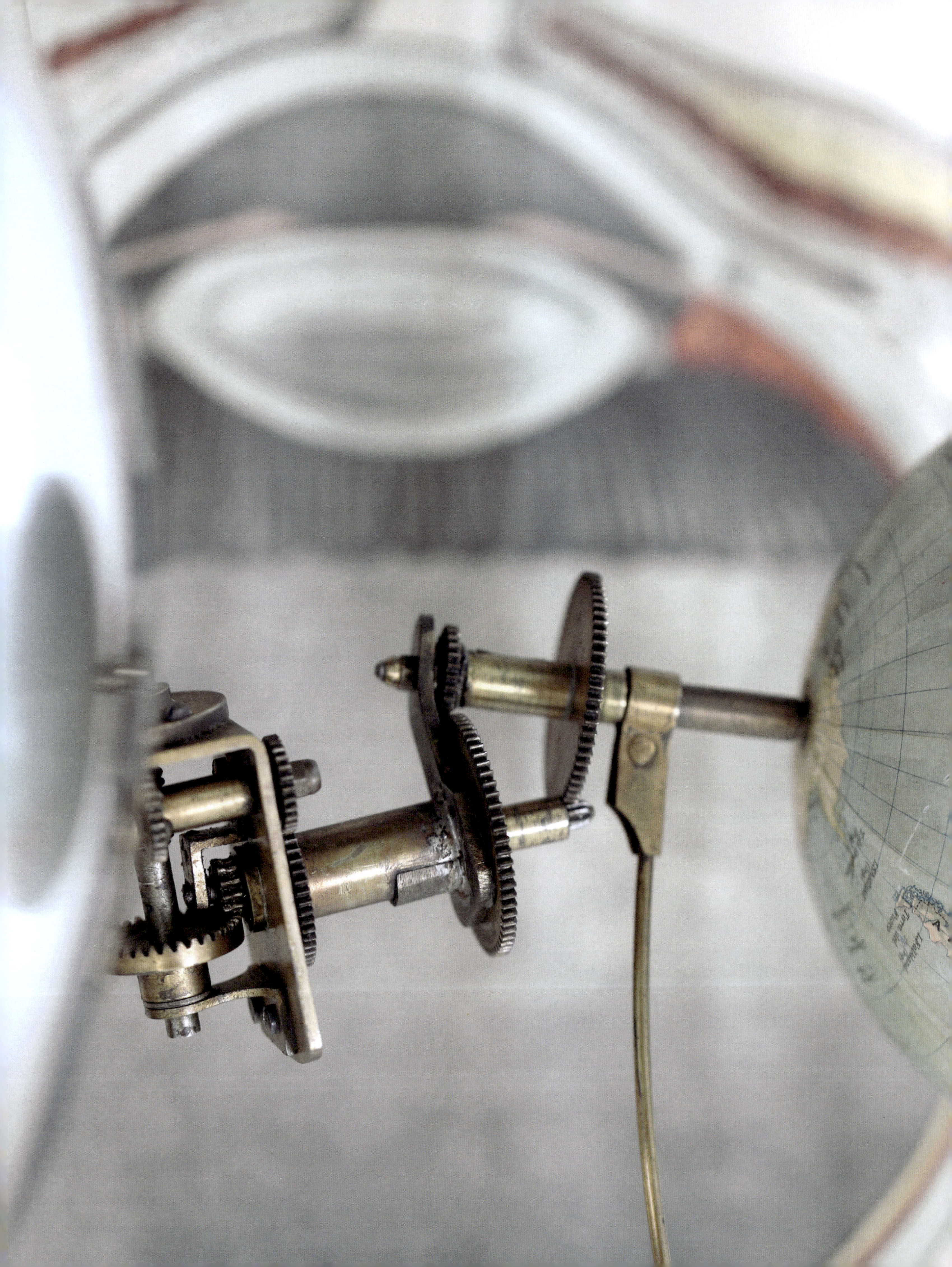

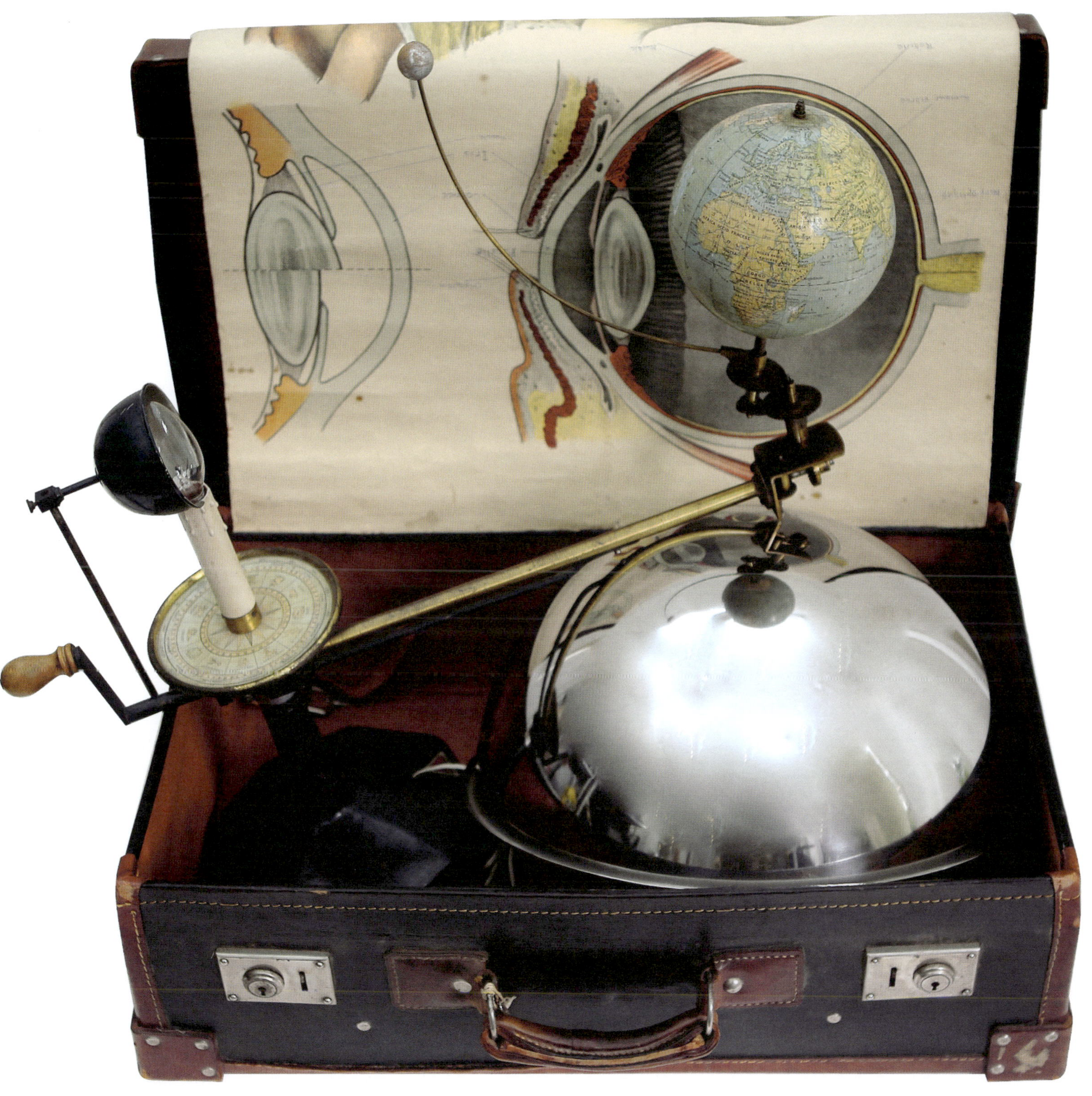

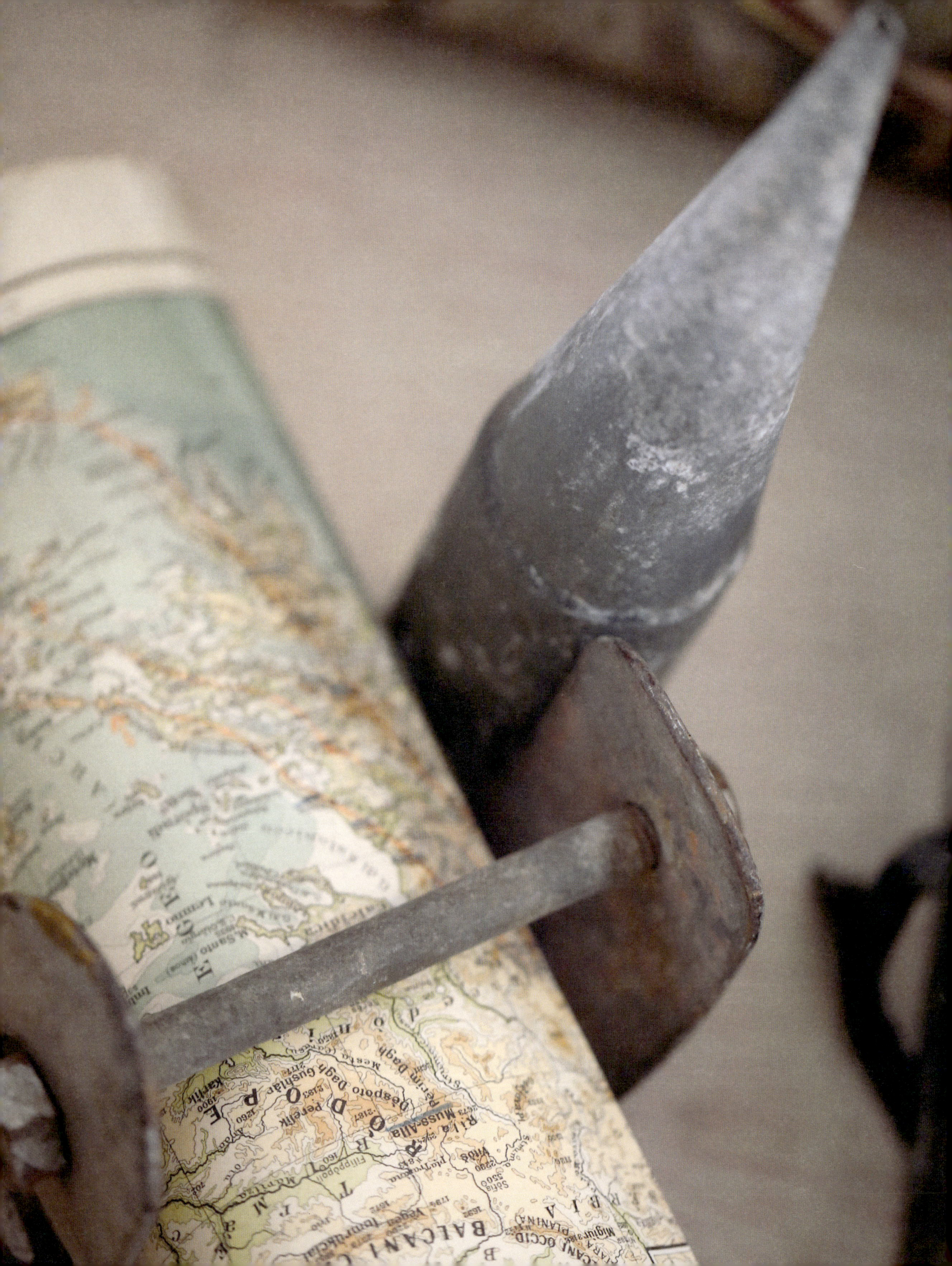

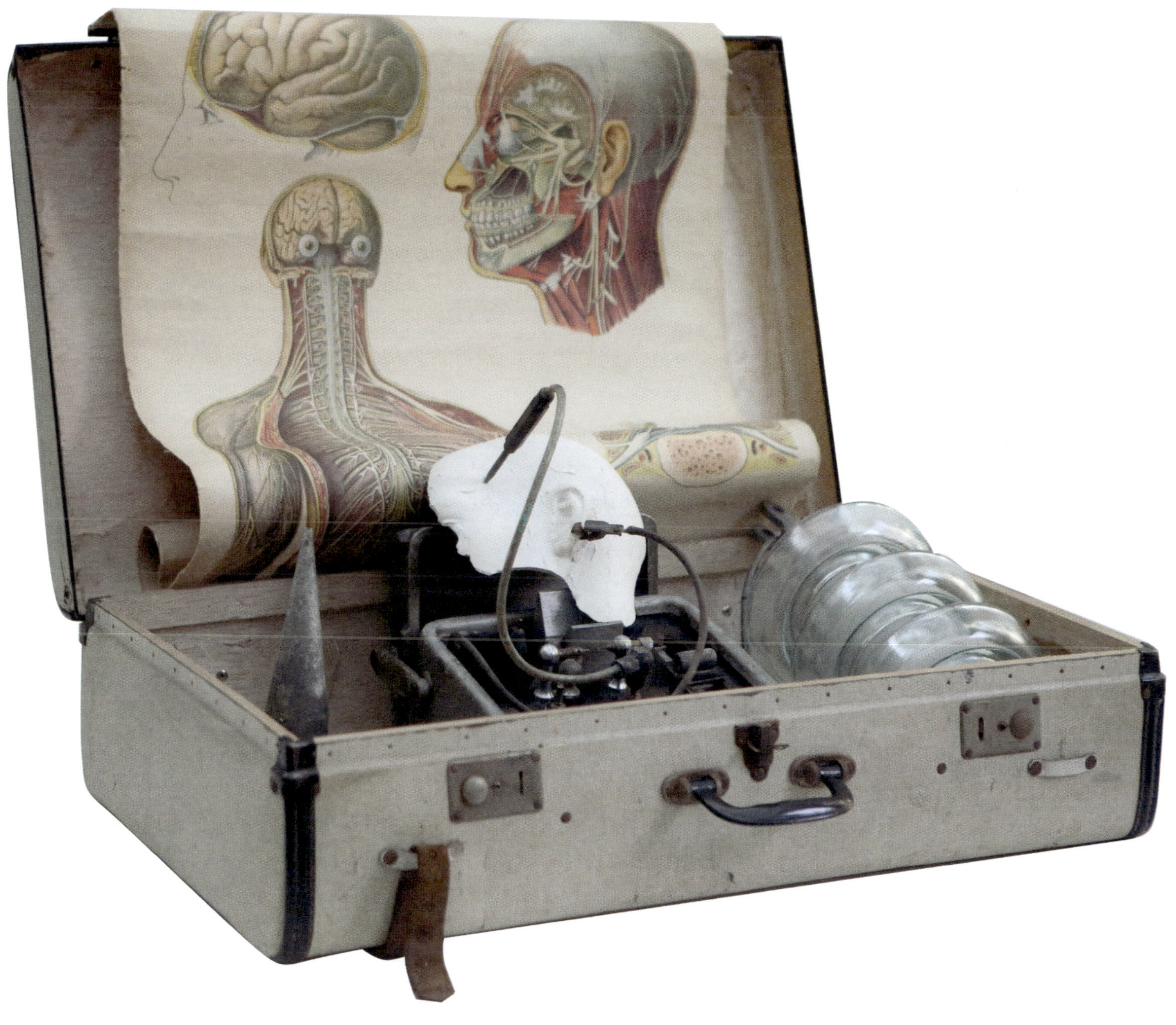

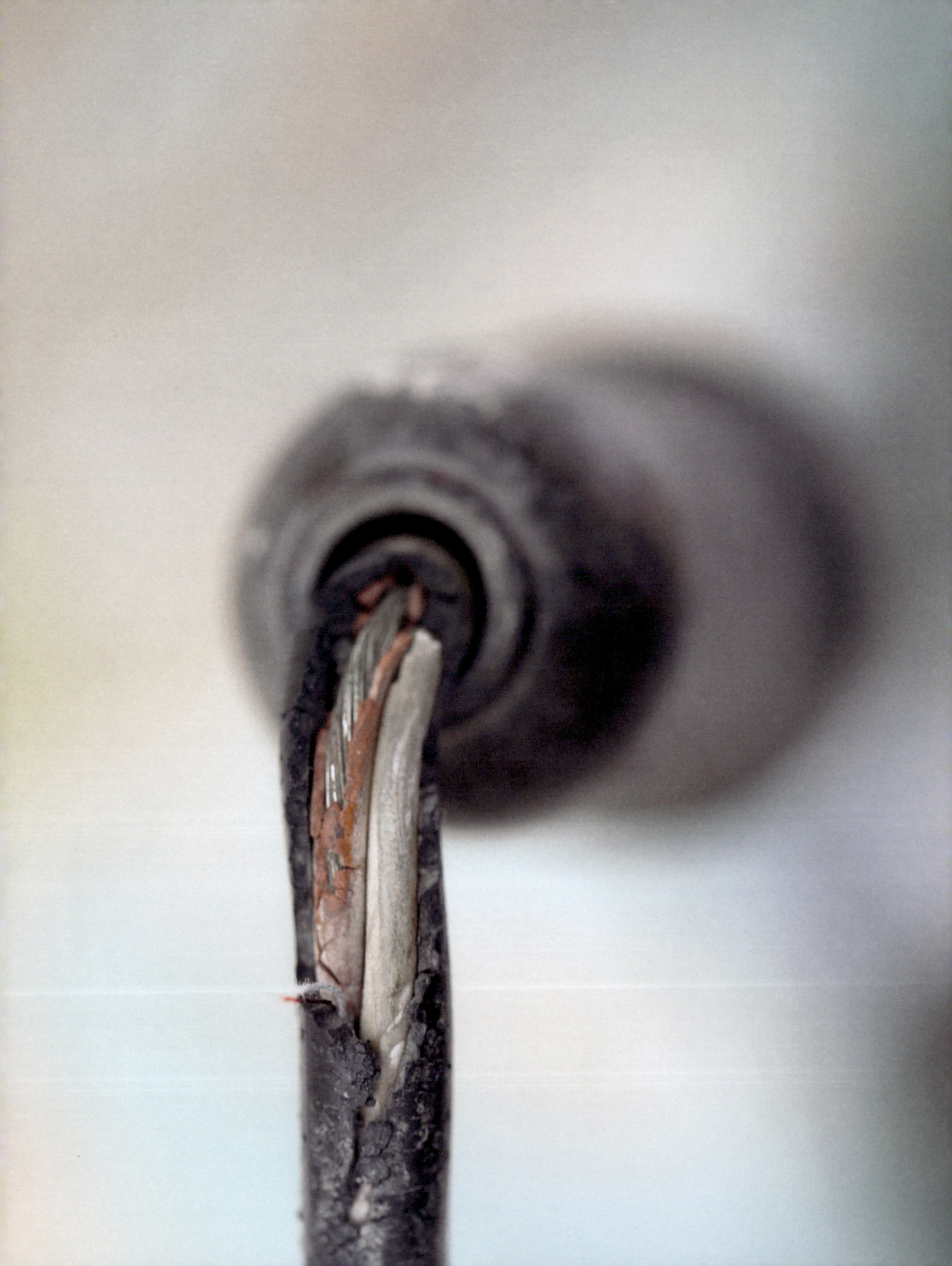

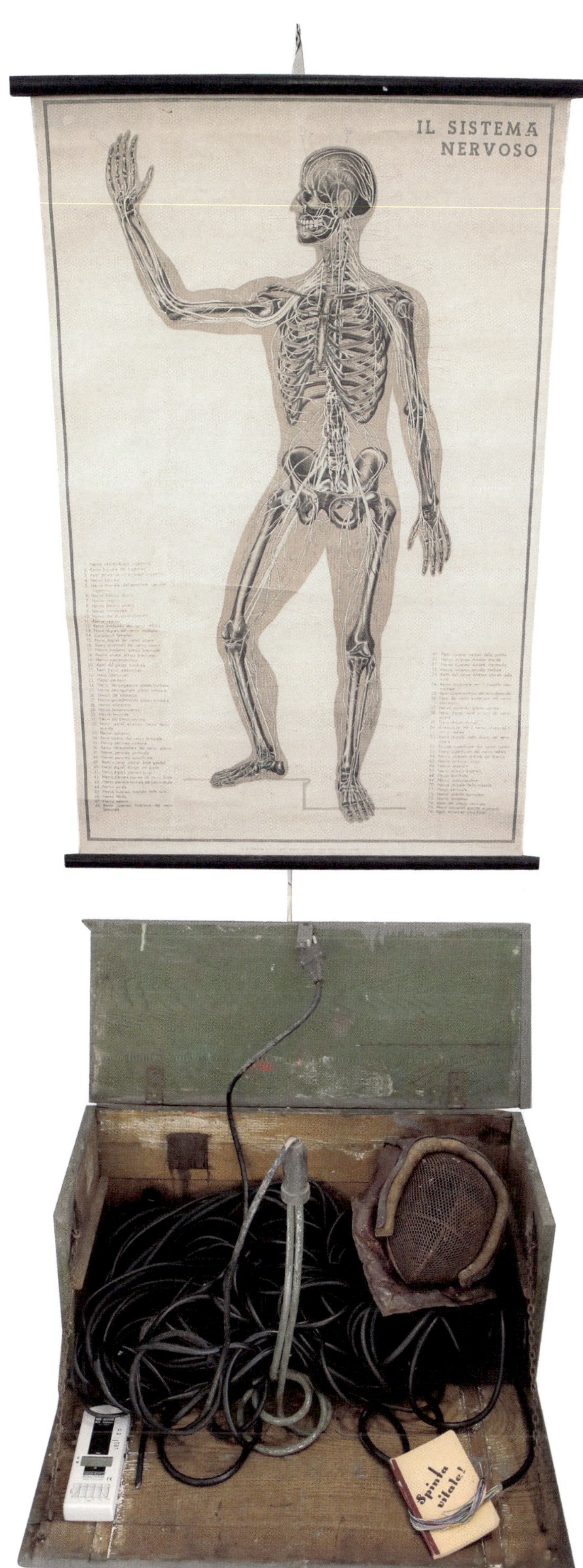
IL SISTEMA
NERVOSO
Spinta
vitale!

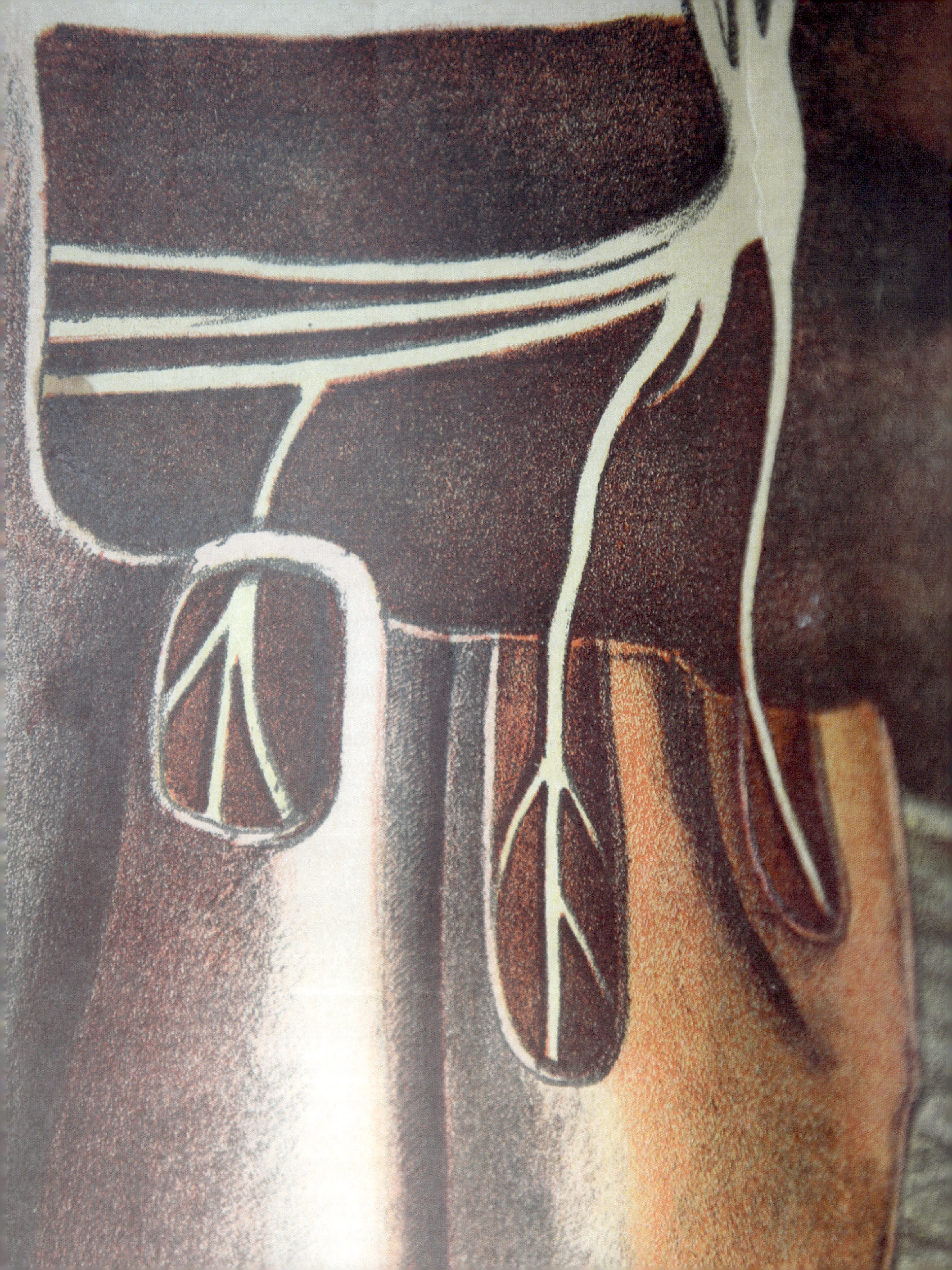

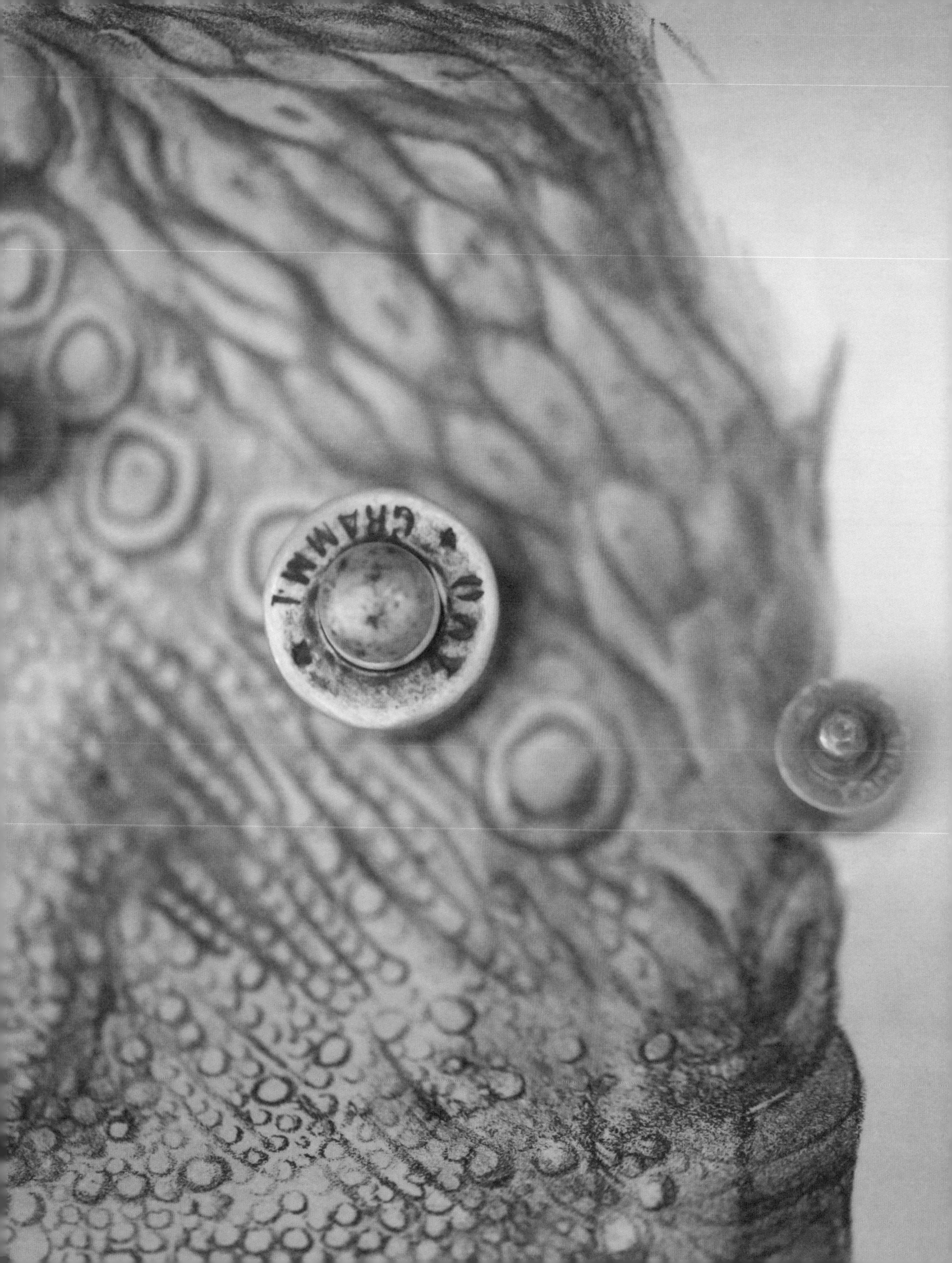

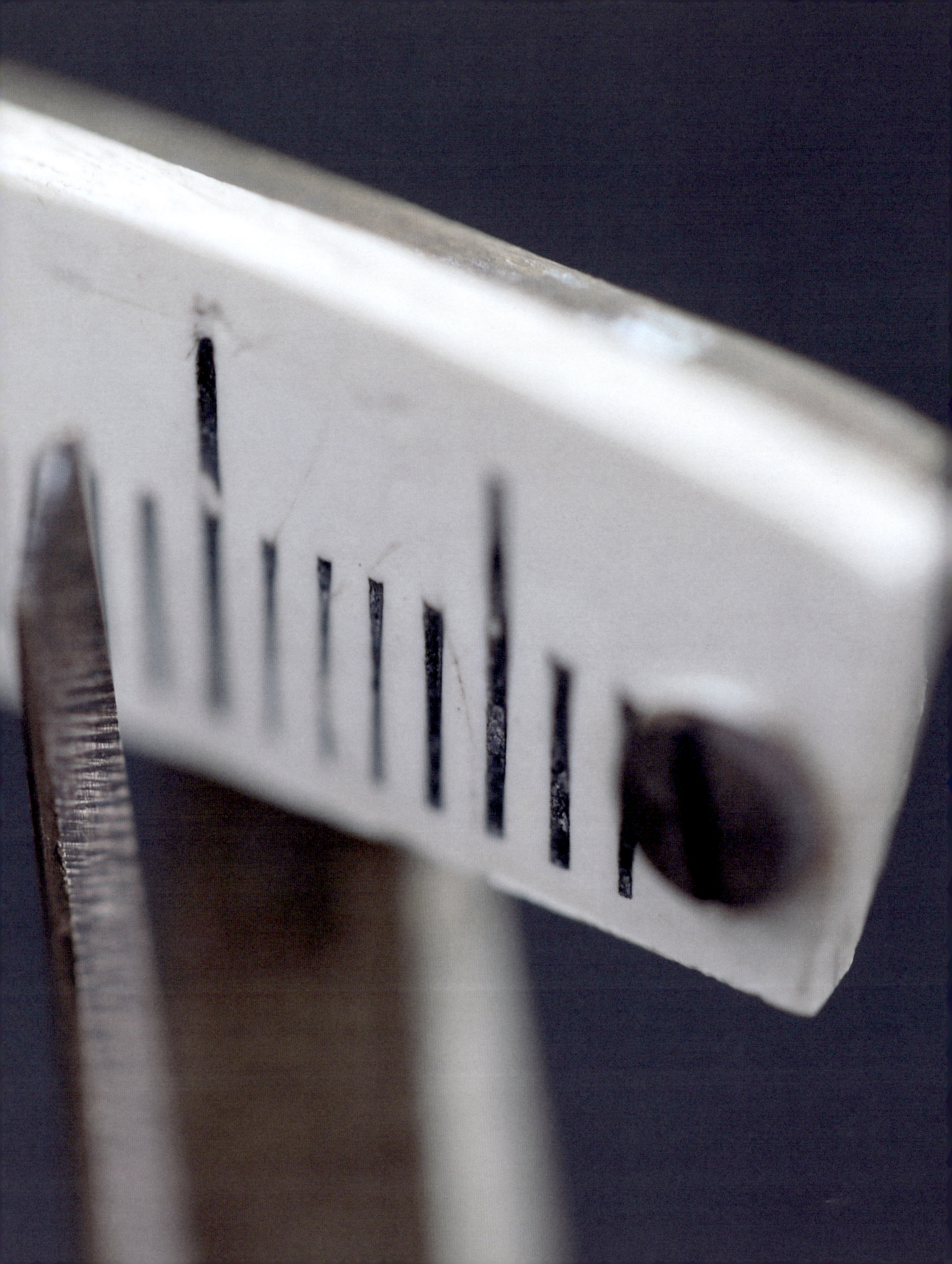

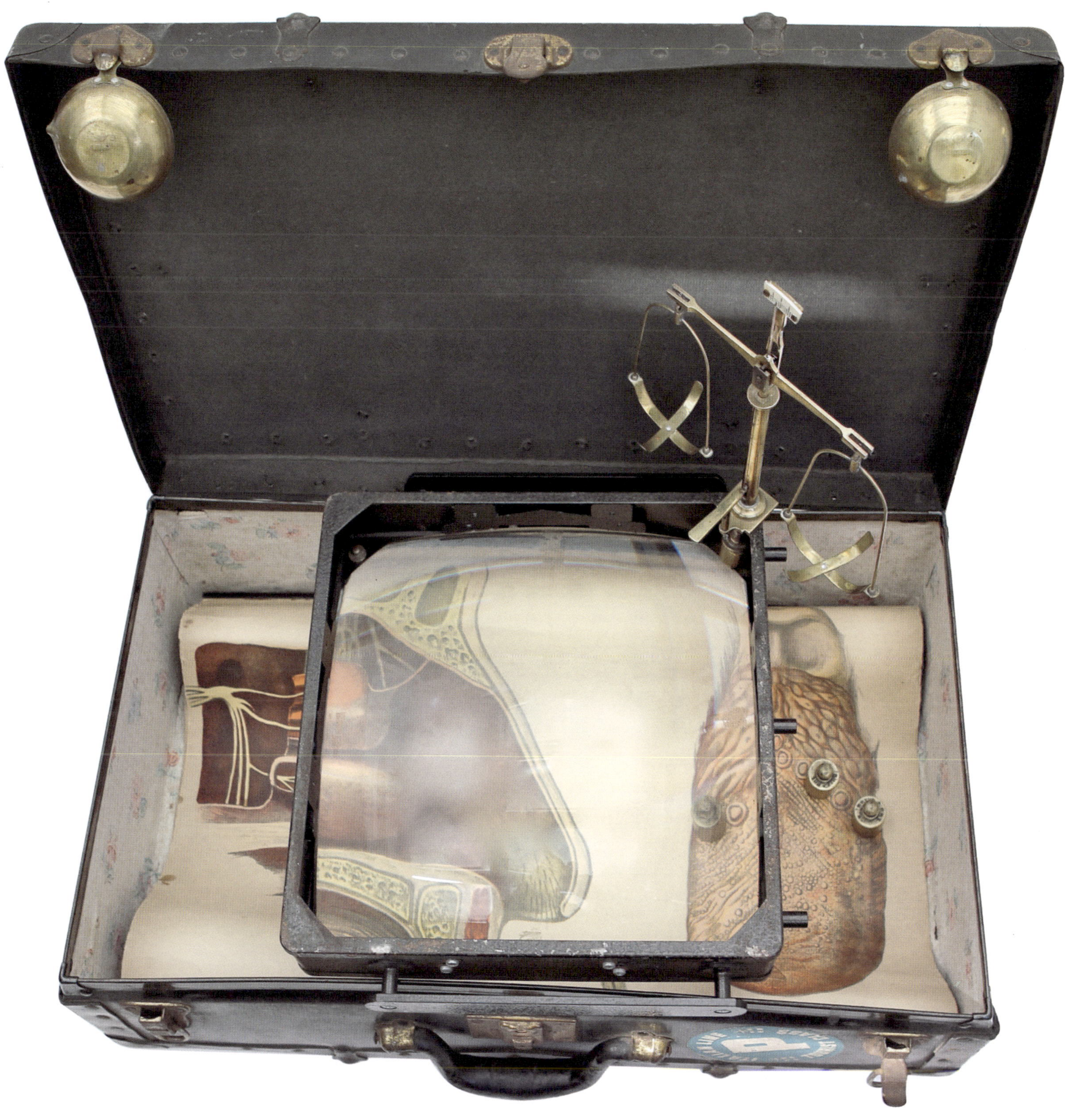

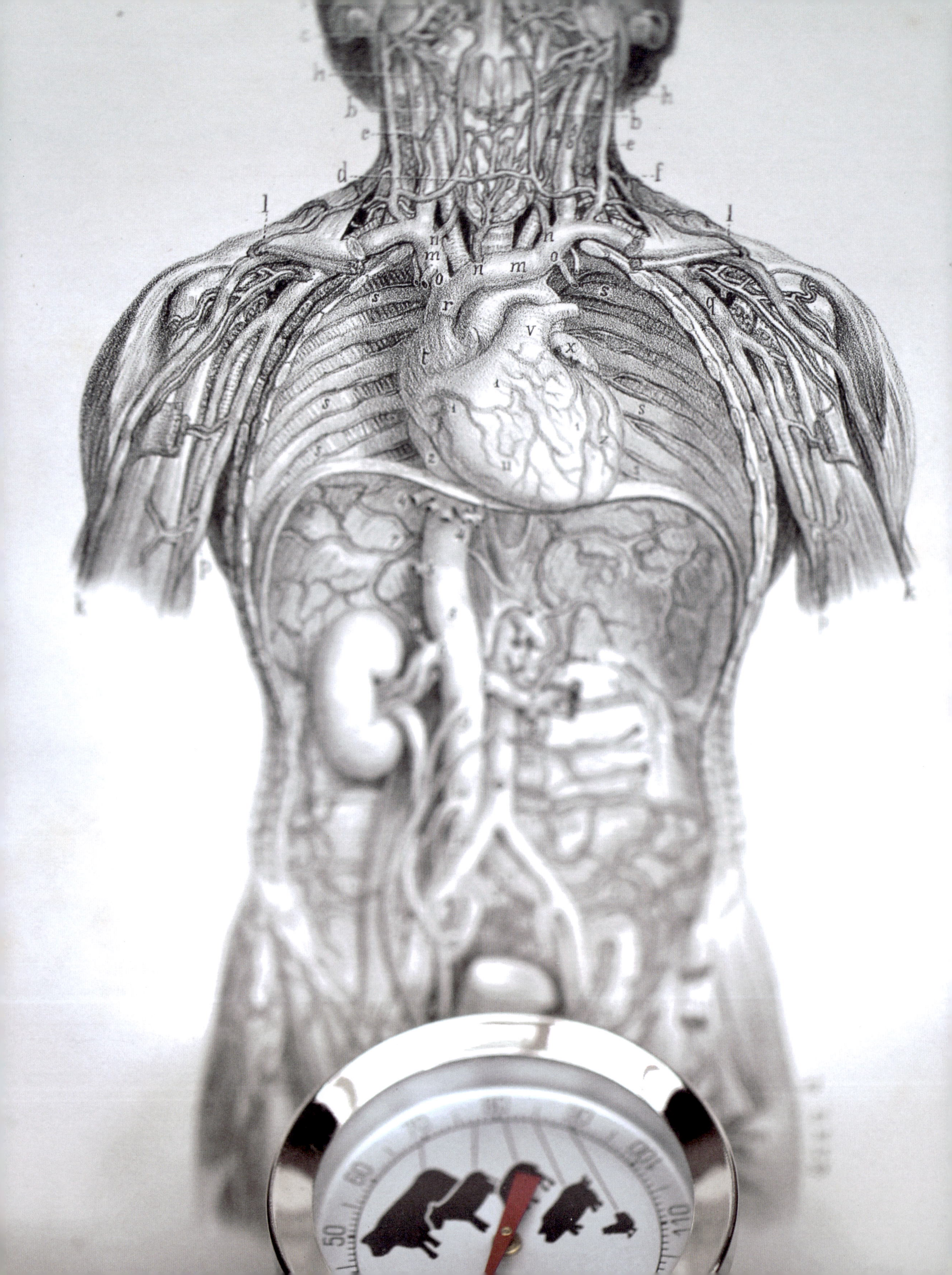

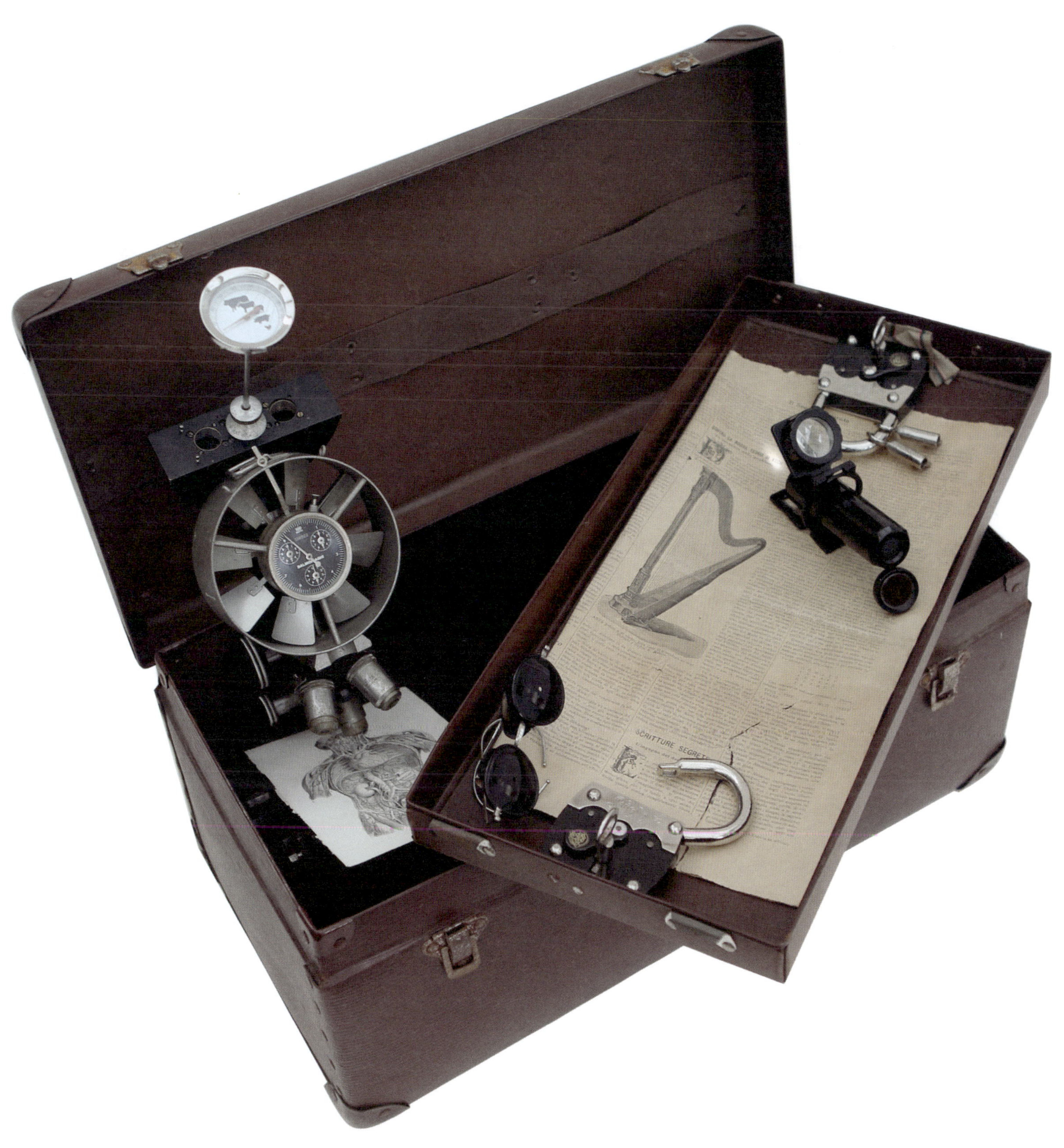

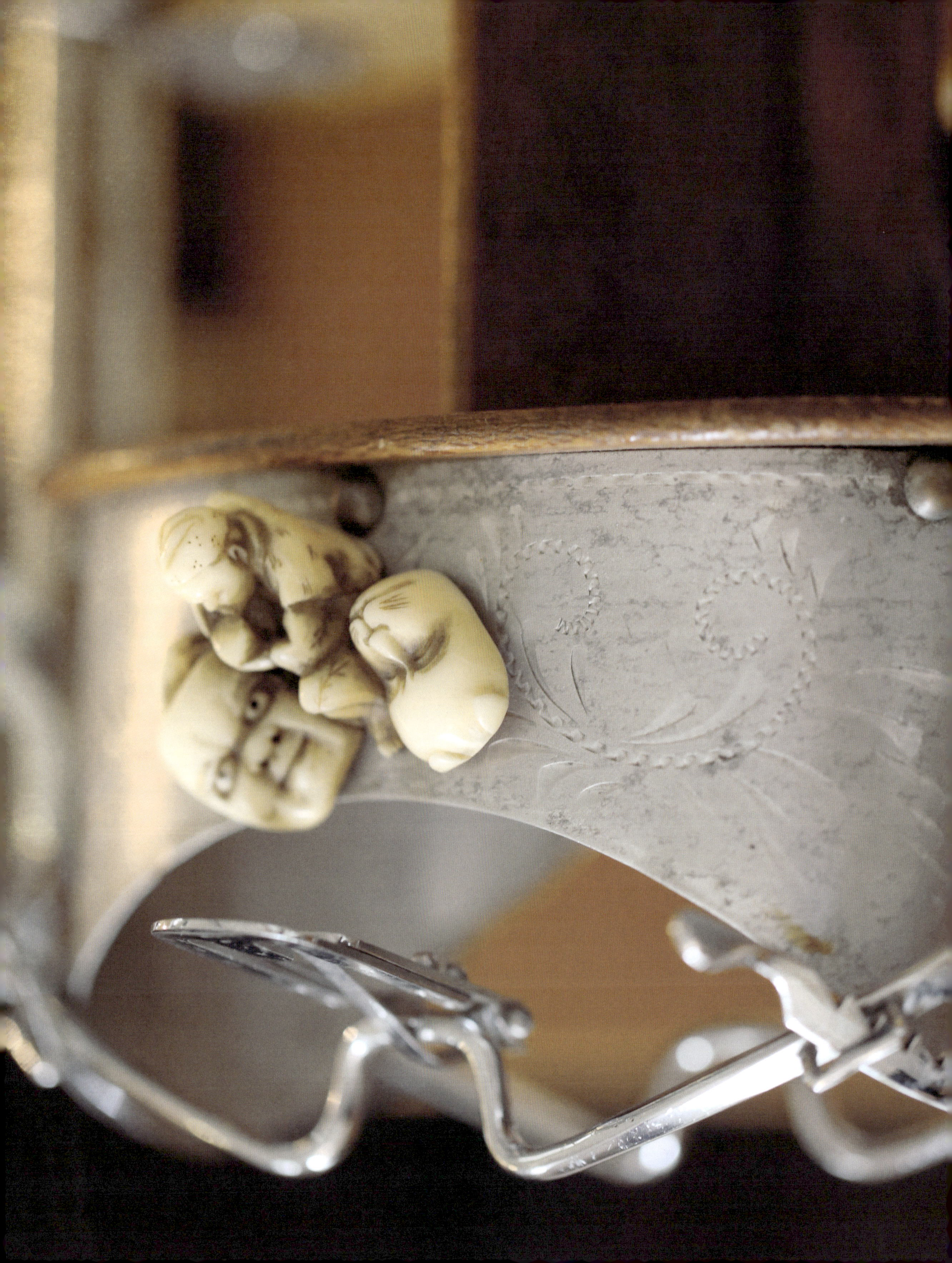

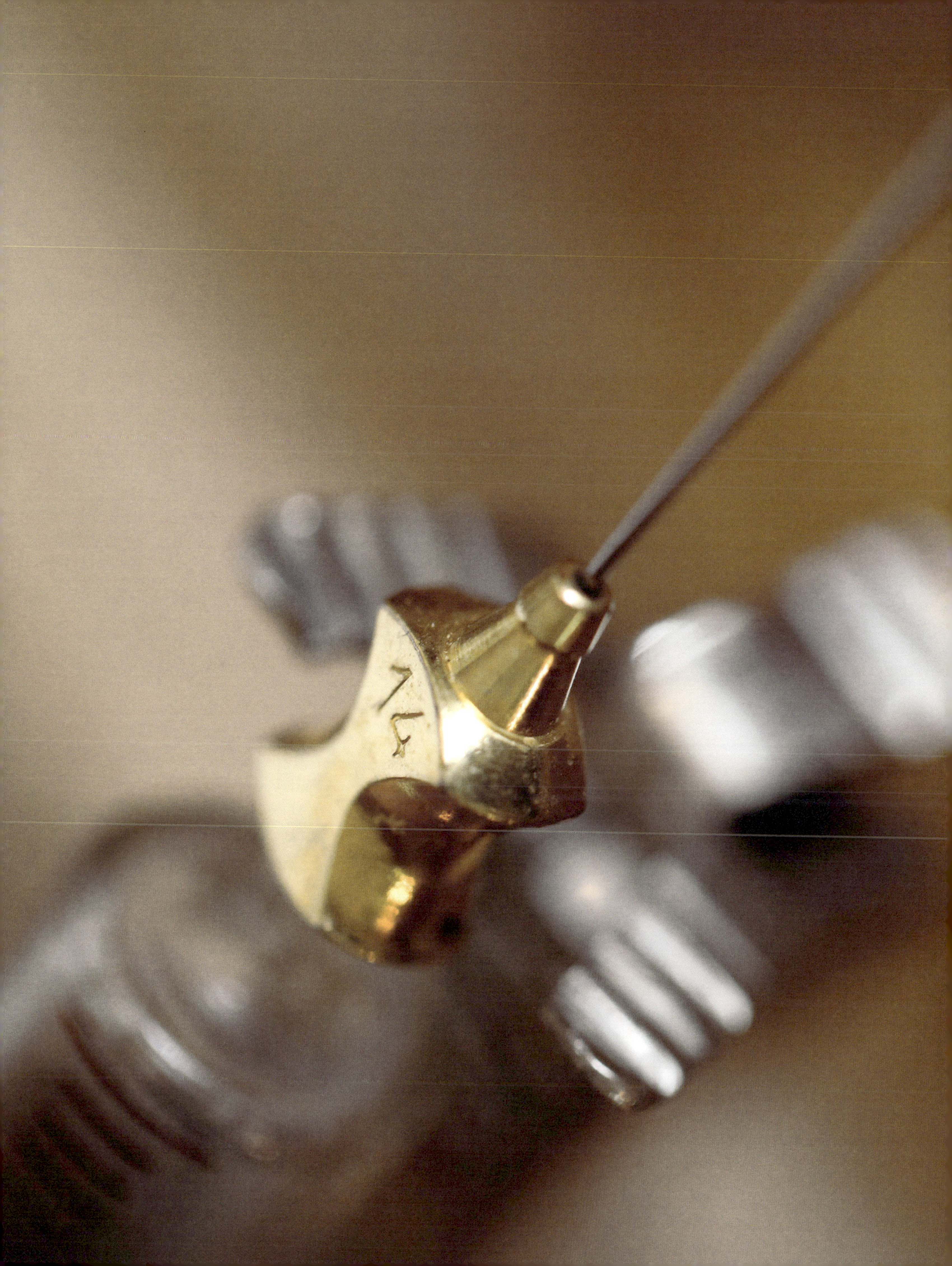

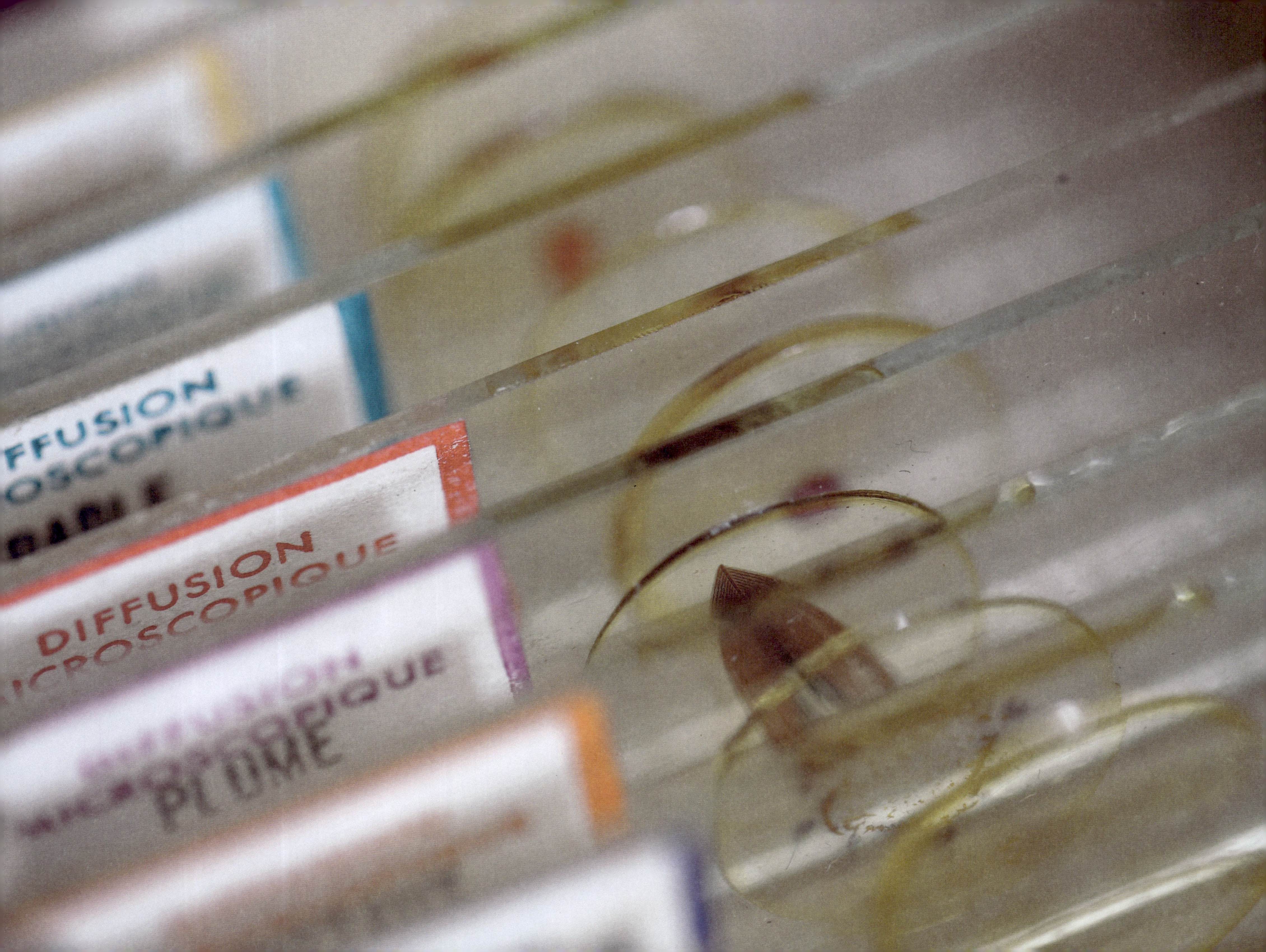

FFUSION
OSCOPIQUE
DIFFUSION
ICROSCOPIQUE
PLUME

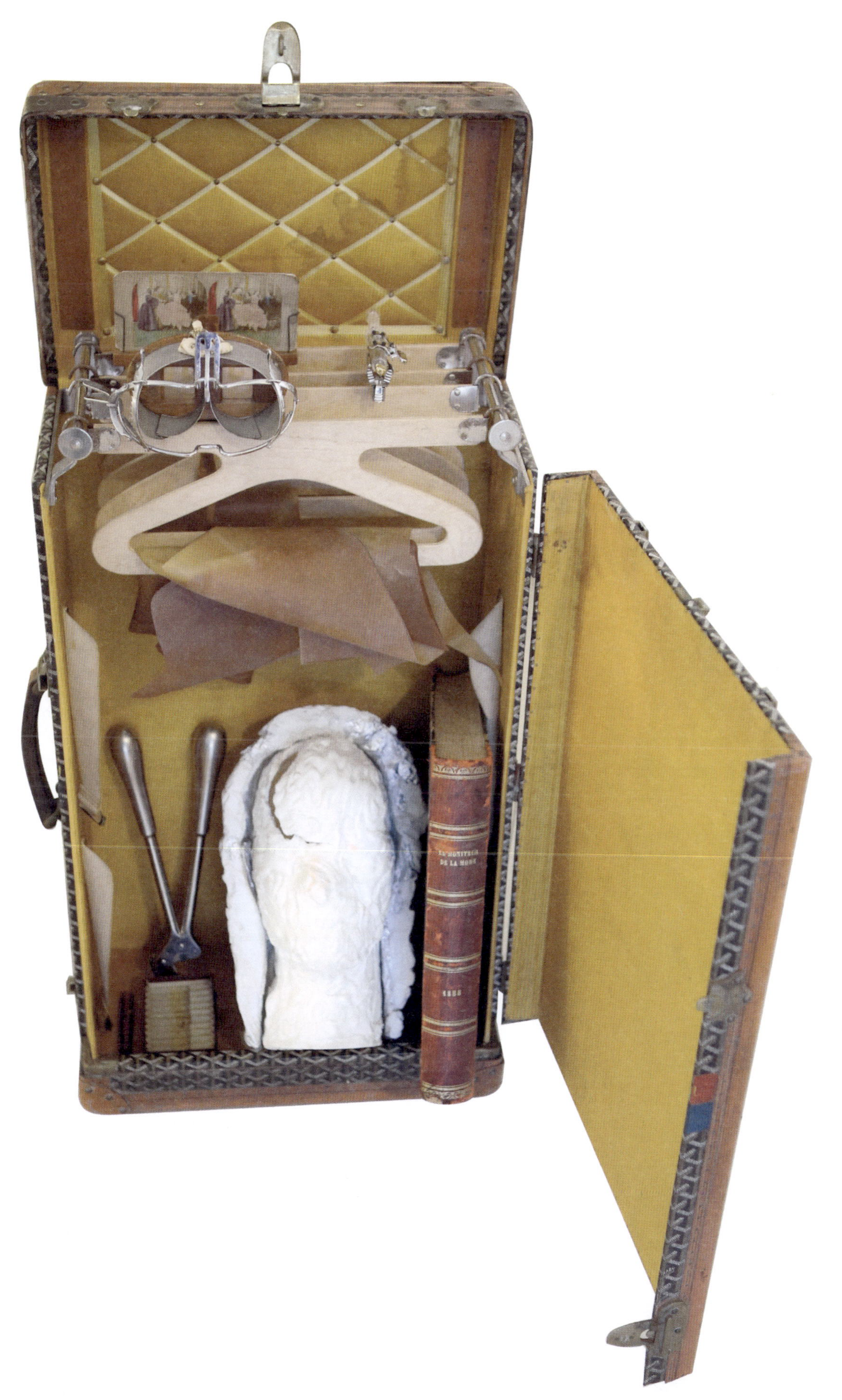

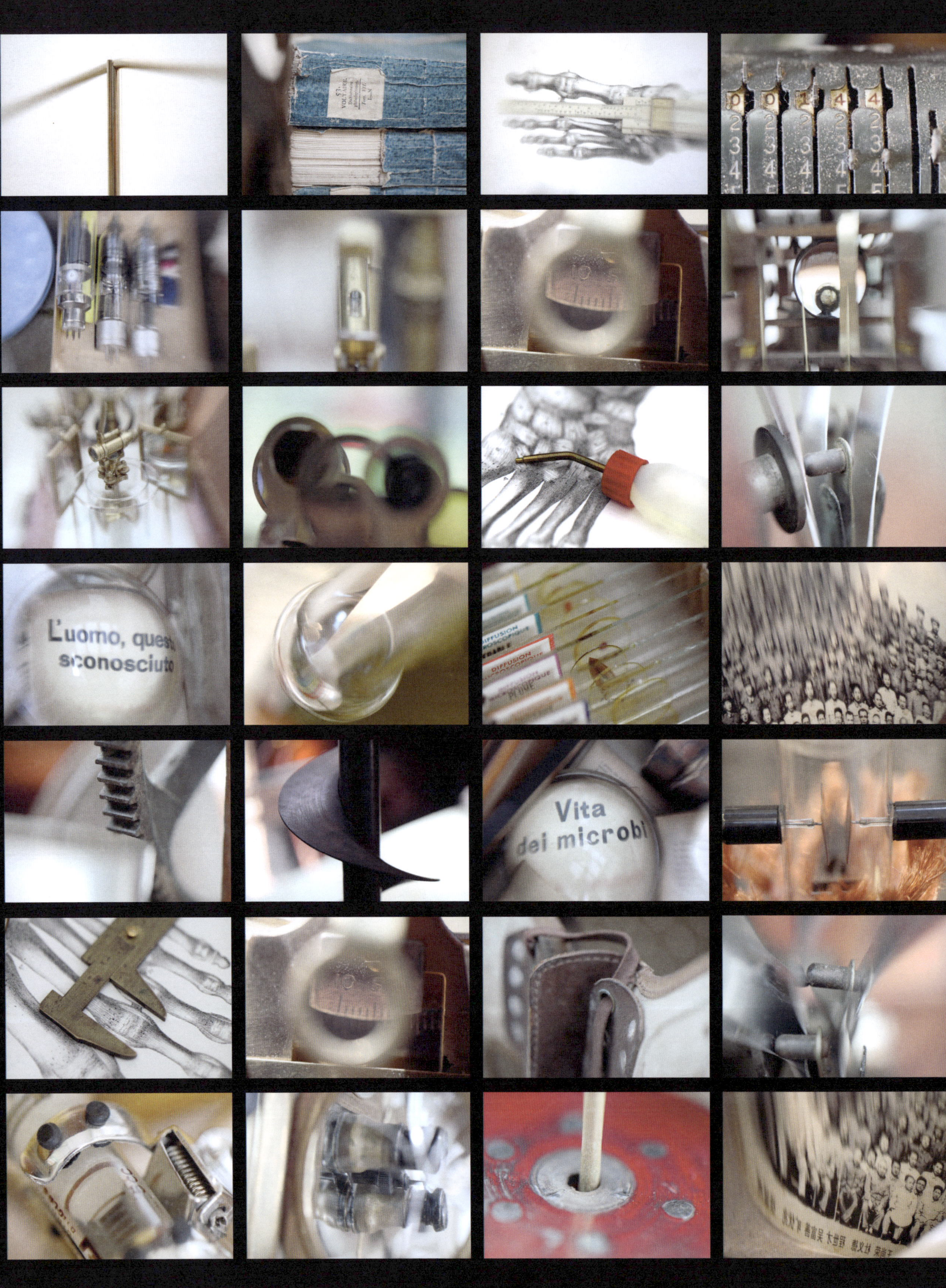
L'uomo, quest
sconosciuto
Vita
dei microbi

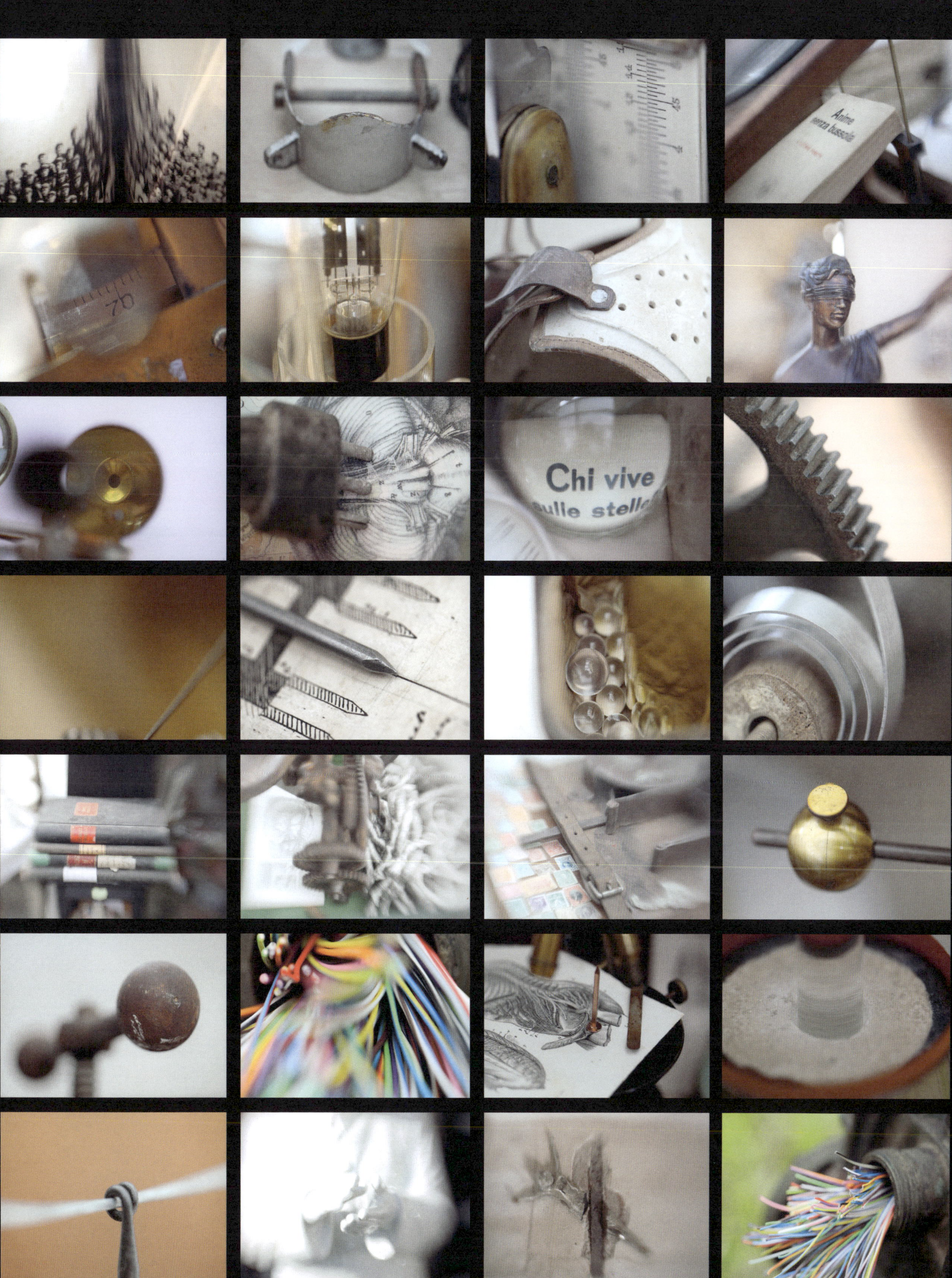

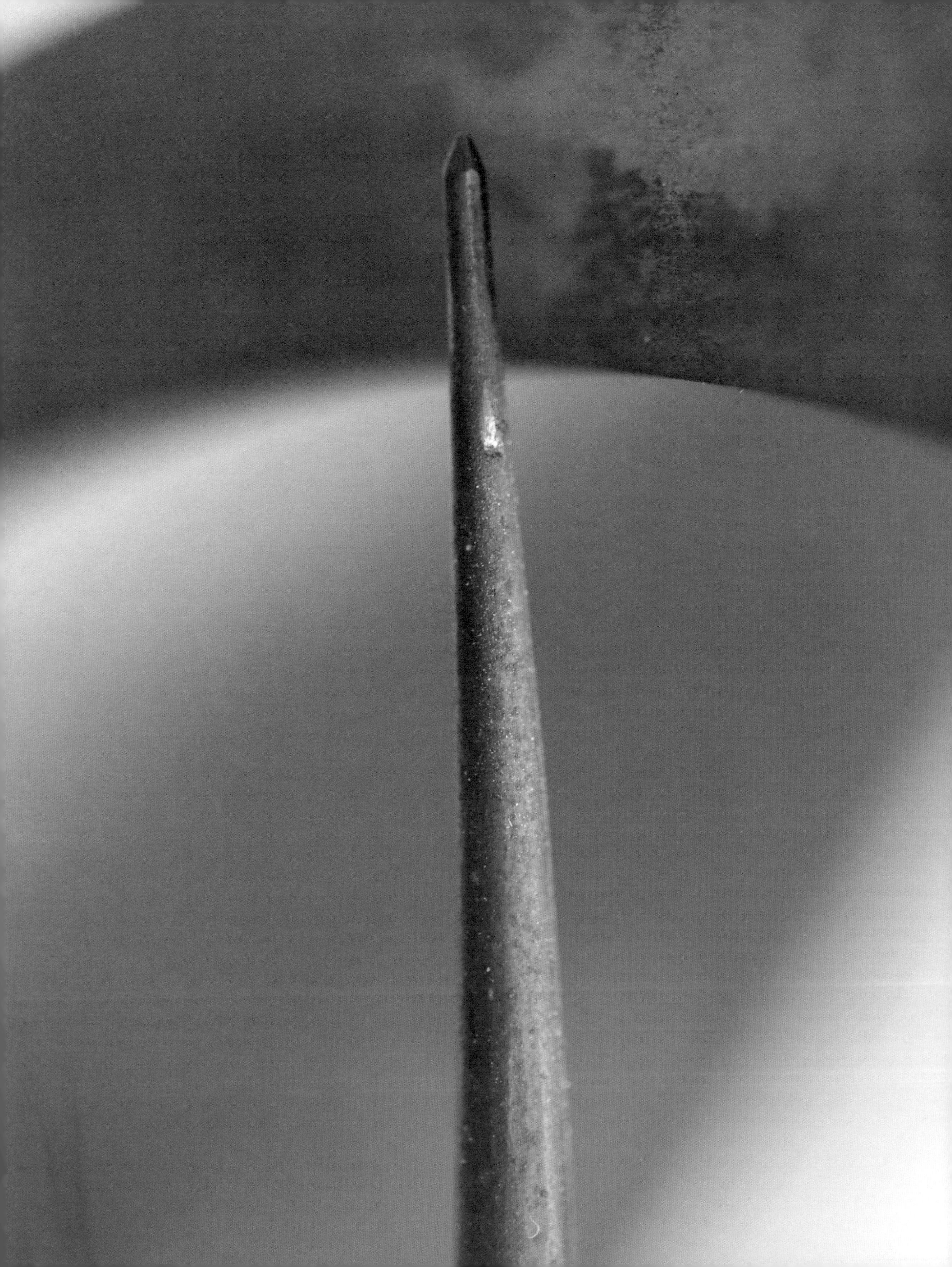

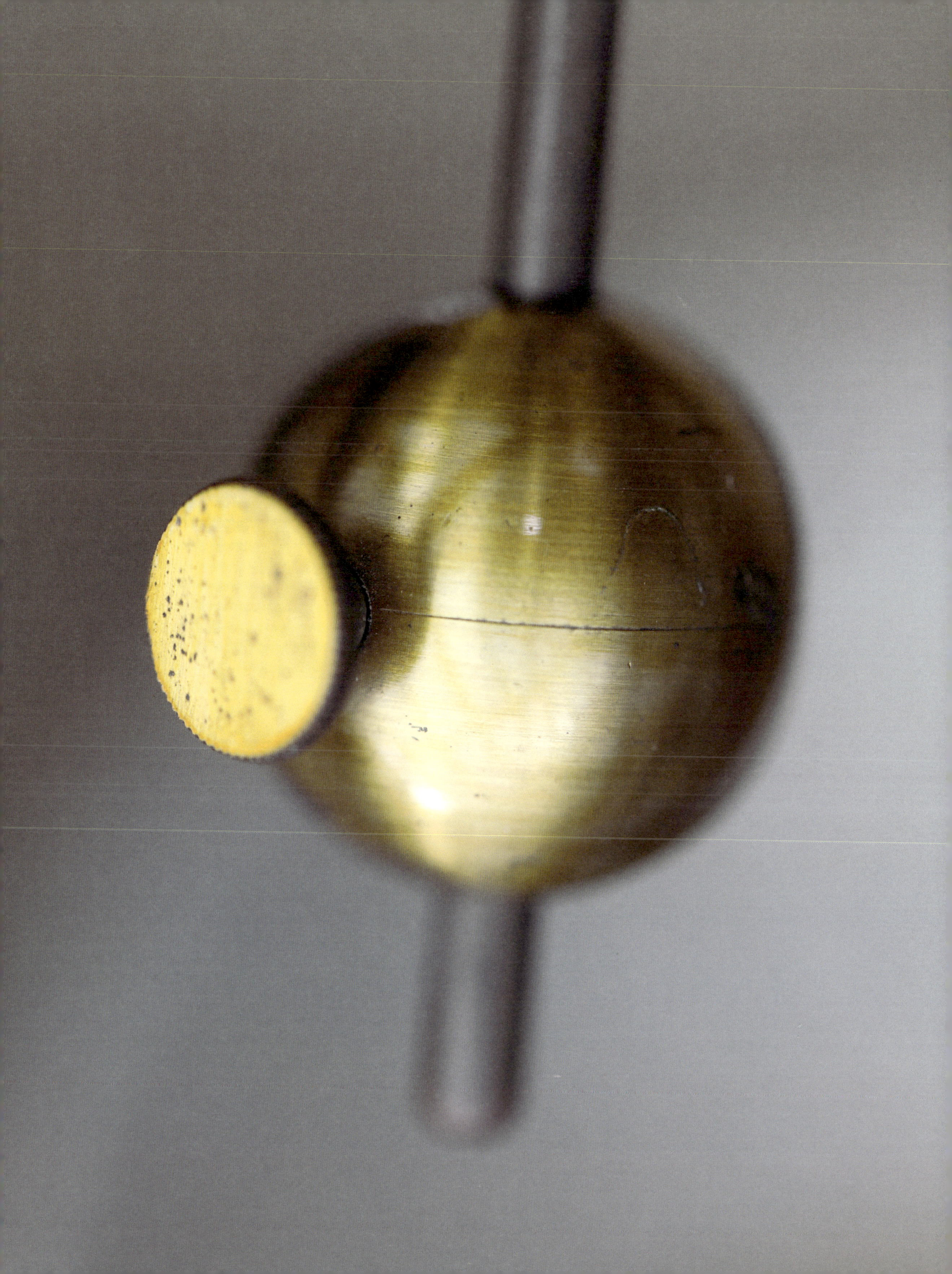

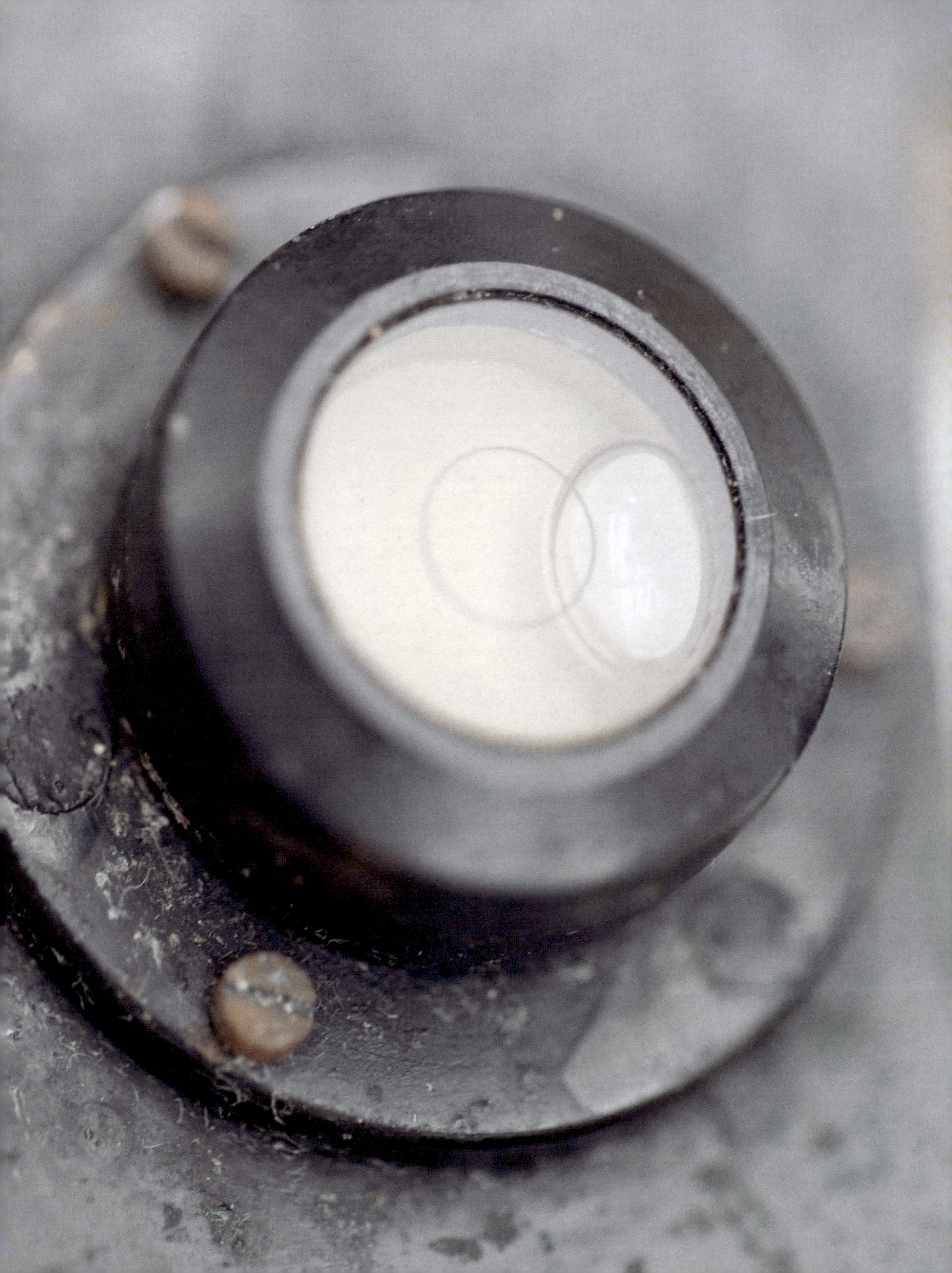

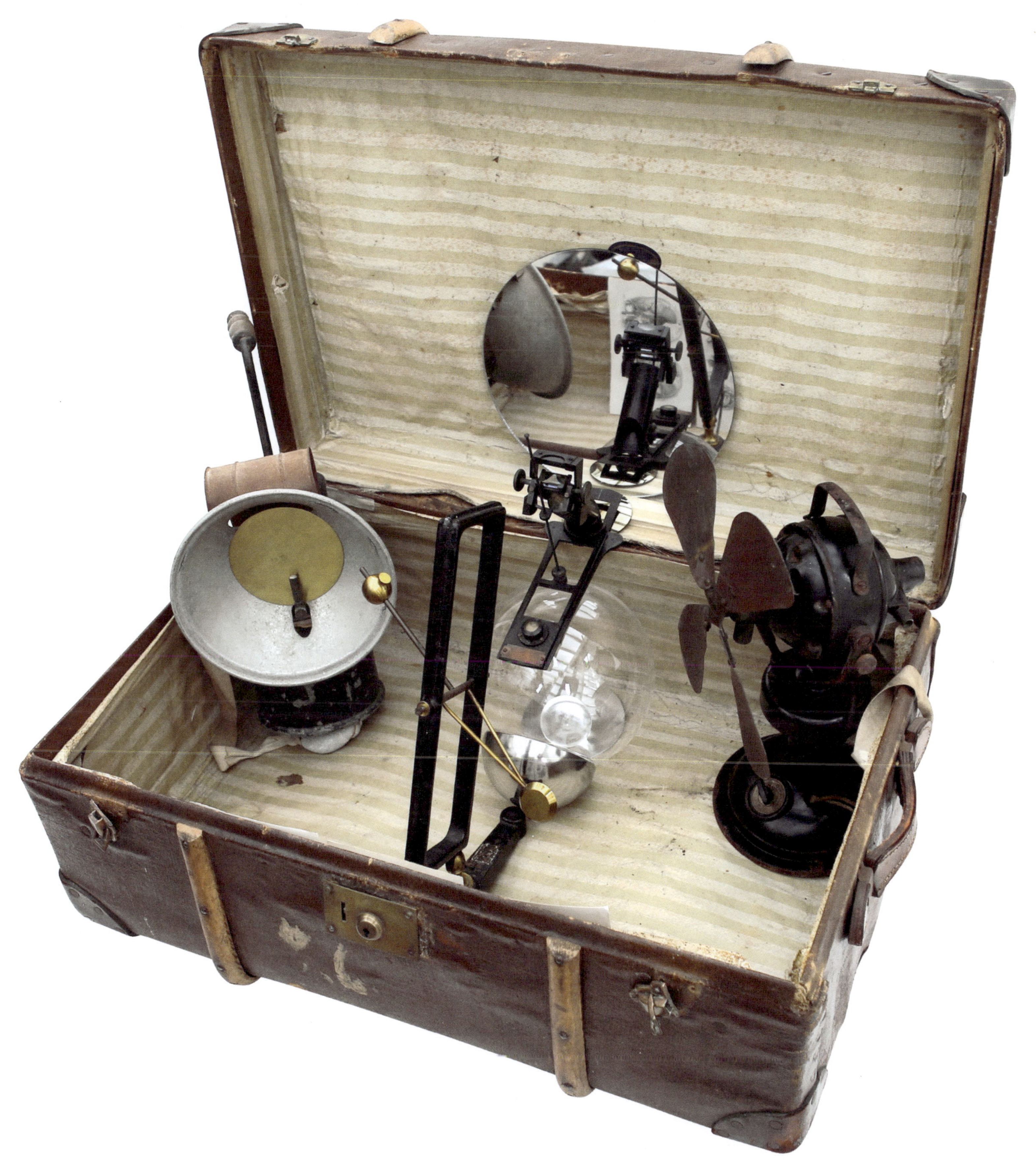

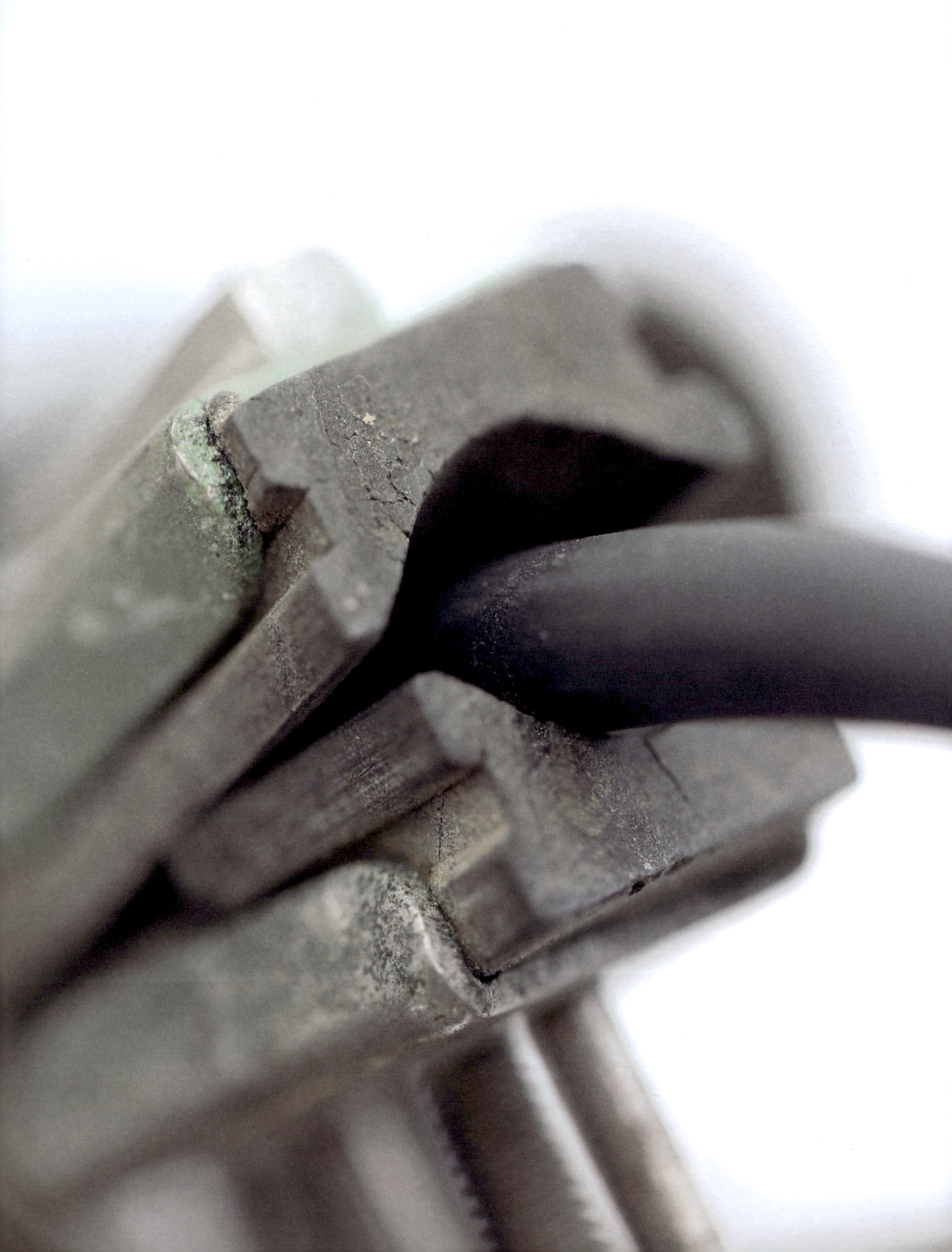

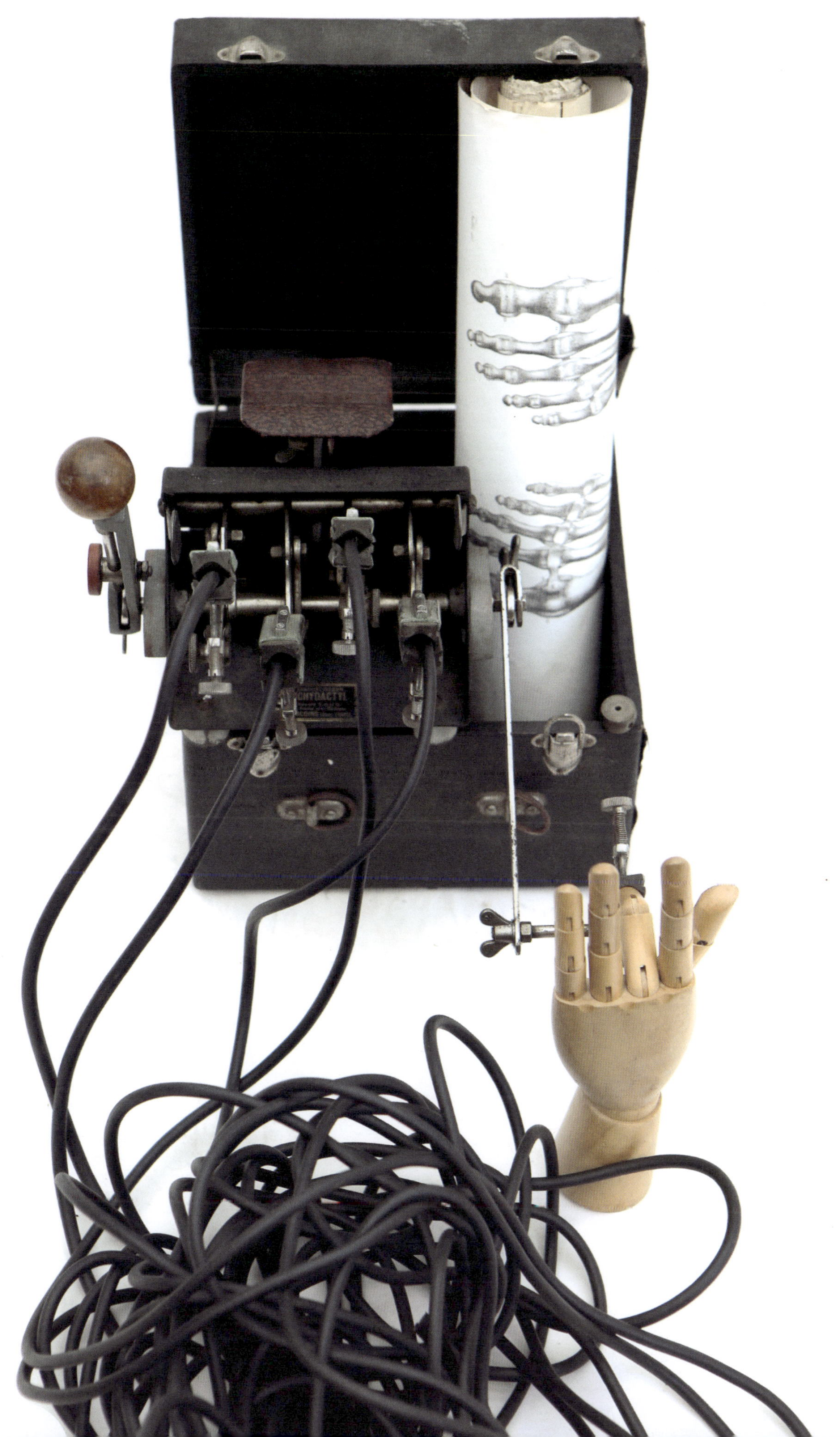

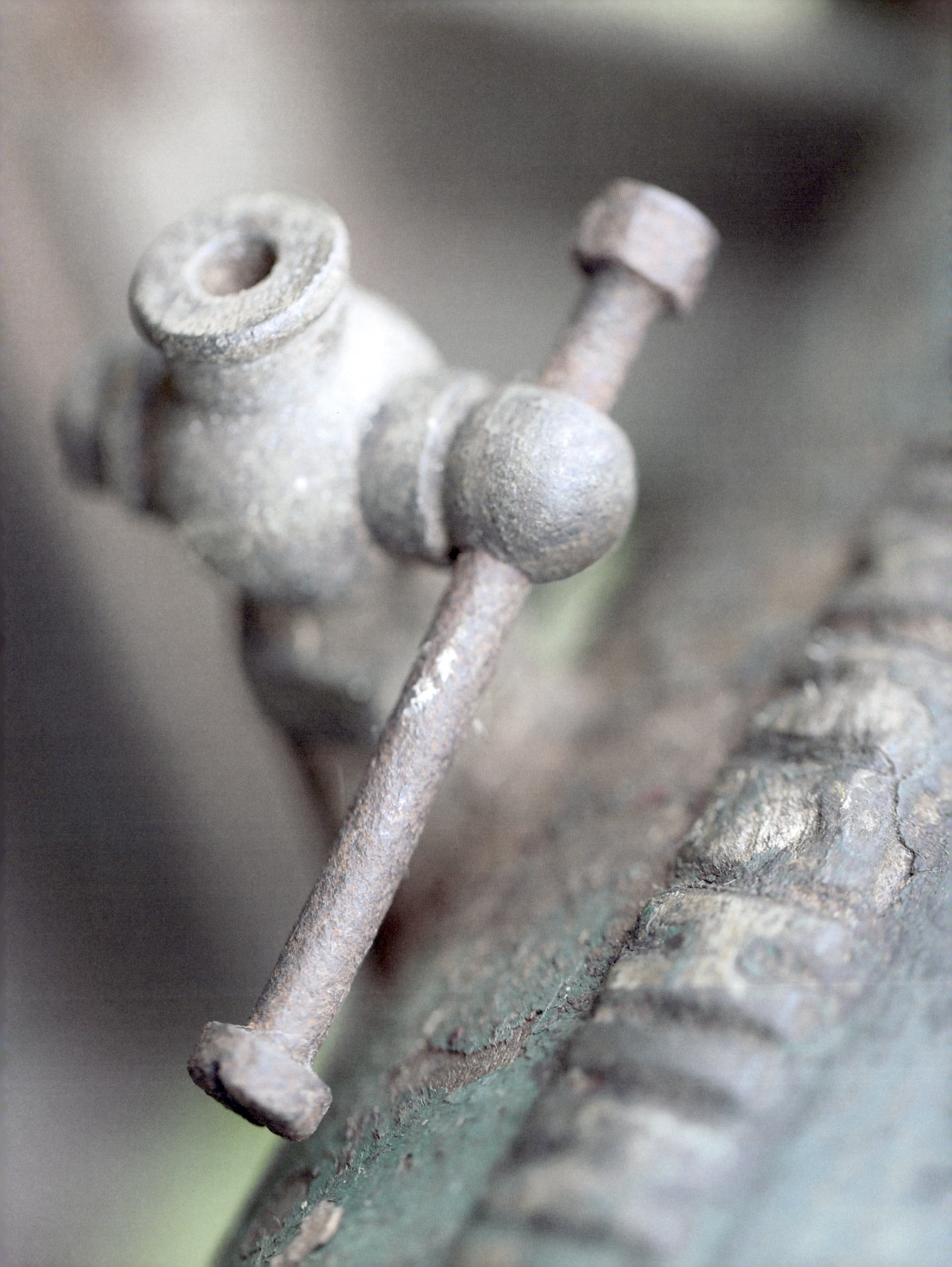

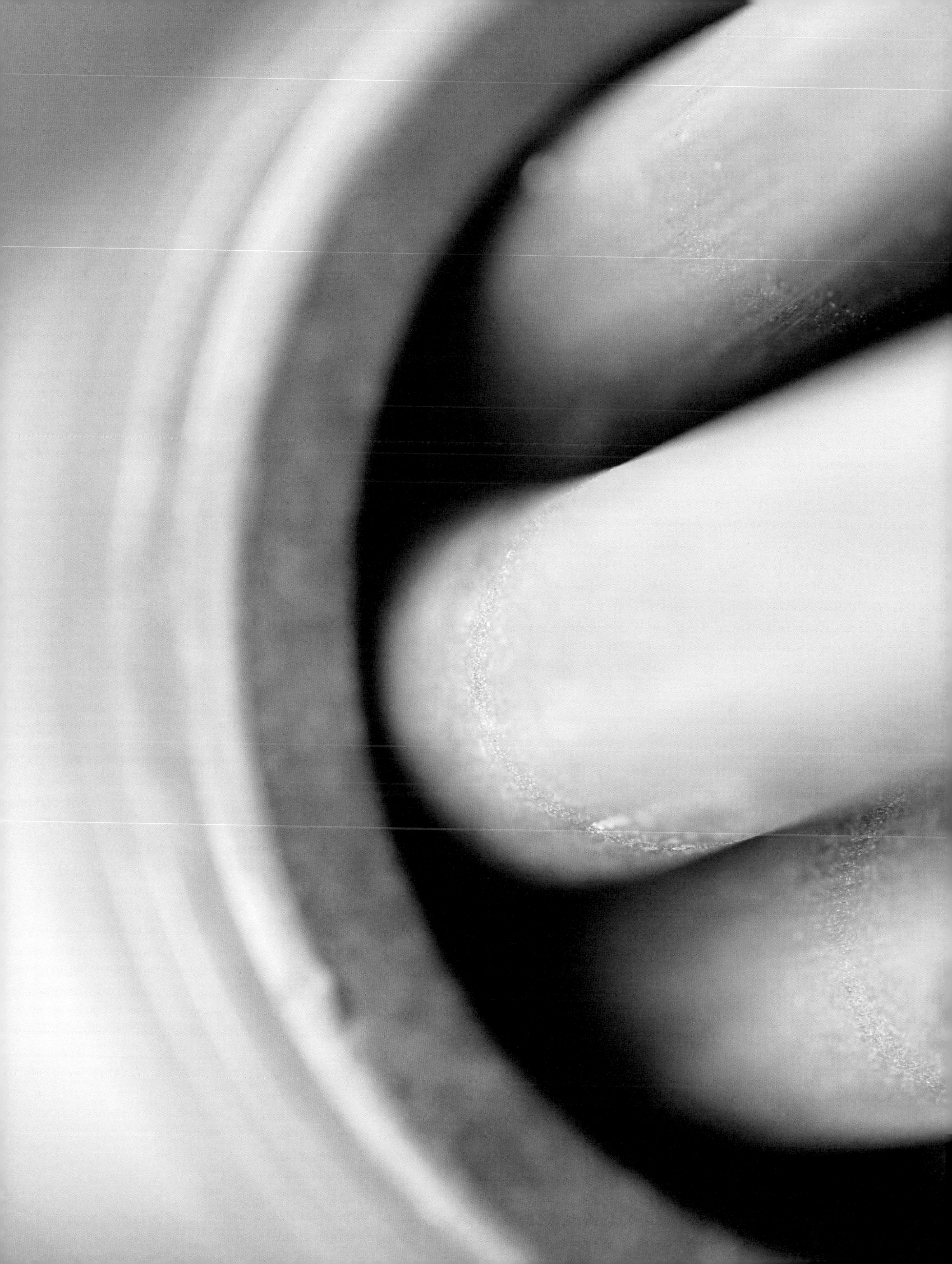

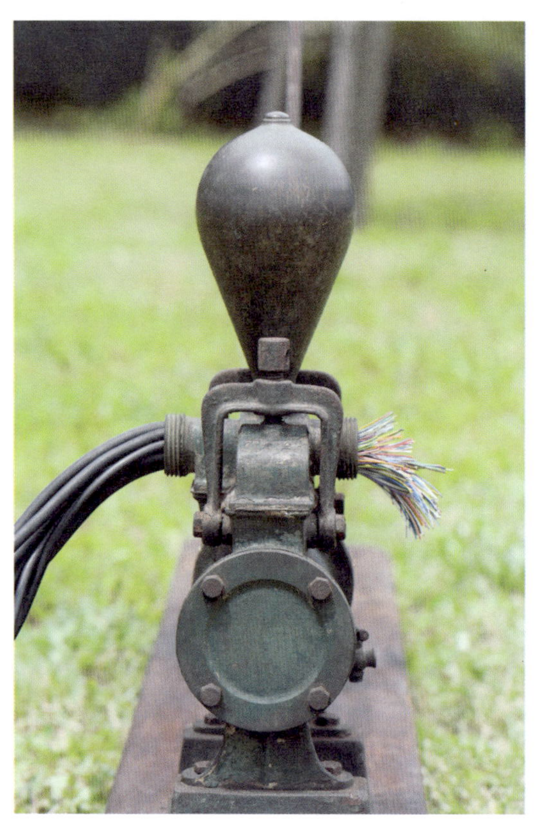

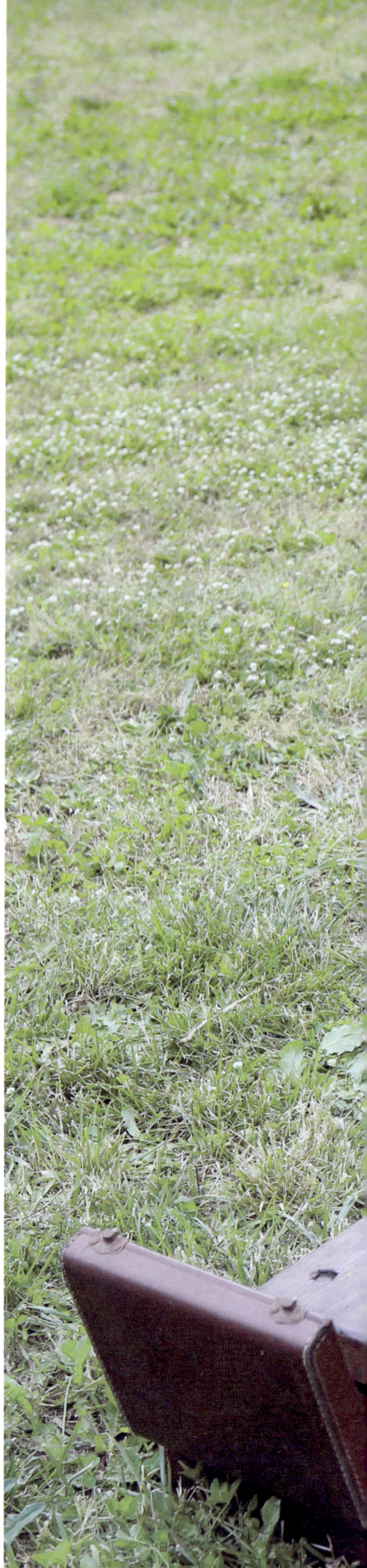

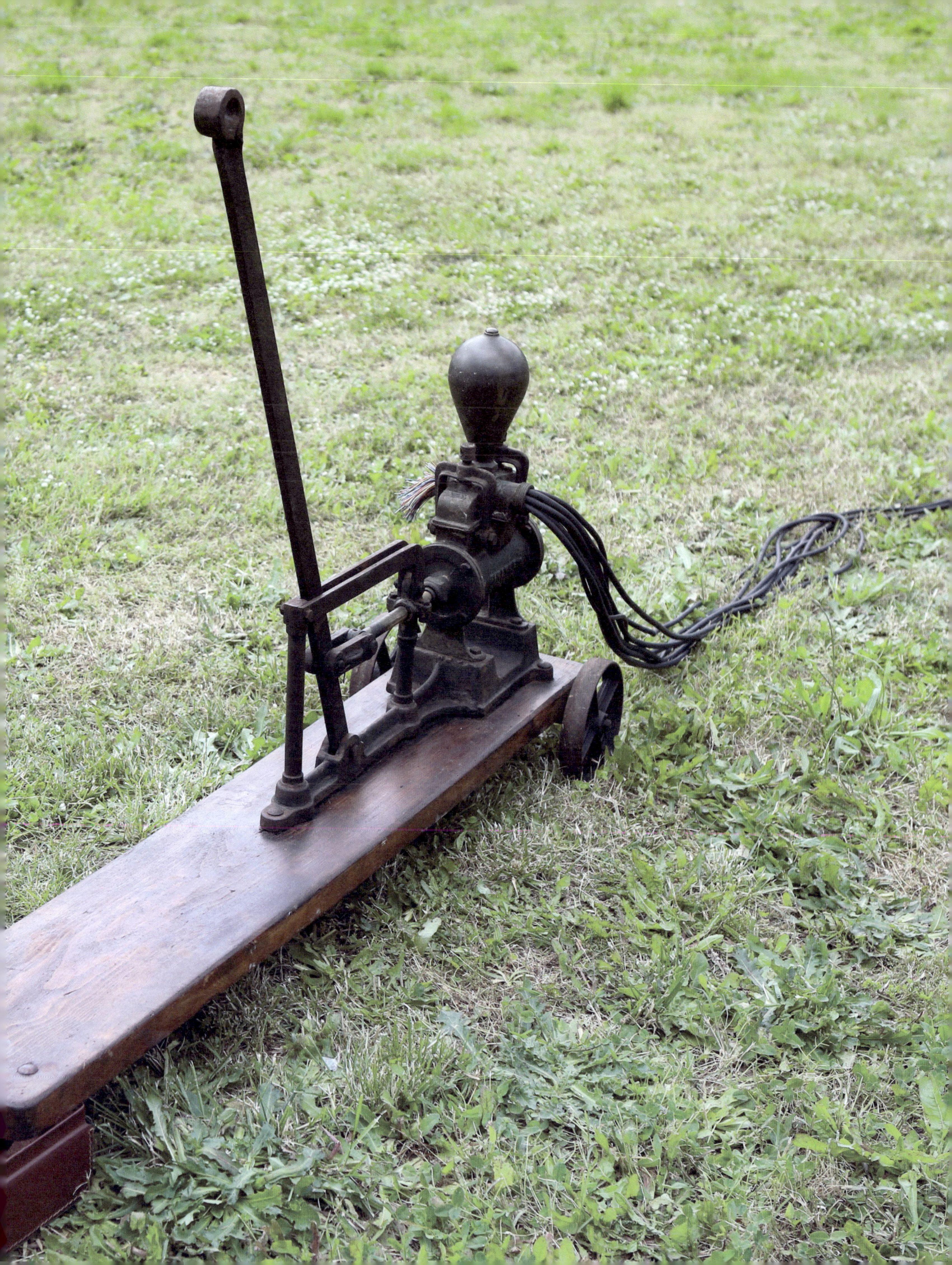

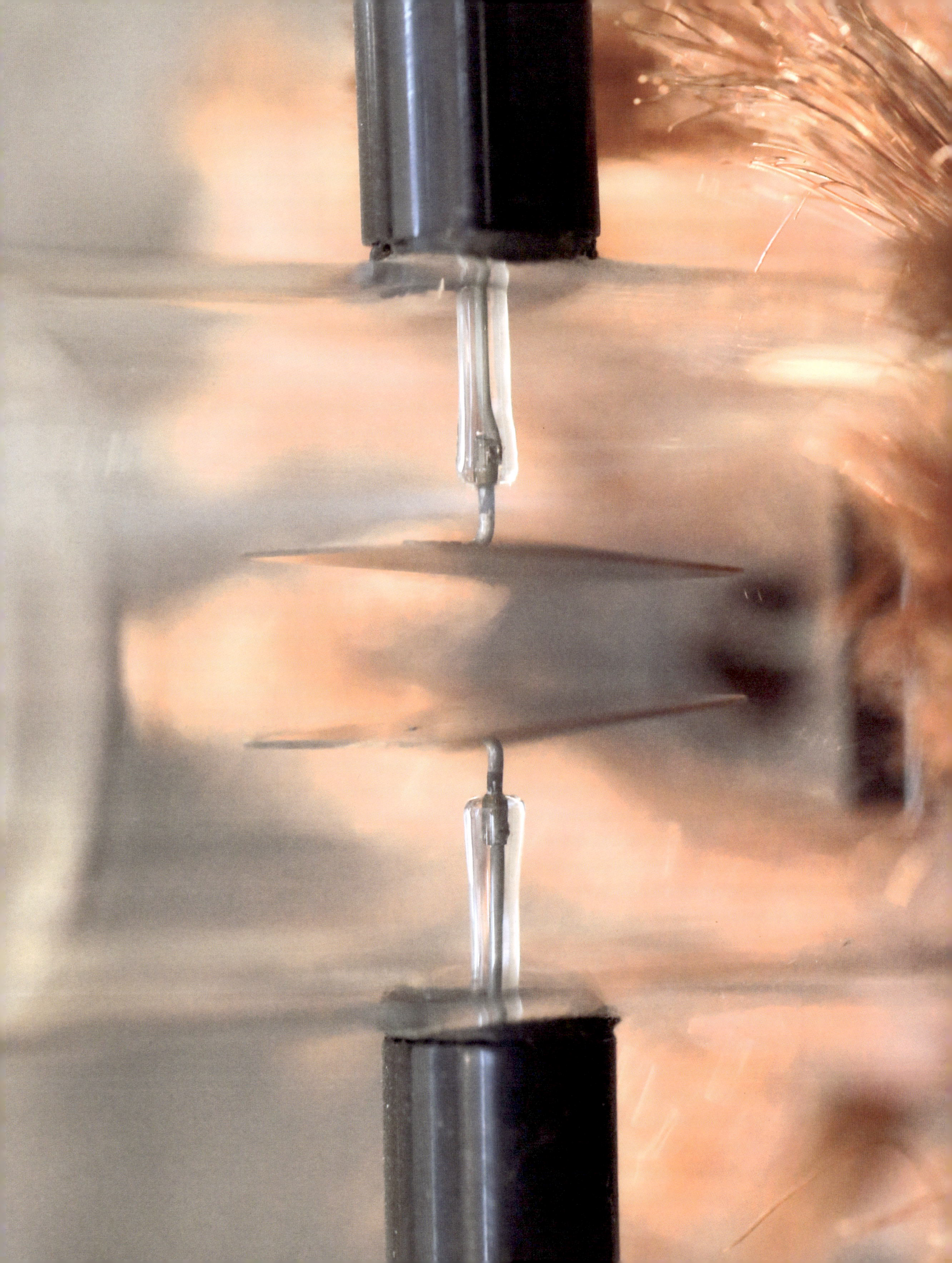

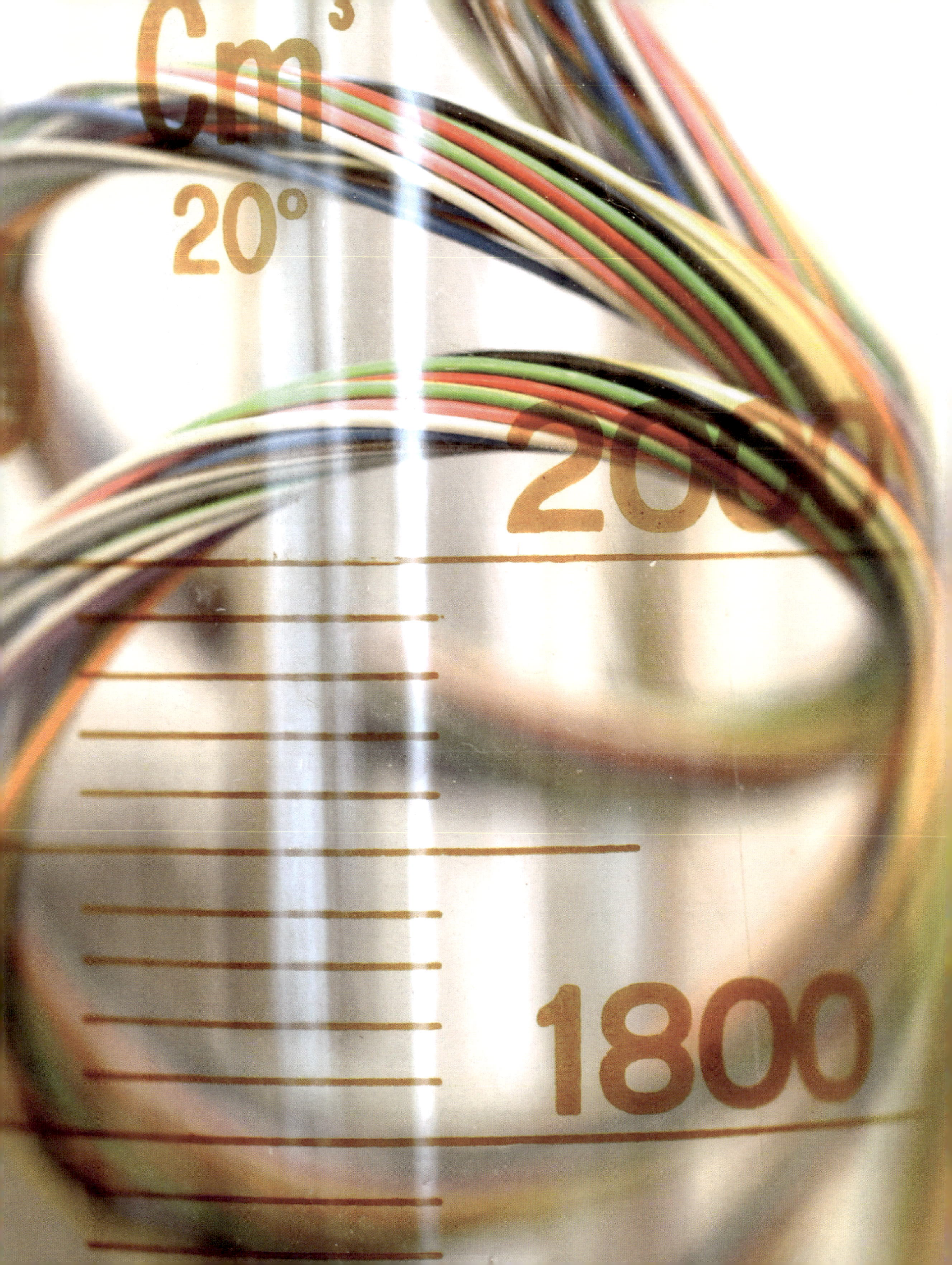

Cm³
20°
200
1800

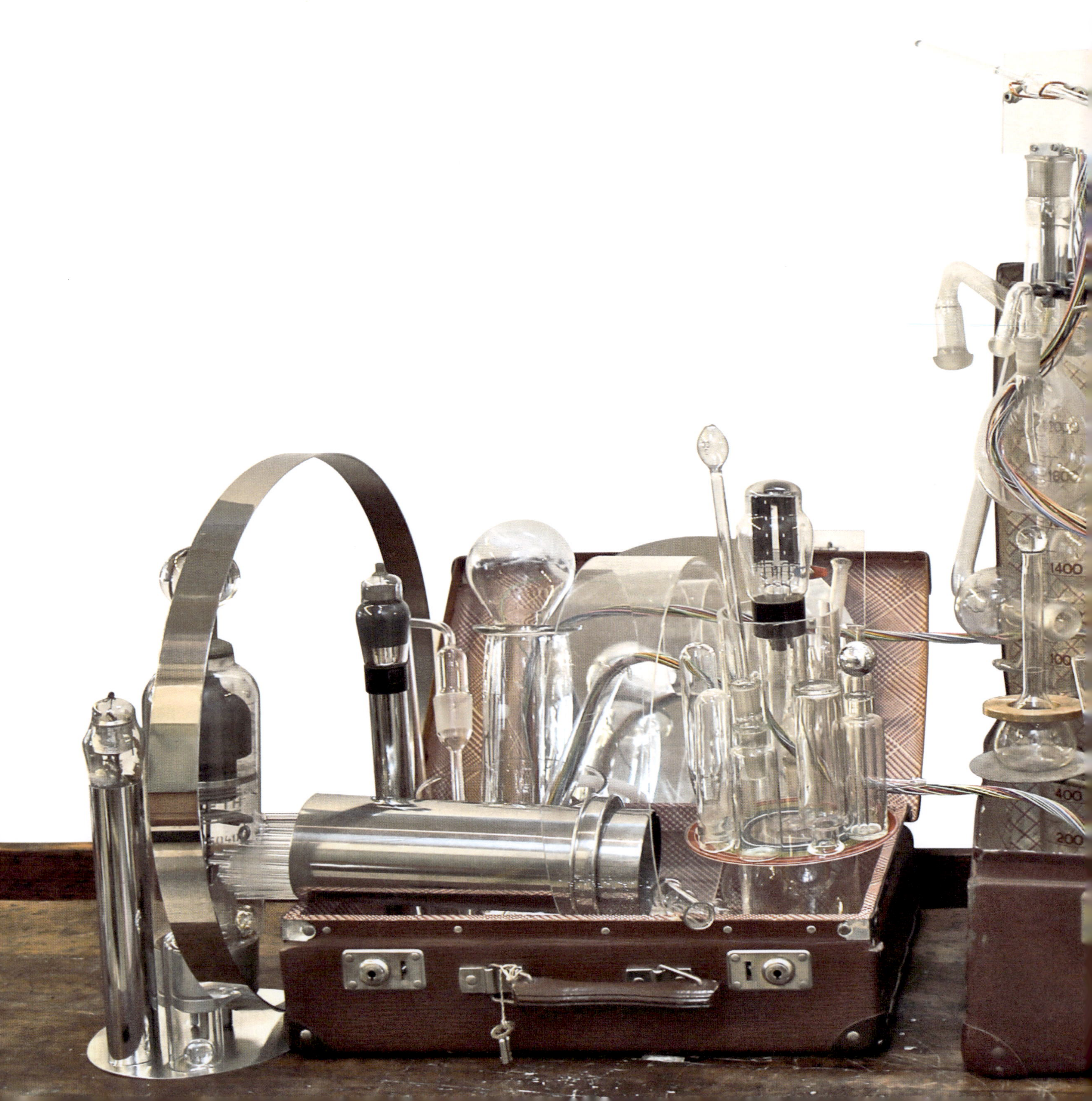

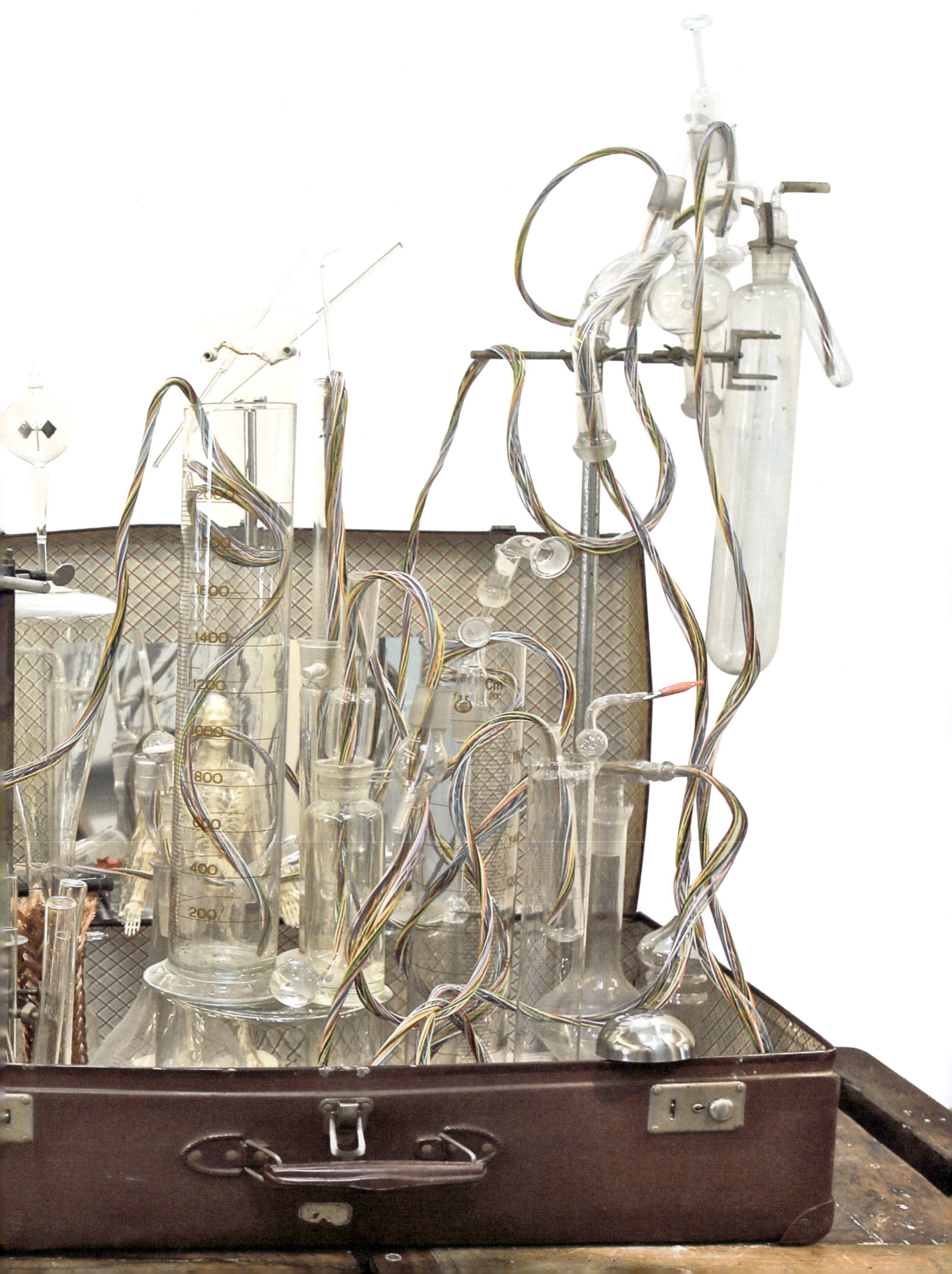

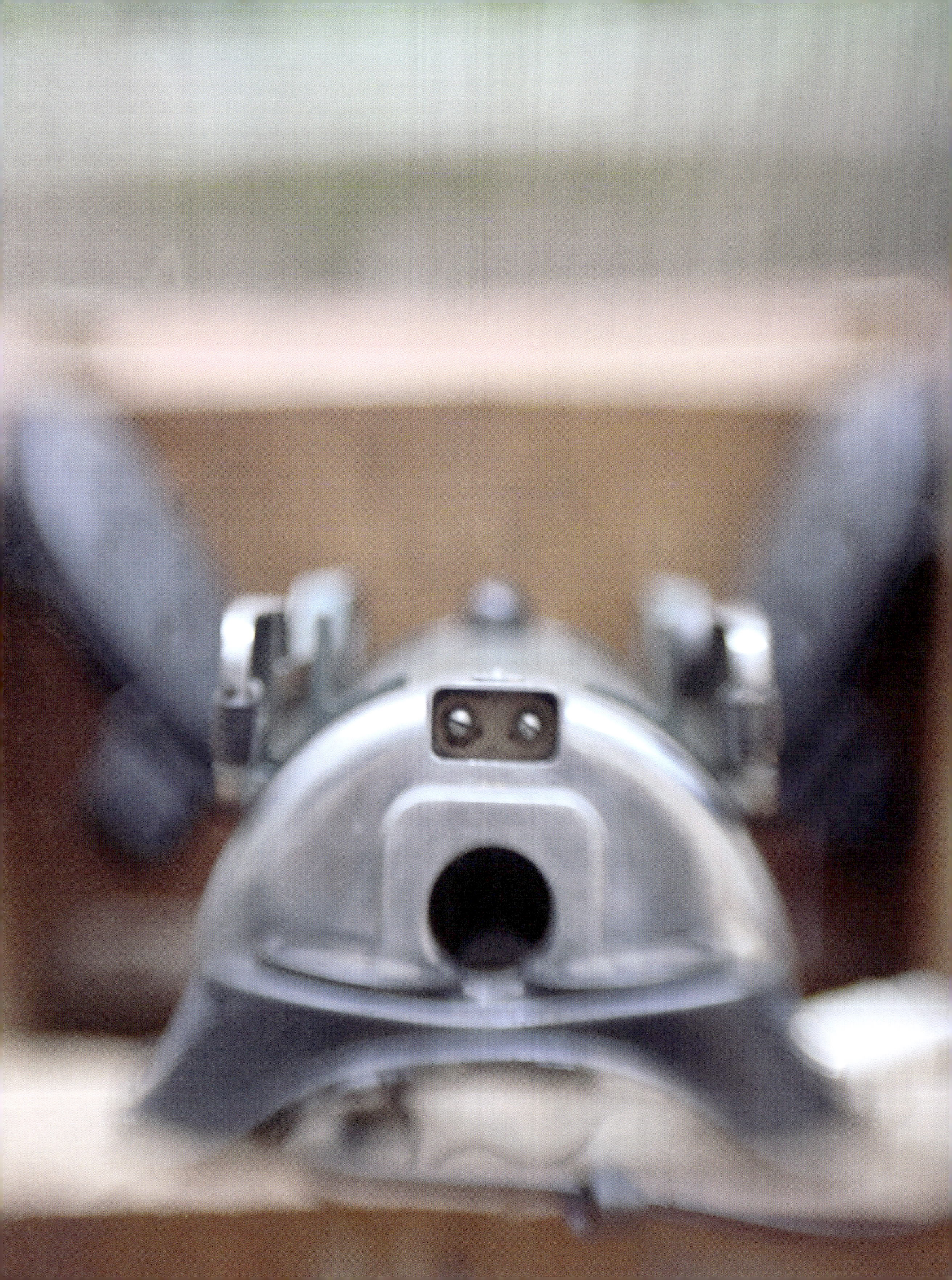

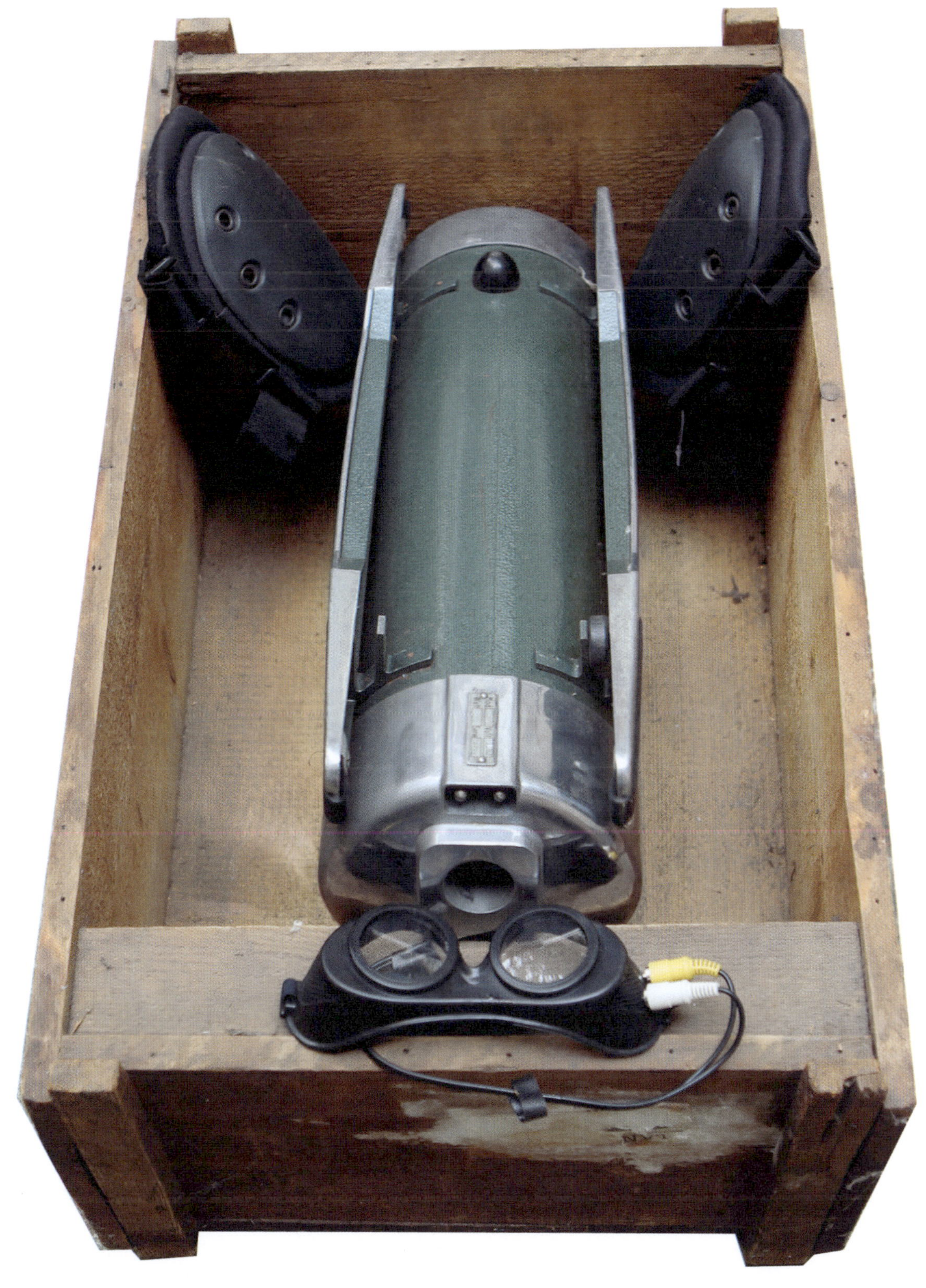

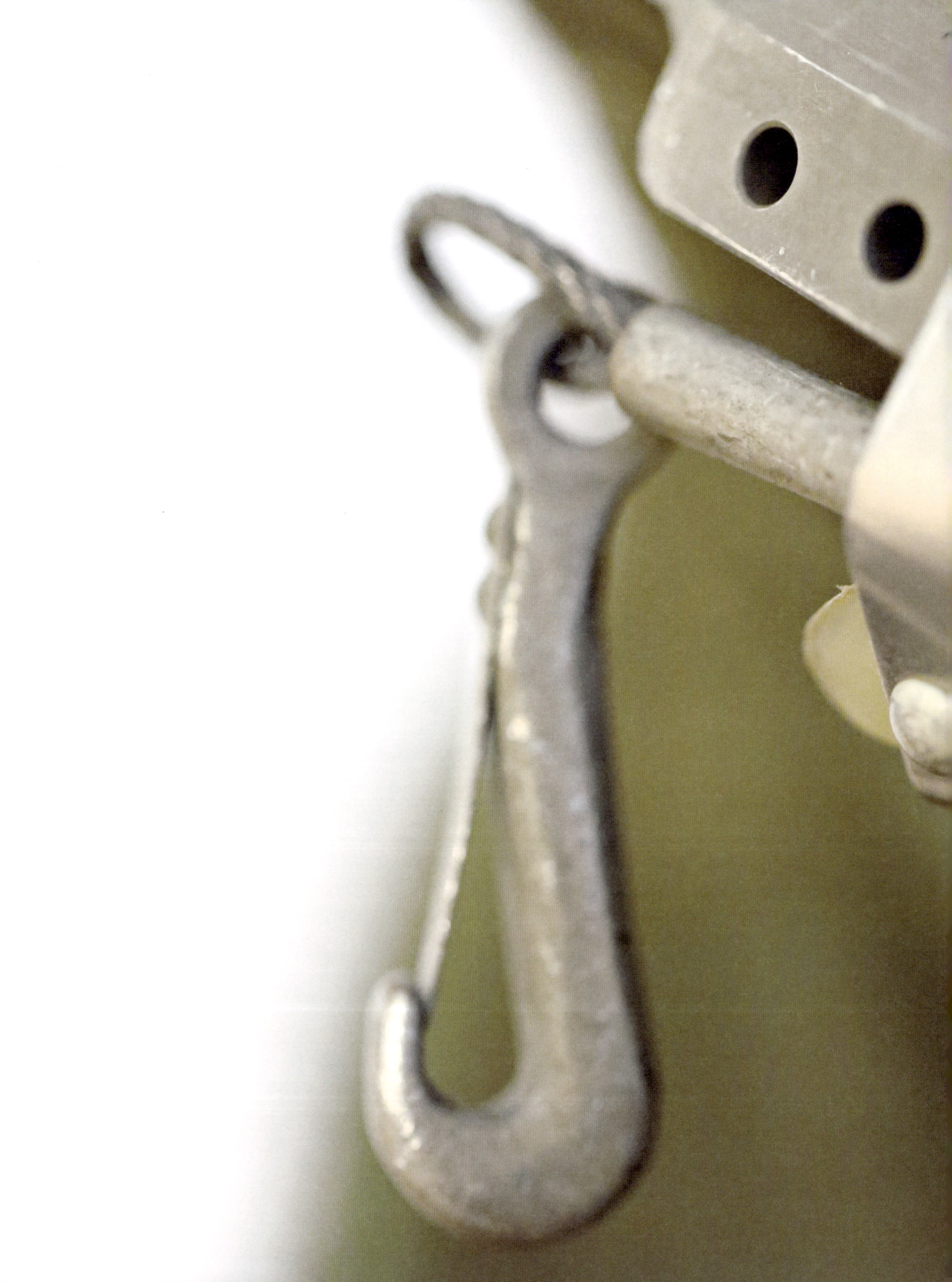

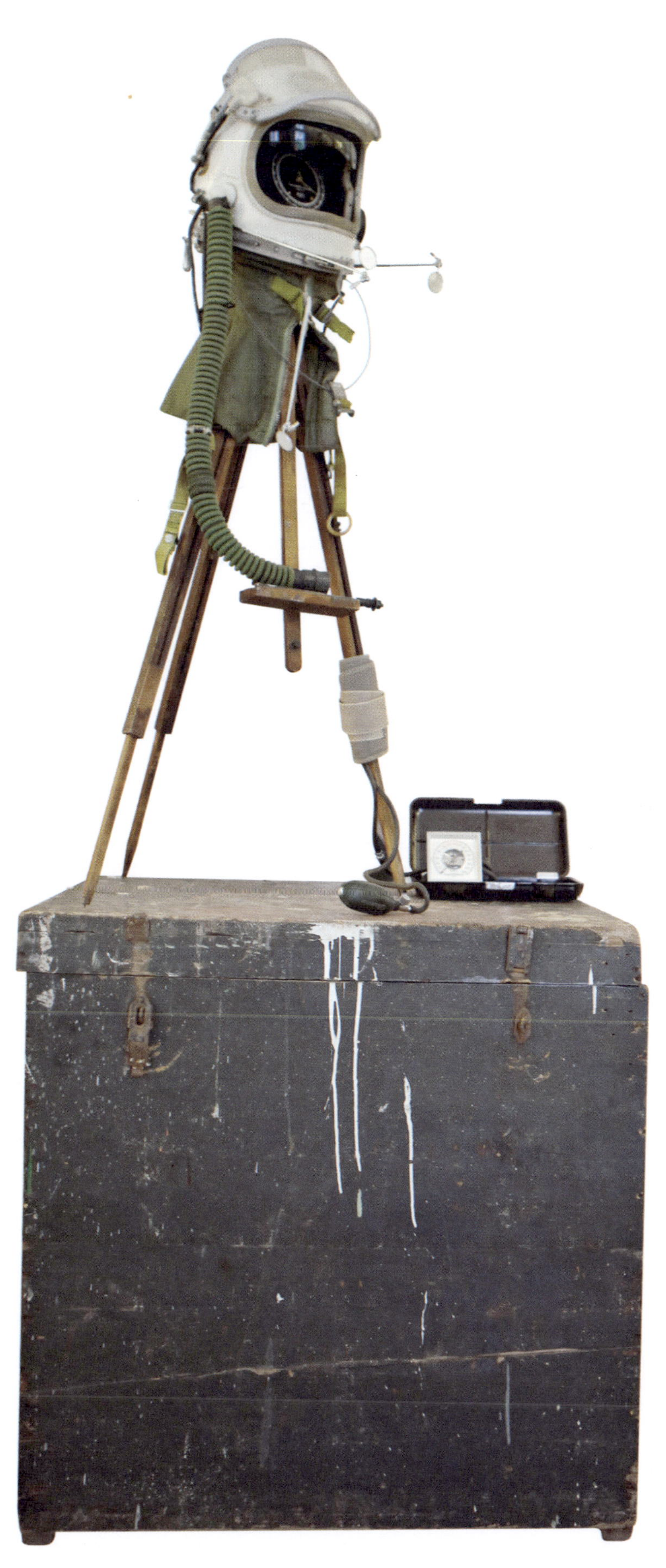

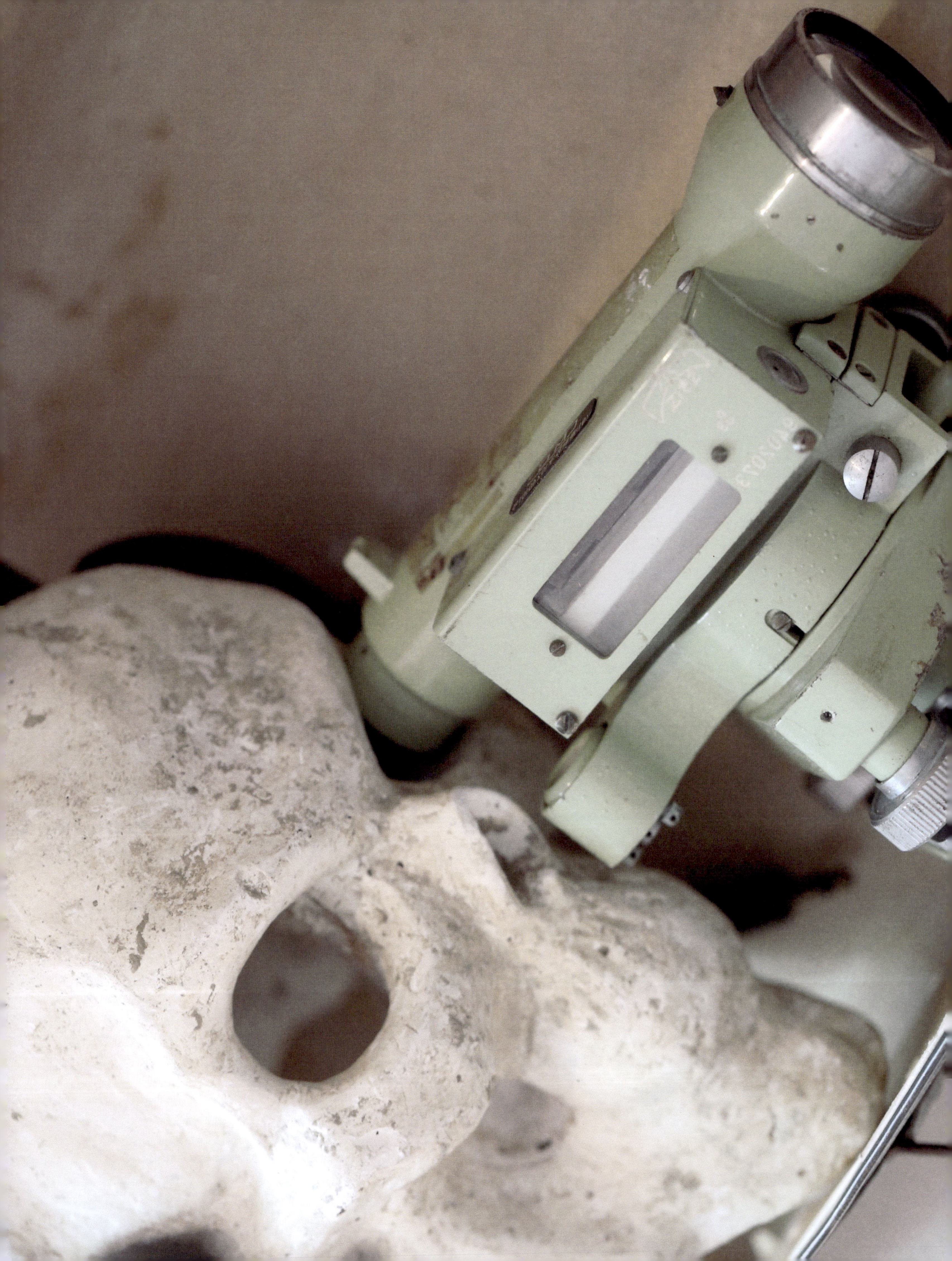

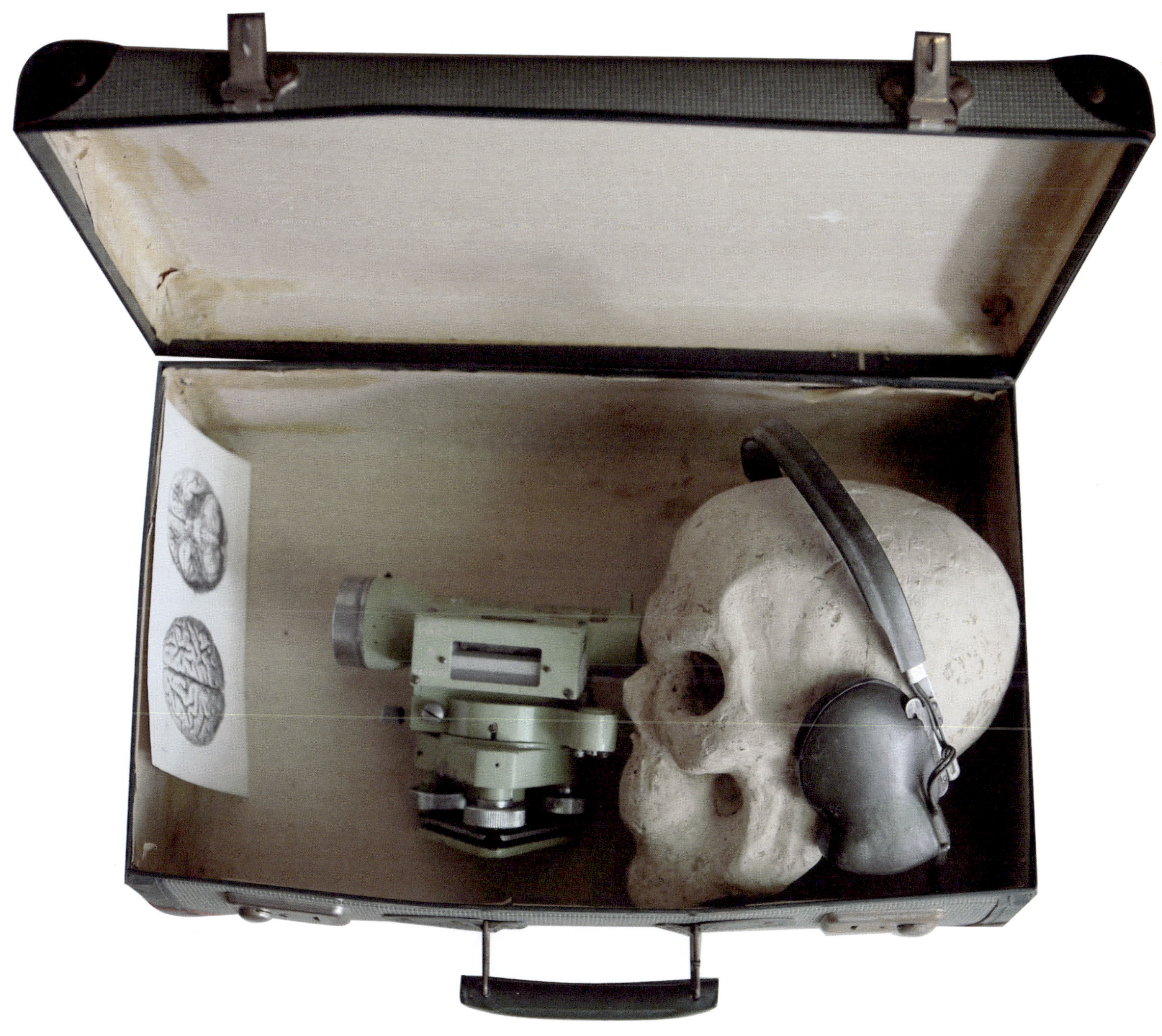

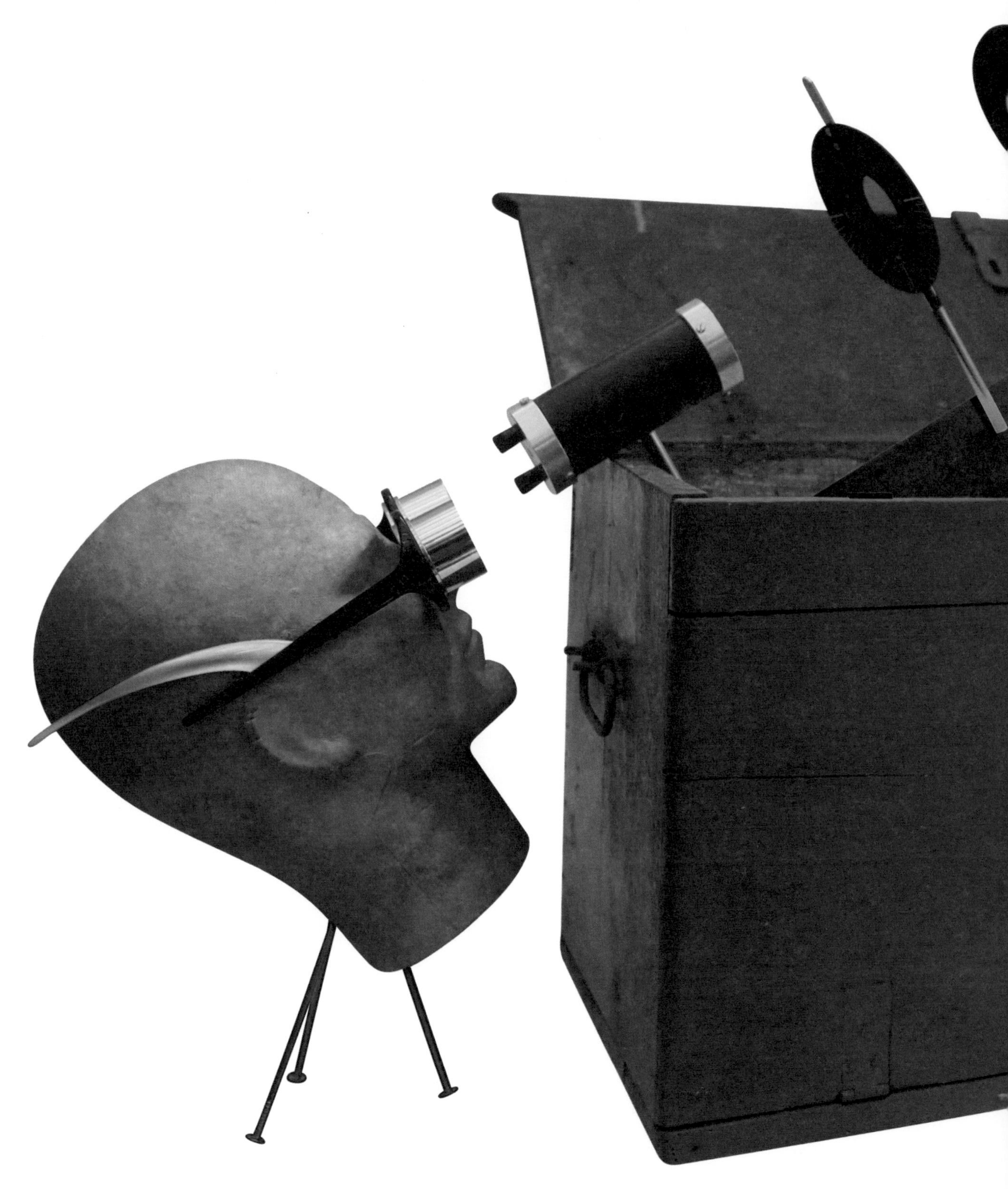

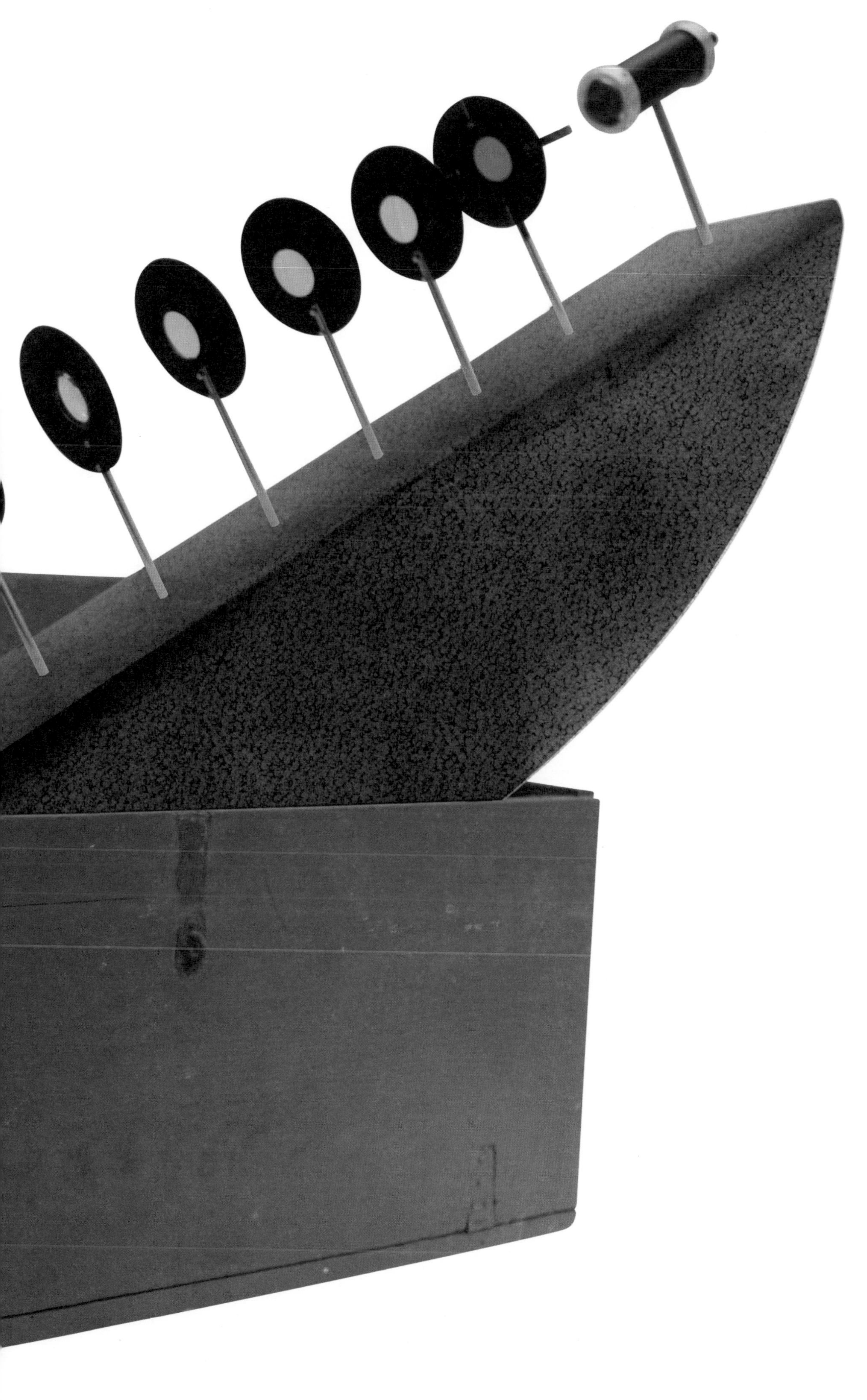

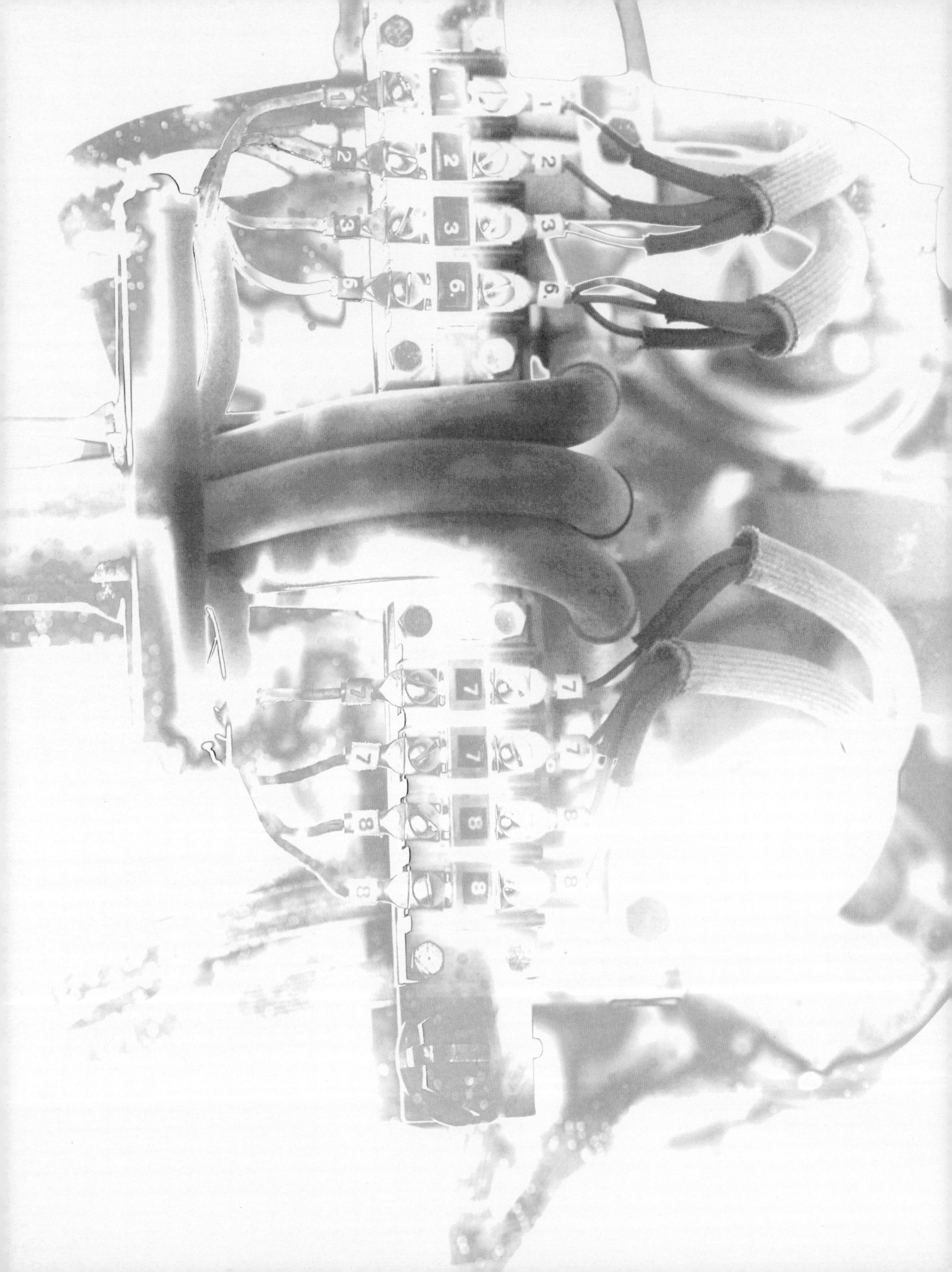

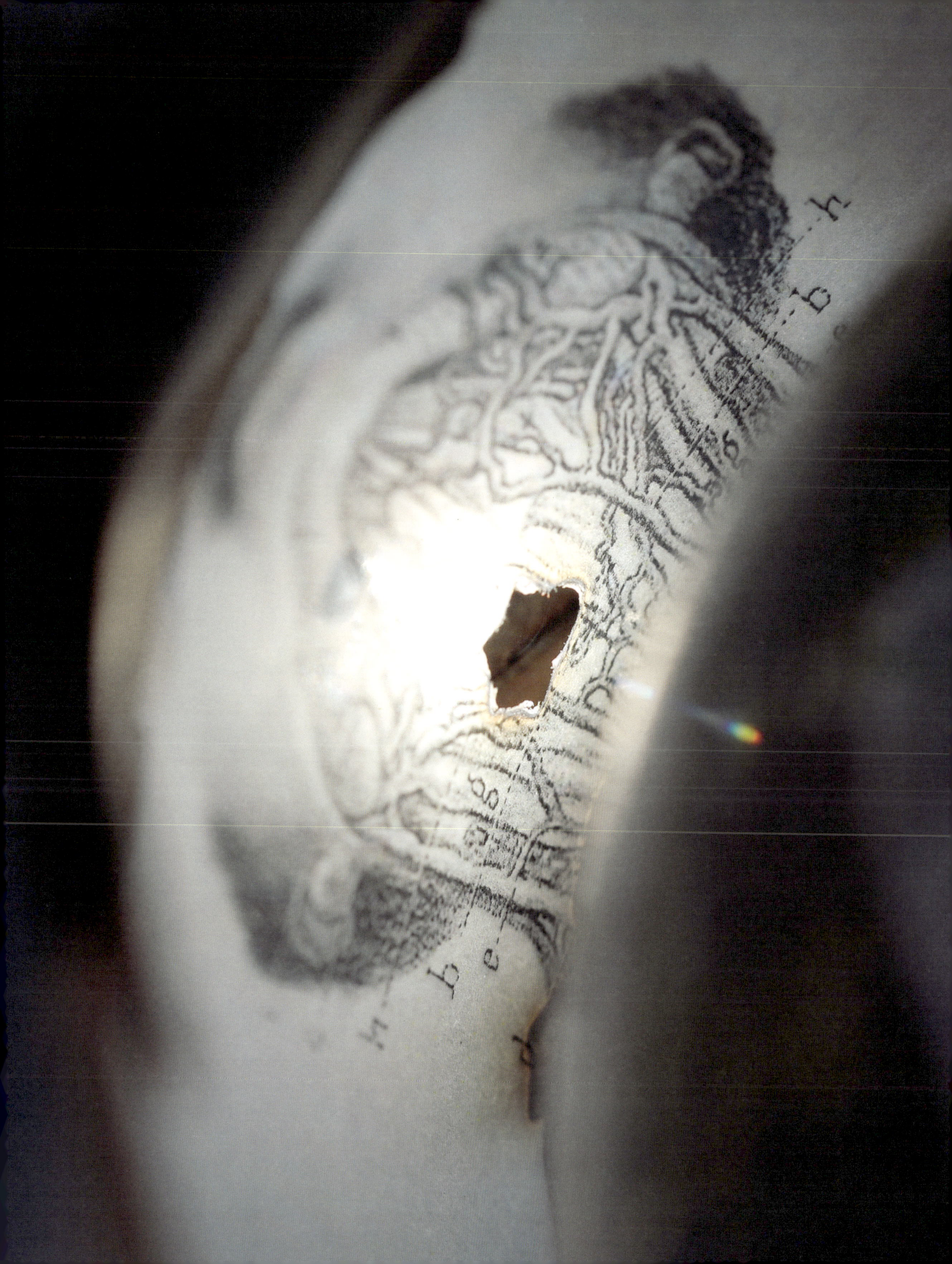

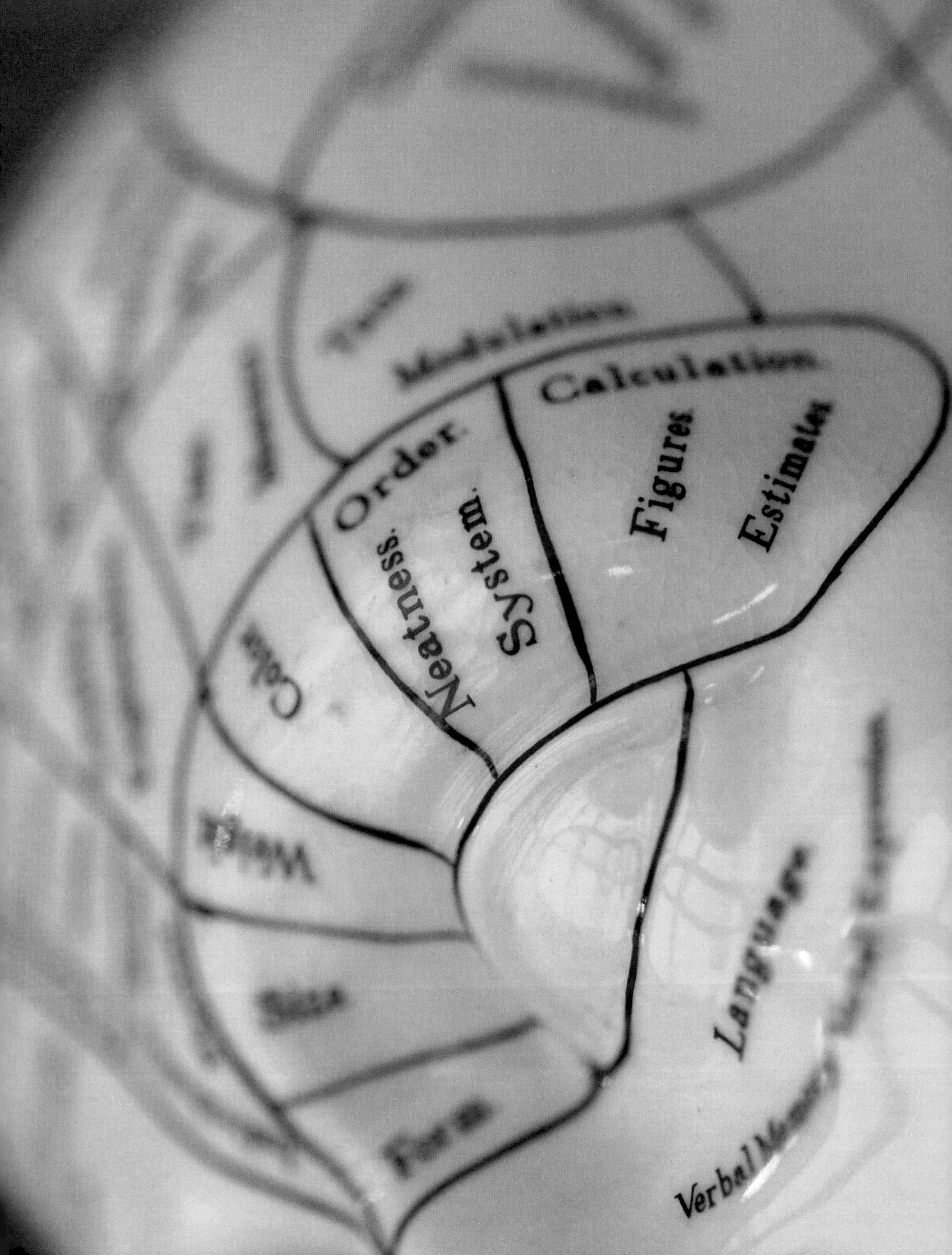

Modulation
Calculation
Order
Figures
Estimation
Neatness
System
Color
Weight
Size
Language
Form
Verbal Memory

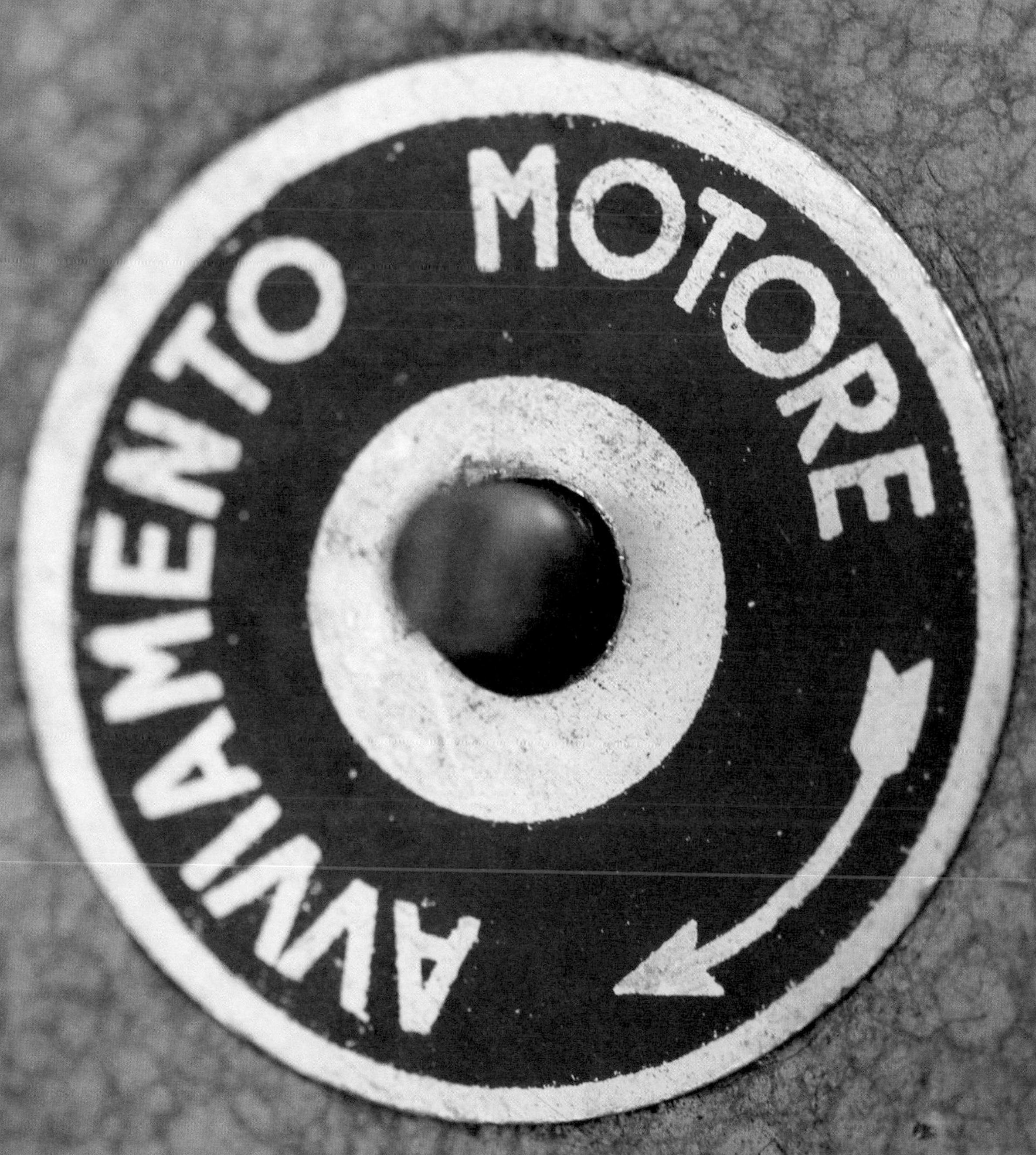

AVVIAMENTO MOTORE

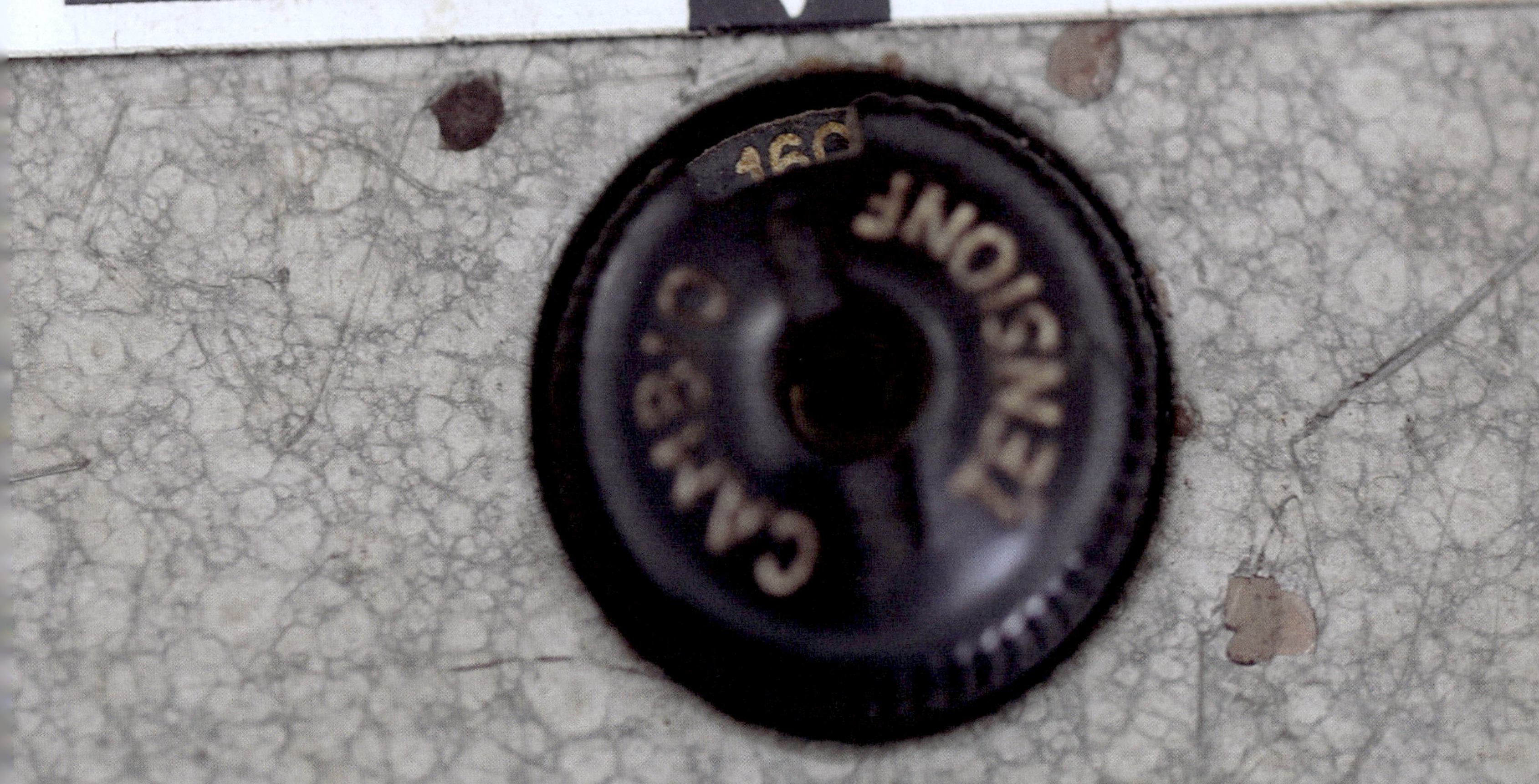
LUCE E MOTORE
CAMBIO TENSIONE
CAMB. C. TENSIONE
160

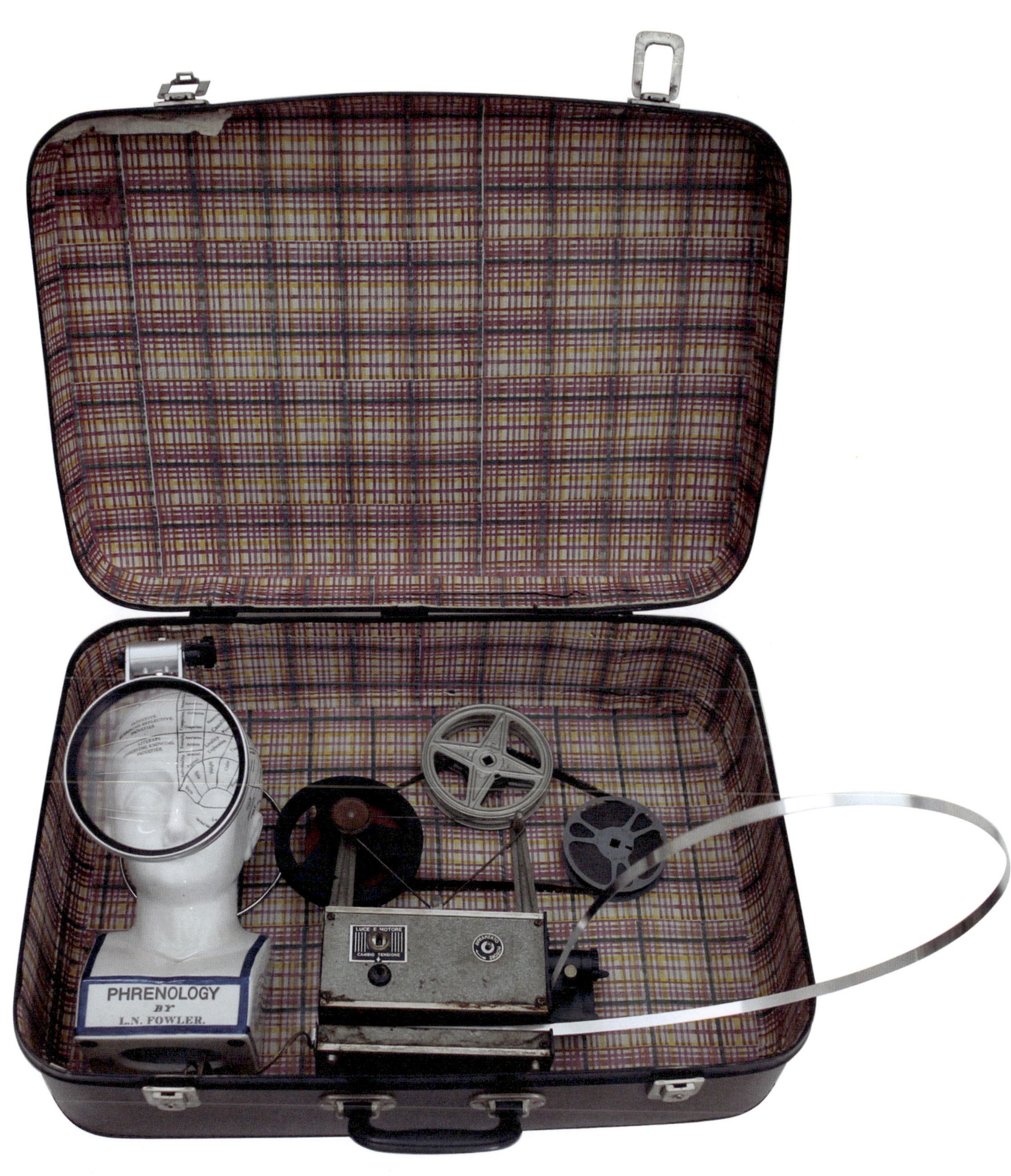
PHRENOLOGY
BY
L.N. FOWLER.
LUCE E MOTORE
CAMBIO TENSIONE

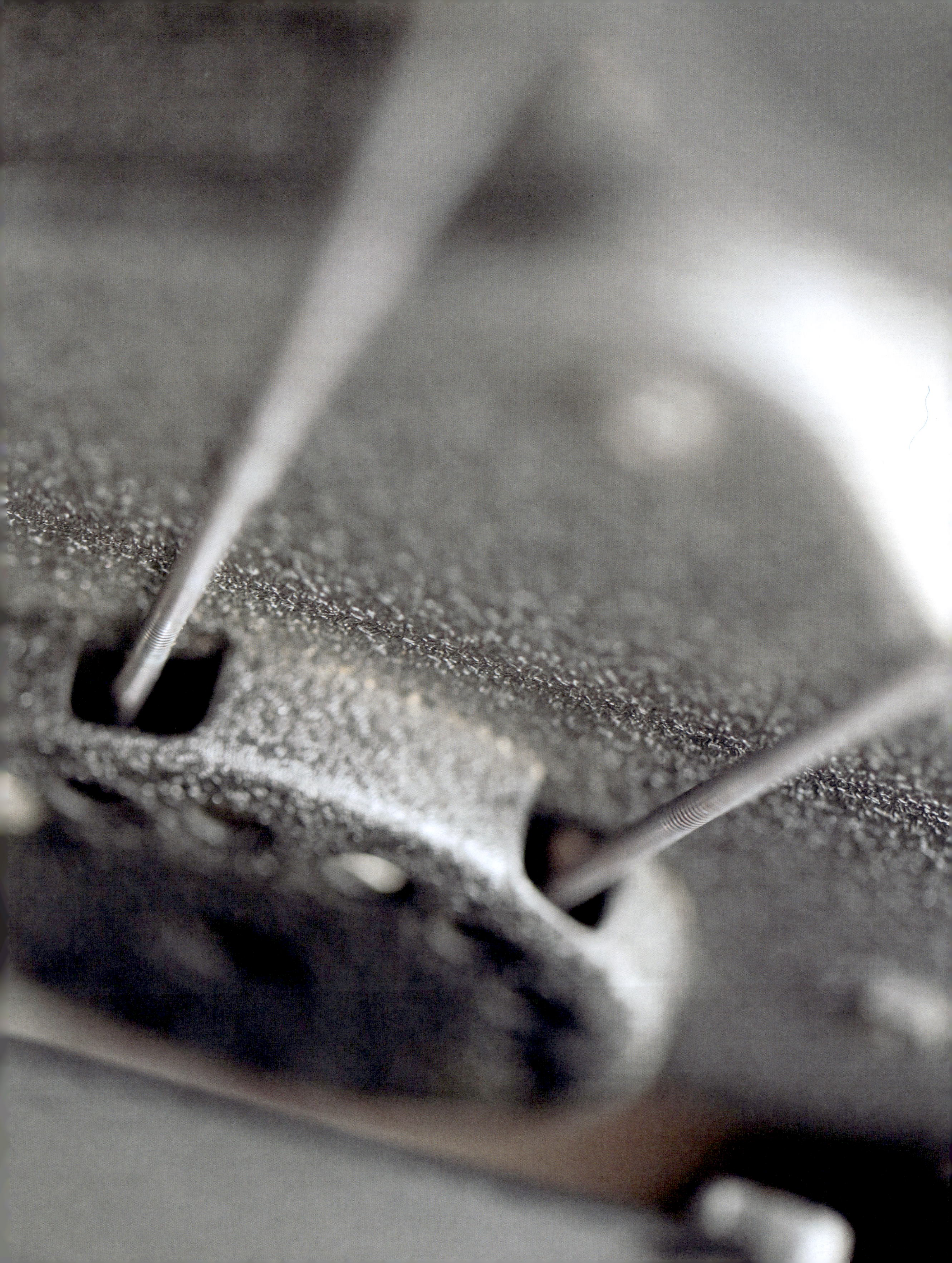

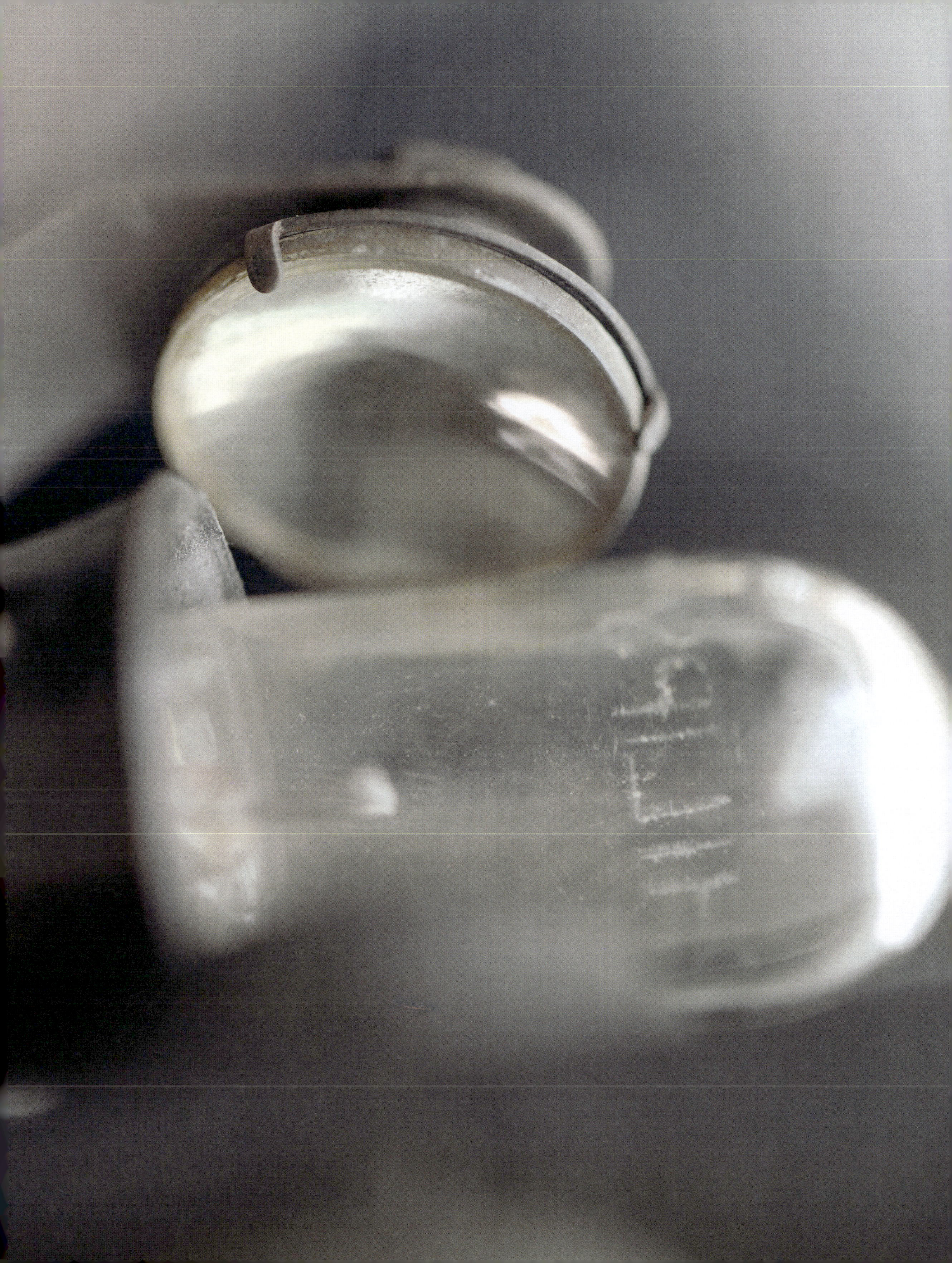

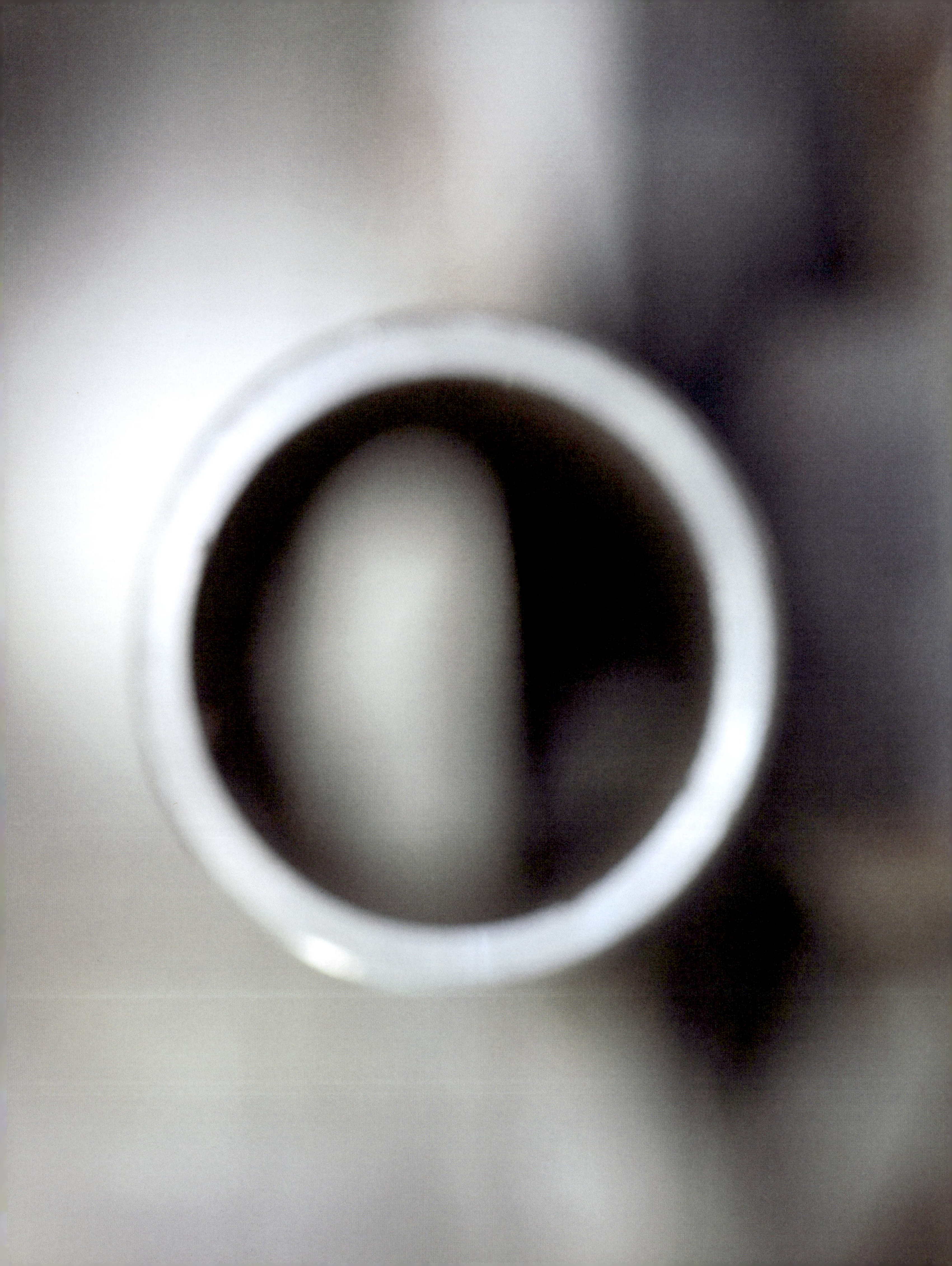

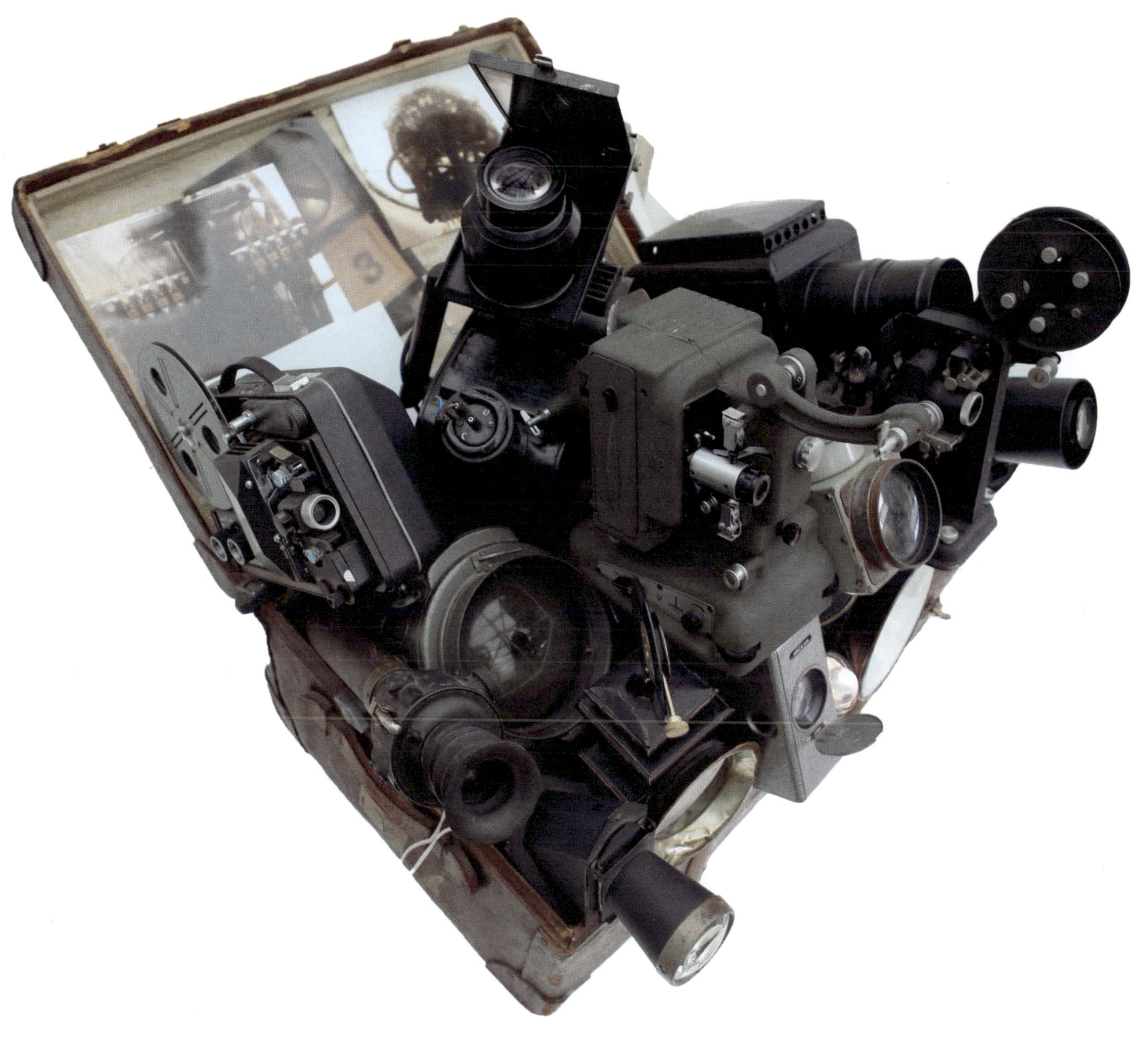

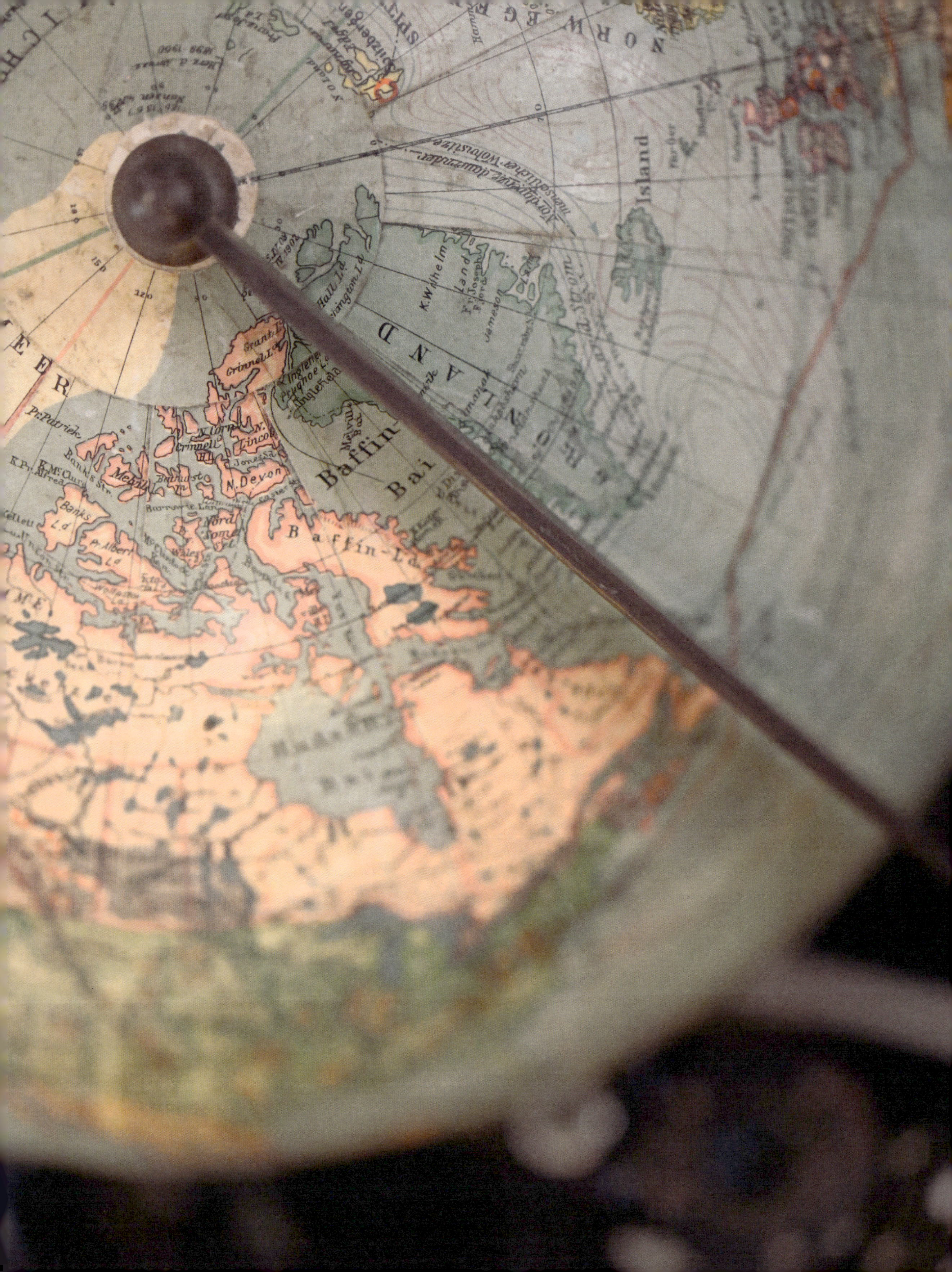

NORWEGEN
SPITZBERGEN
Island
Hot d. Izvul
de
Sdn
Bjorn
K.Wilhelm
Land
Fr.Joseph
Fjord
Jameson
Grant L.
Grinnel L.
Hall L.
Hington L.
Inglefeld
Baffin Bai
Baffin-Land
STER
Pr.Patrick
Banks Str.
F.M.Clure
K.P. Alfred
Mehta
Bathurst
In.
N. Lyon
Crinnell
Lincol
Jones Sd.
N. Devon
Banks
L.d
Nord
Somerset
Pr. Albert
L.d
Wales
Wollaston
Hudson
Bai
GRÖNLAND

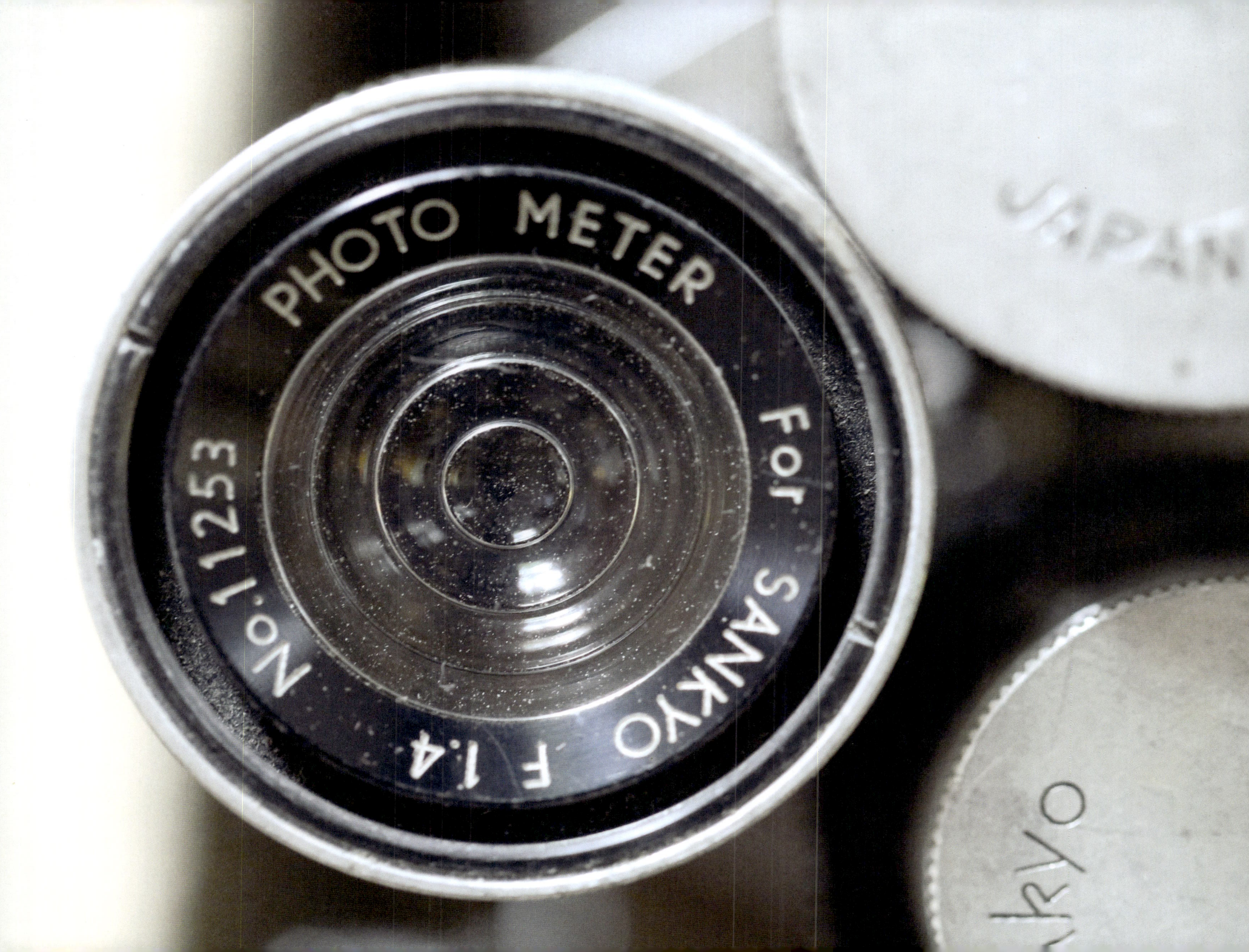

PHOTO METER
For SANKYO F 1.4
No.11253
JAPAN

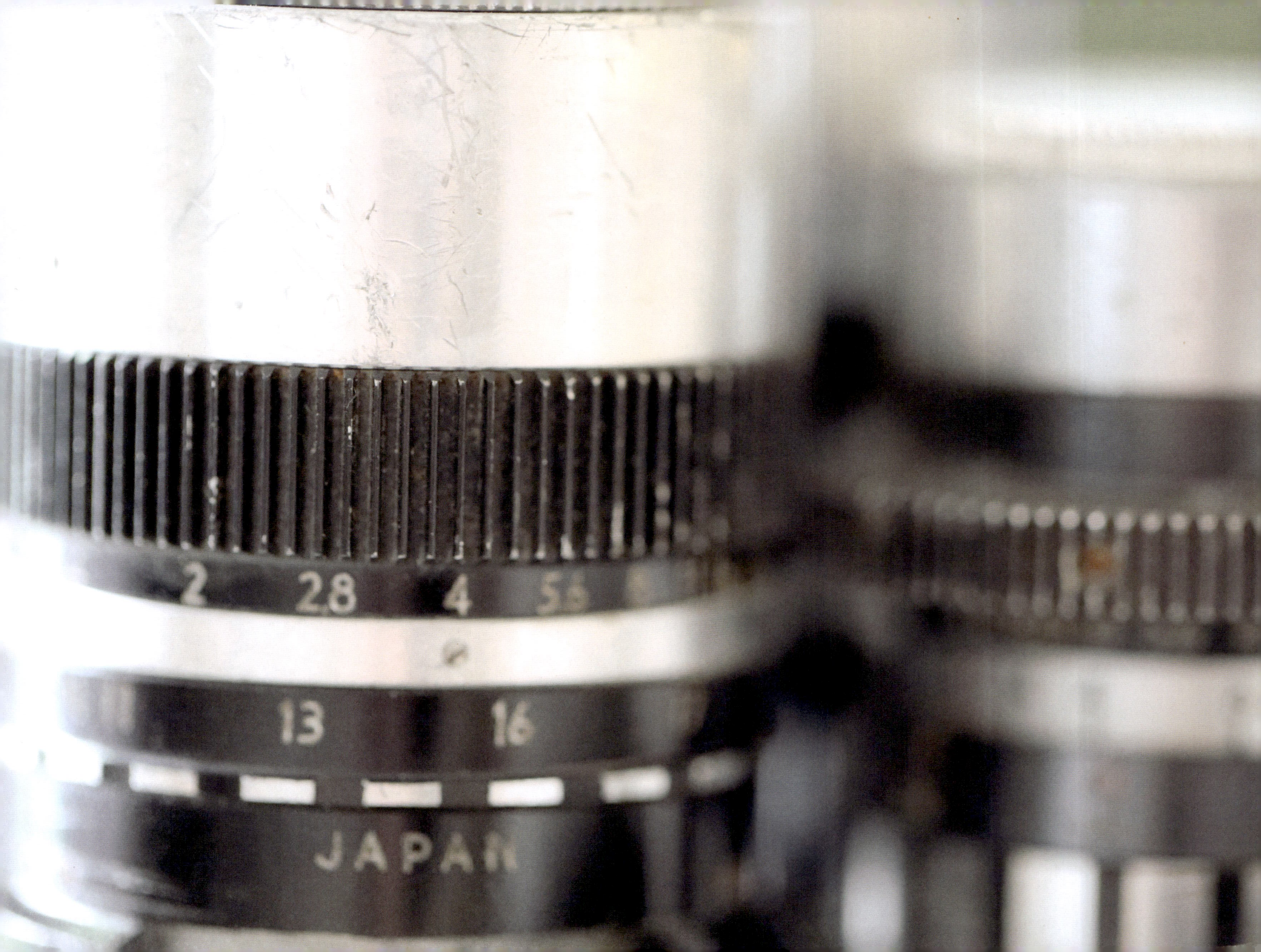
2   28   4   5.6
13   16
JAPAN

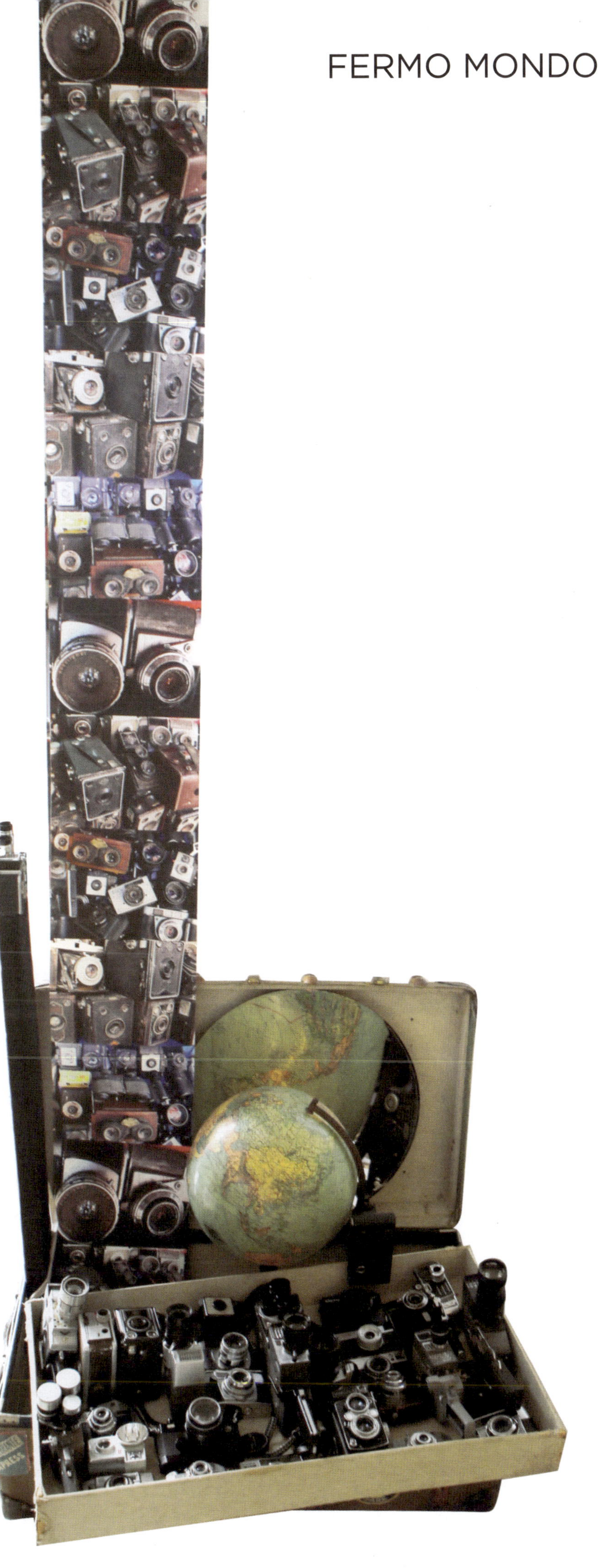

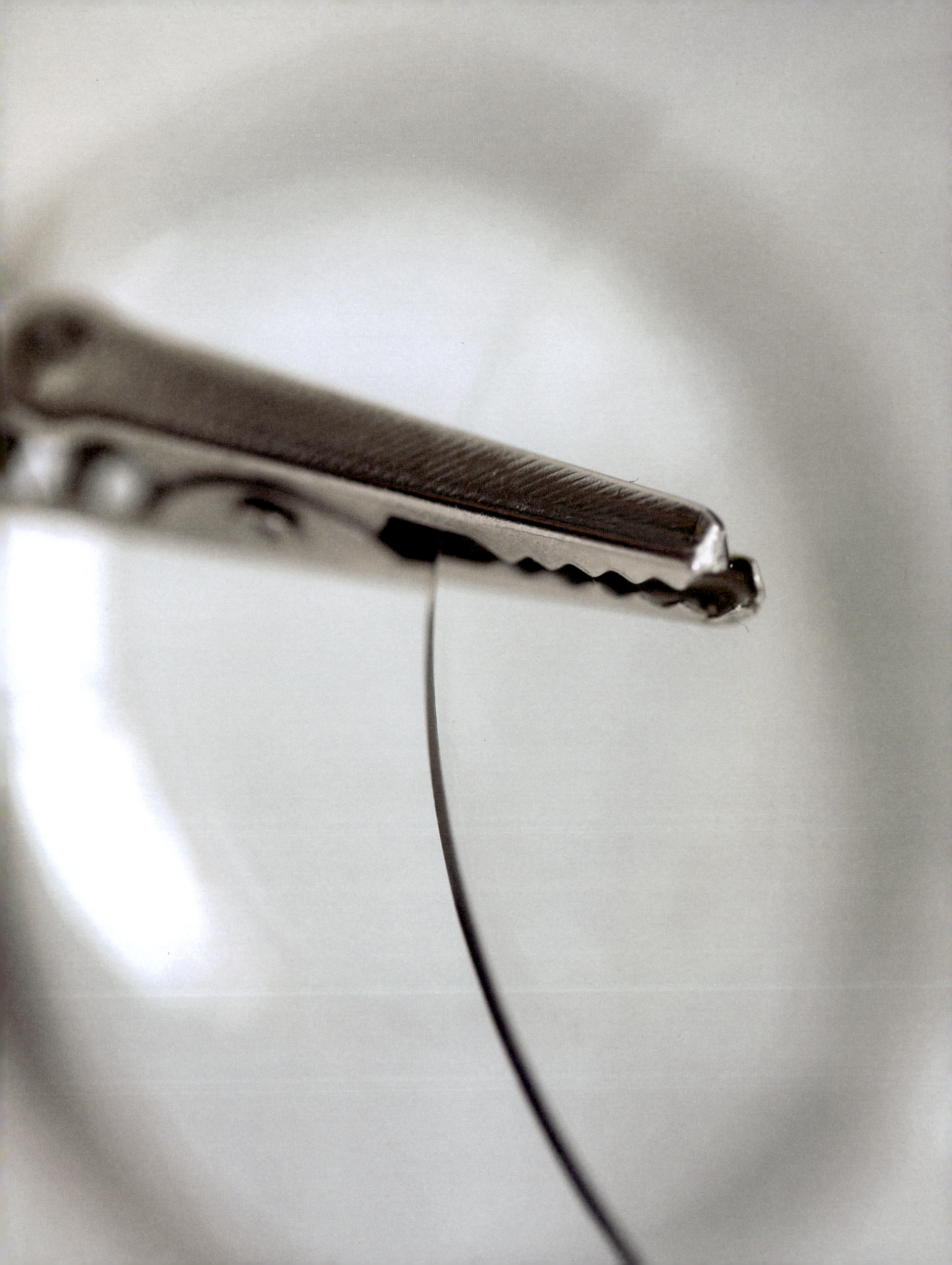

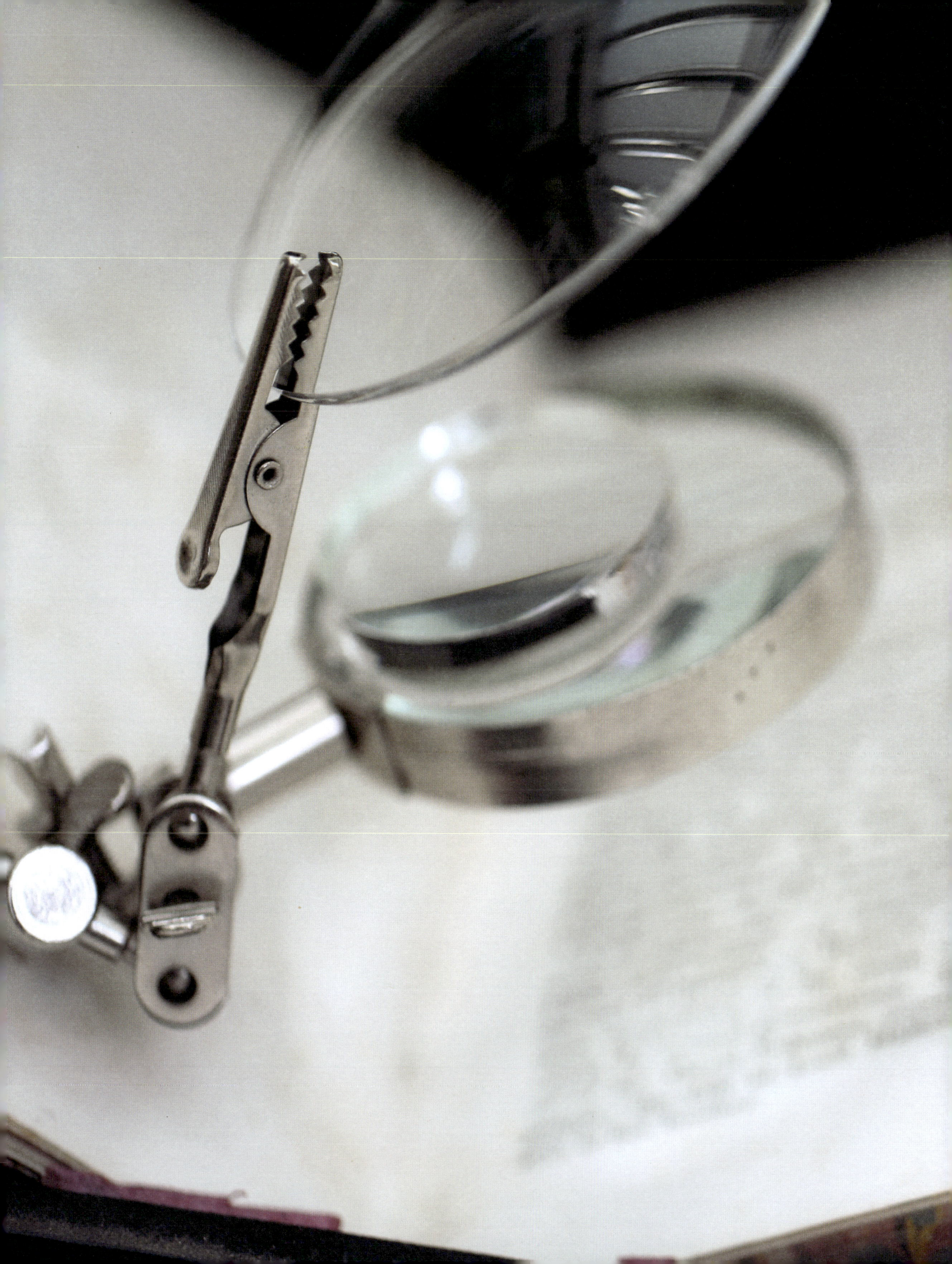

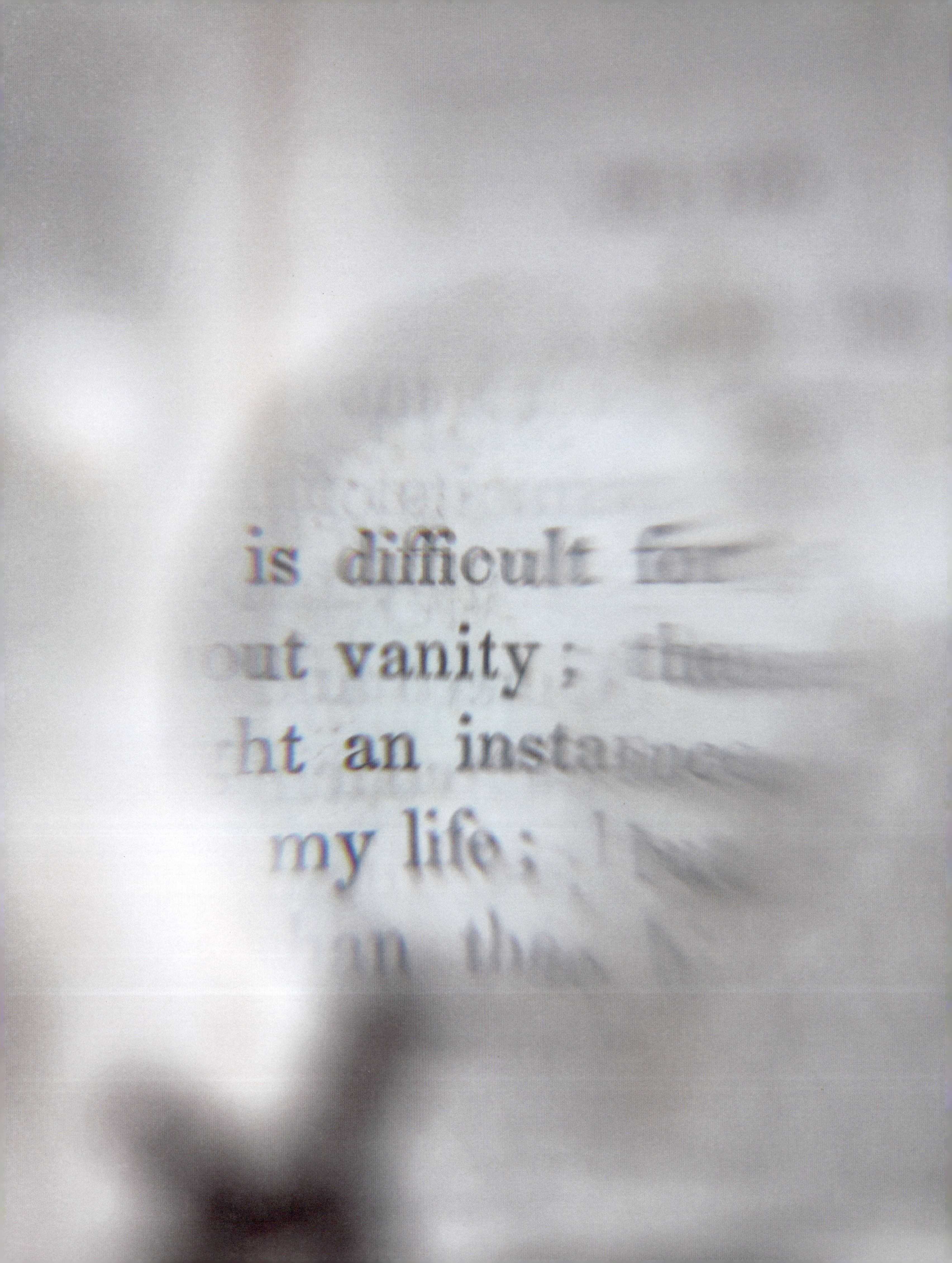

is difficult for

ut vanity; th

ht an instan

my life;

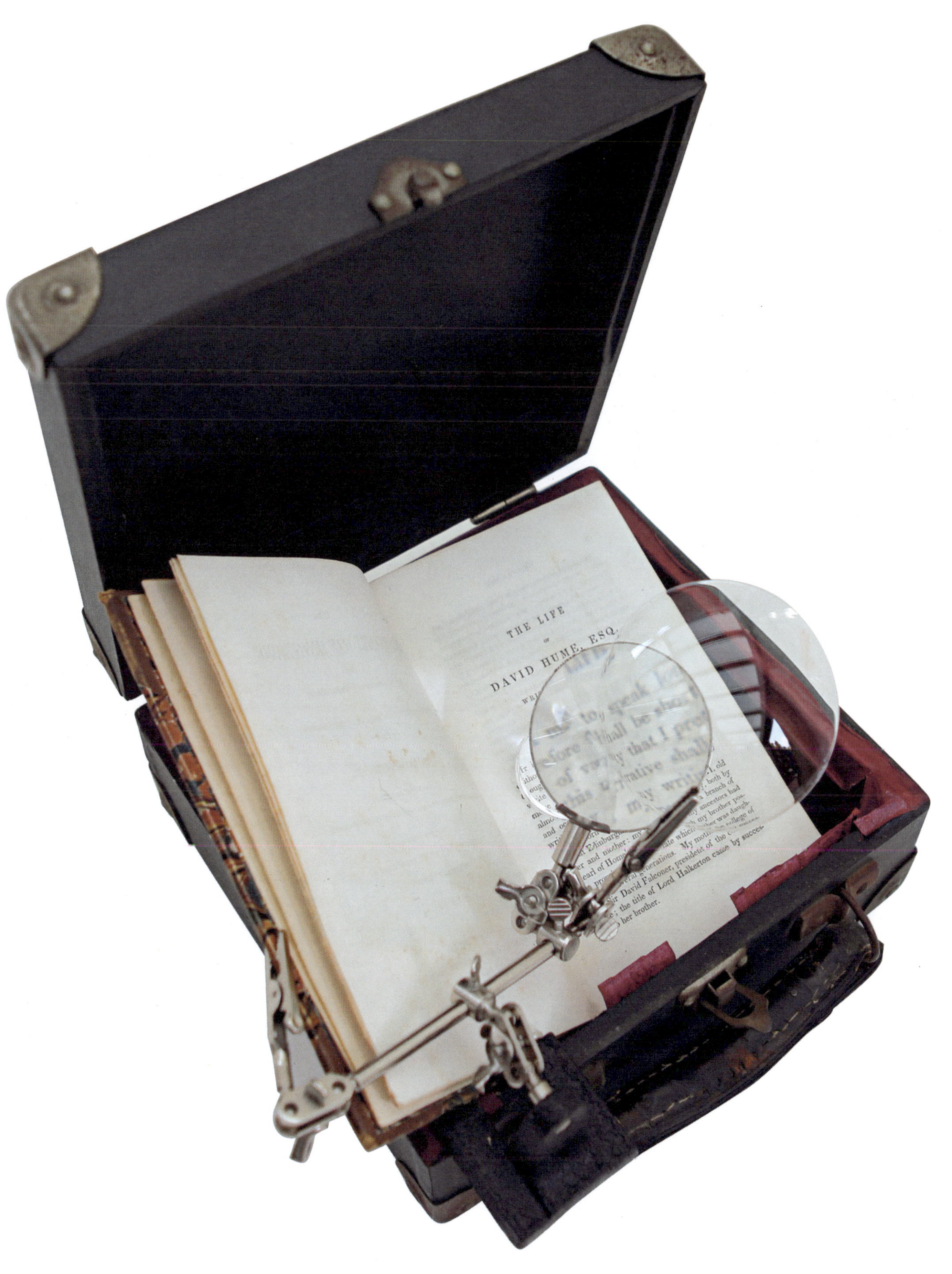

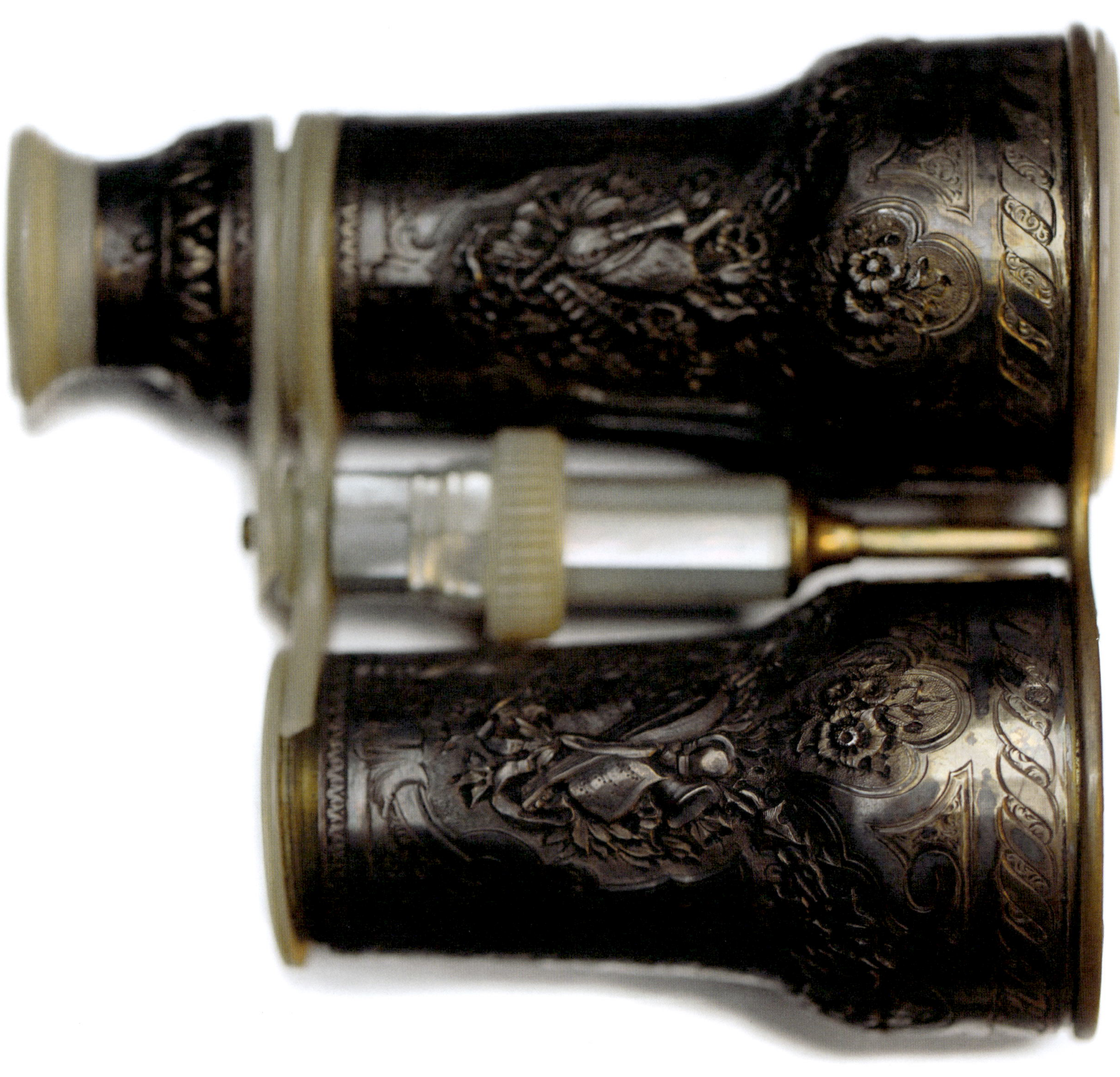

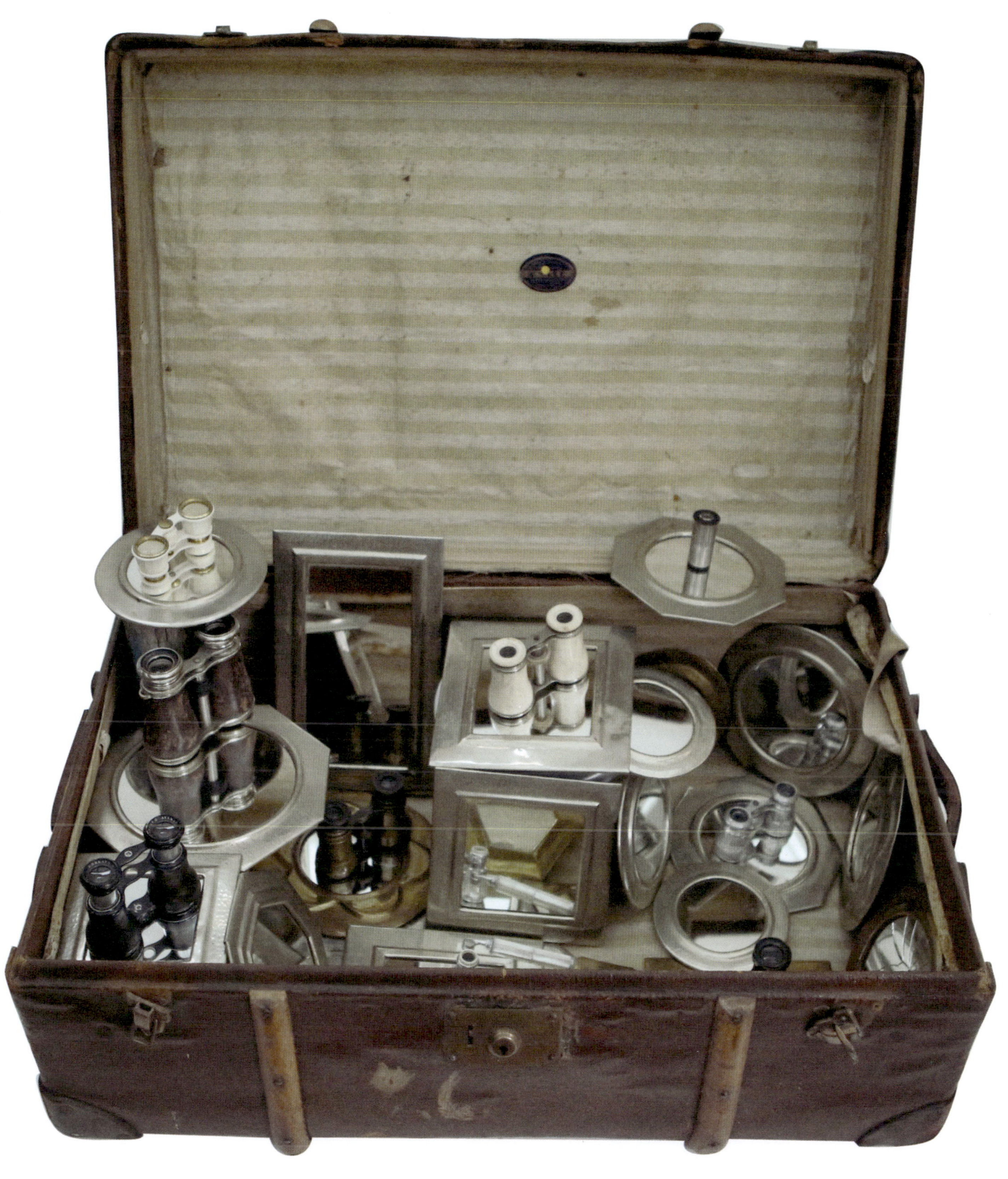

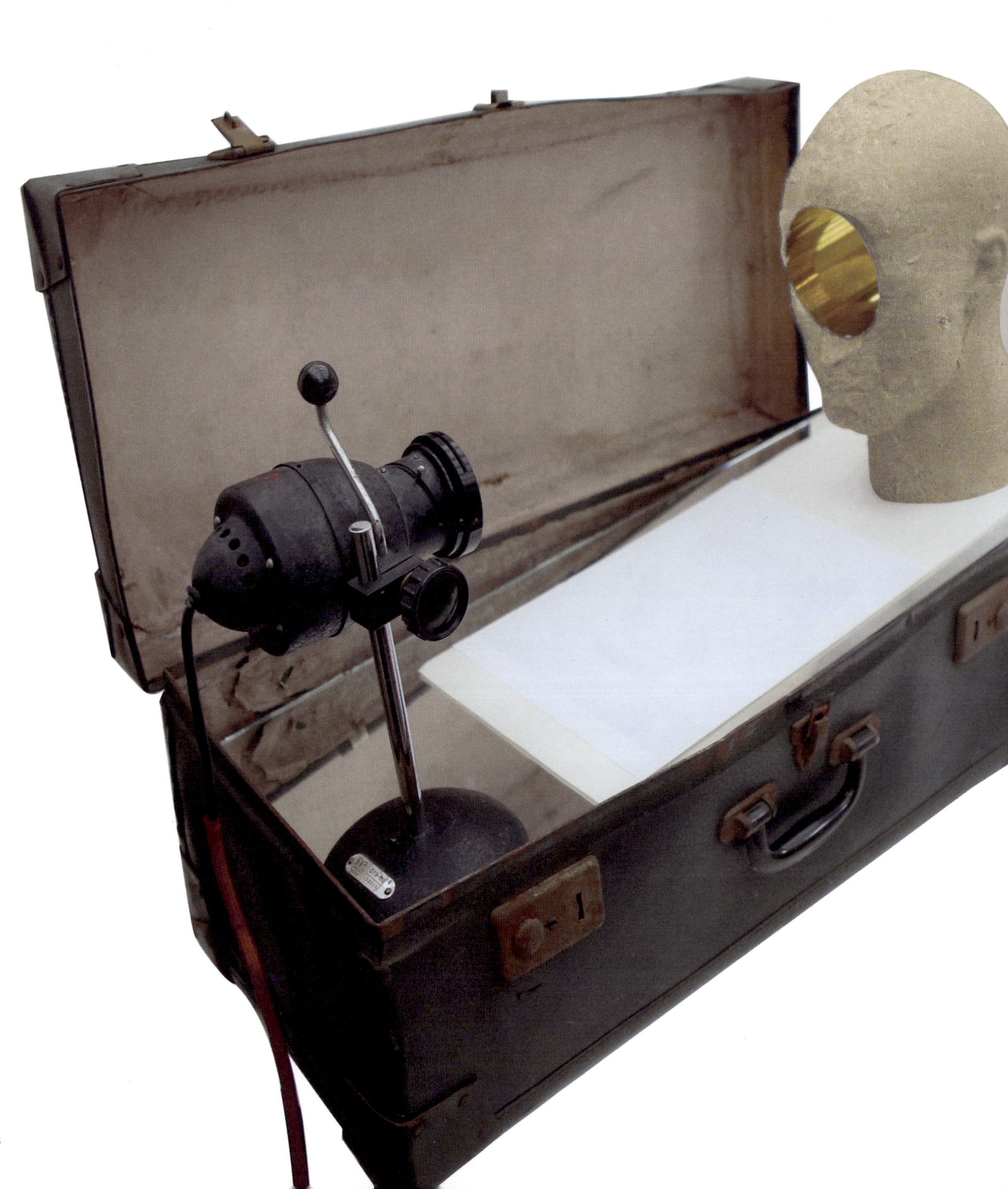

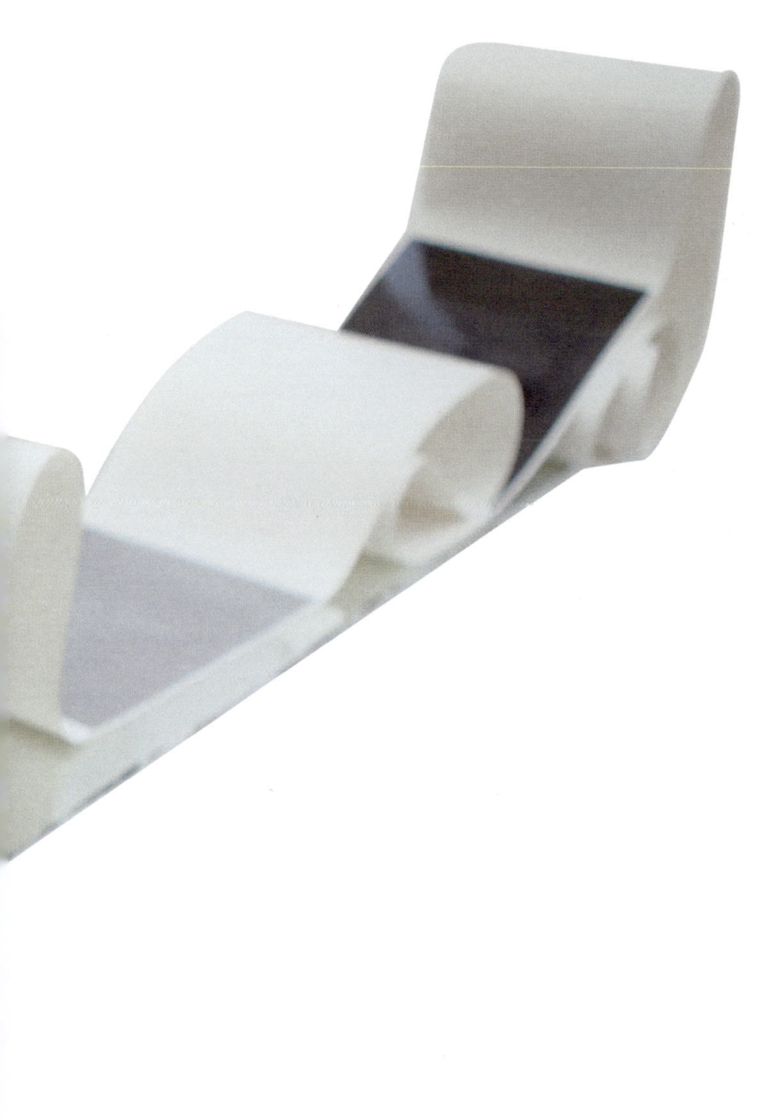

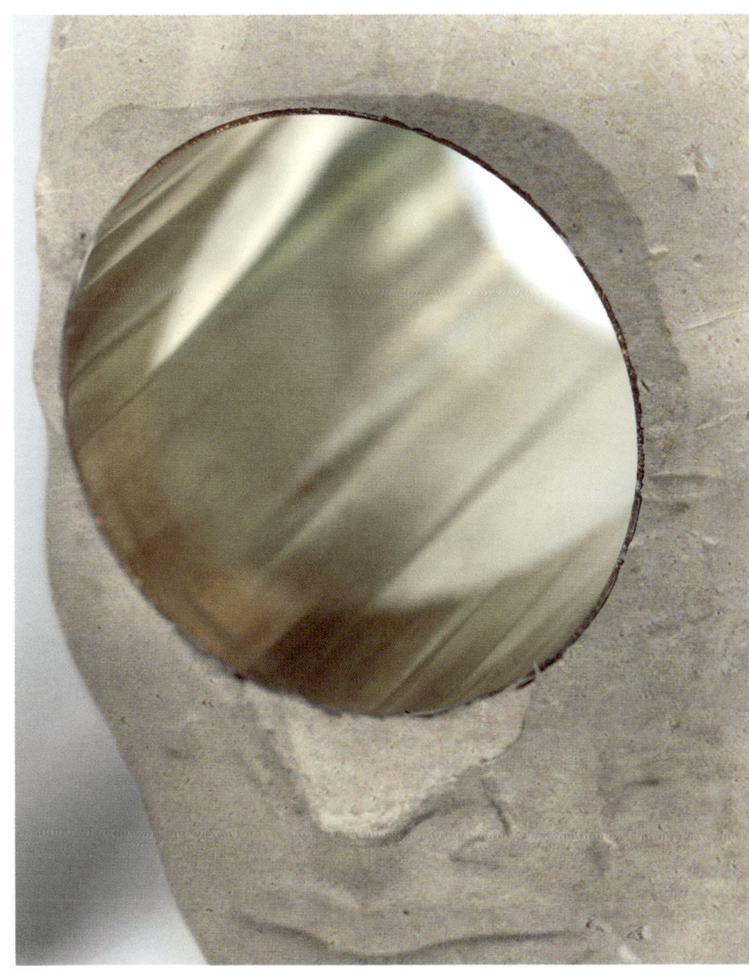

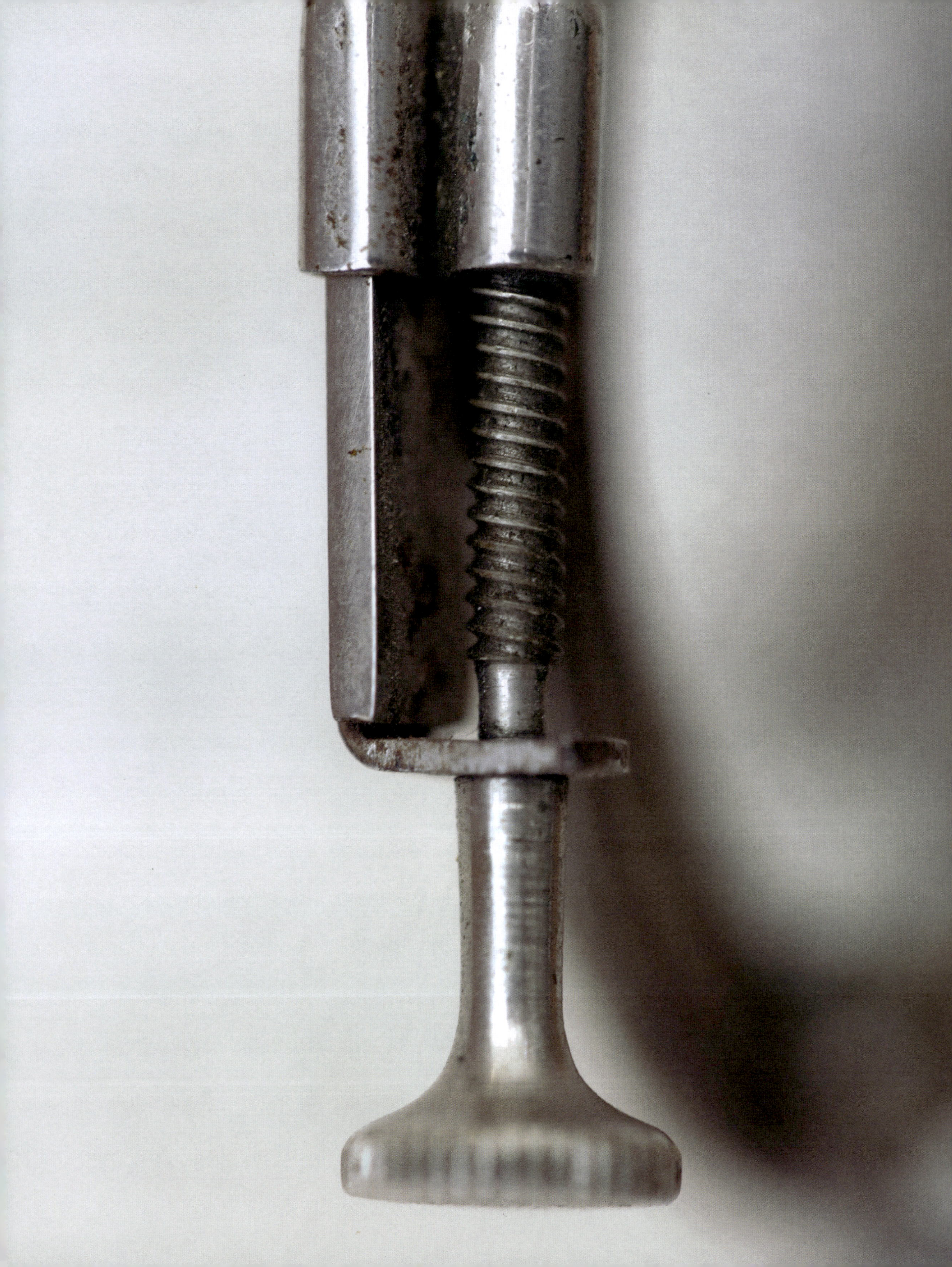

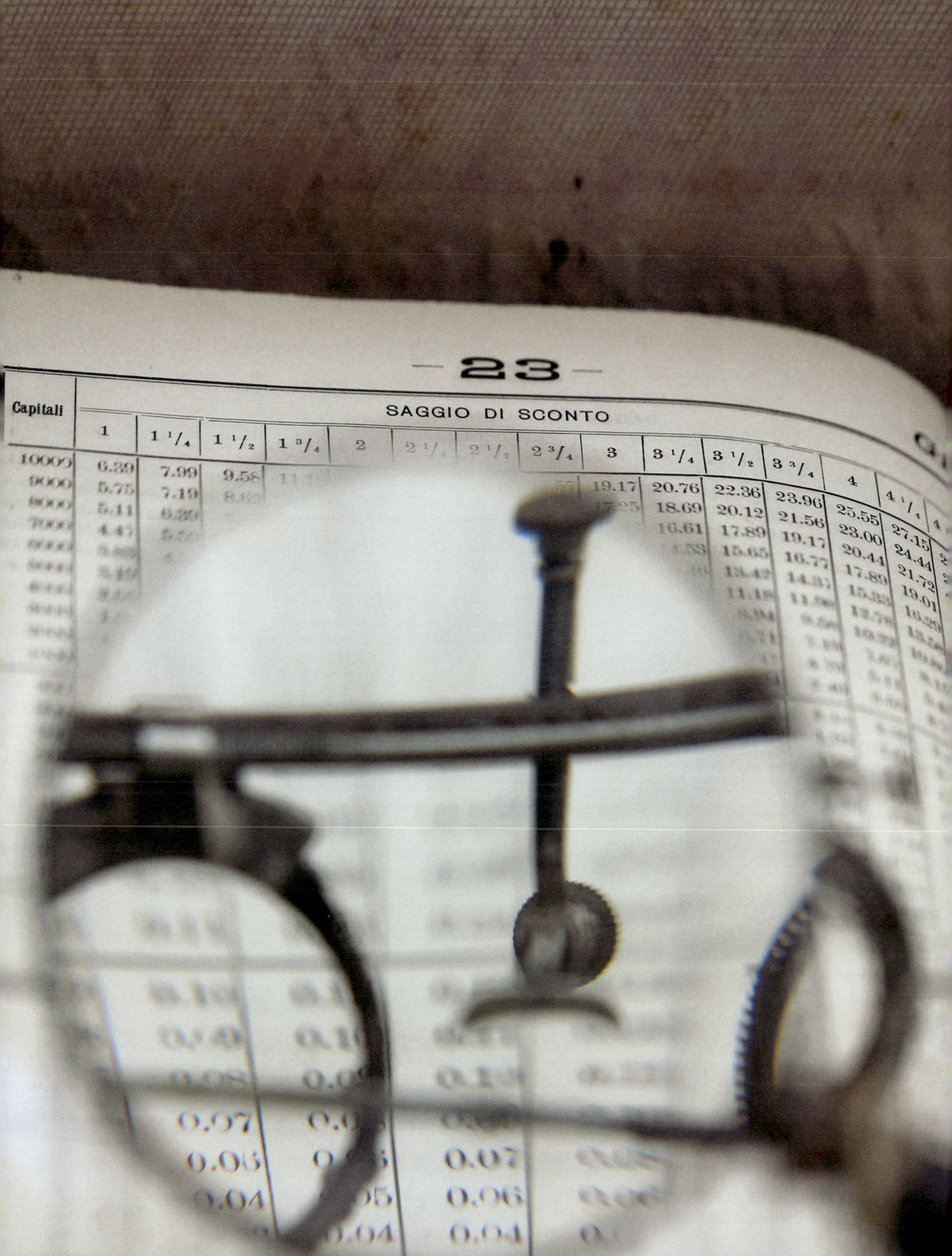

Capitali	SAGGIO DI SCONTO													
	1	1 ¼	1 ½	1 ¾	2	2 ¼	2 ½	2 ¾	3	3 ¼	3 ½	3 ¾	4	4 ¼
10000	6.39	7.99	9.58	11.18	[illegible]	[illegible]	[illegible]	[illegible]	[illegible]	20.76	22.36	23.96	25.55	27.15
9000	5.75	7.19	8.62	[illegible]	[illegible]	[illegible]	[illegible]	[illegible]	19.17	18.69	20.12	21.56	23.00	24.44
8000	5.11	6.39	[illegible]	[illegible]	[illegible]	[illegible]	[illegible]	[illegible]	[illegible]	16.61	17.89	19.17	20.44	21.72
7000	4.47	5.59	[illegible]	[illegible]	[illegible]	[illegible]	[illegible]	[illegible]	14.53	14.53	15.65	16.77	17.89	19.01
6000	[illegible]	[illegible]	[illegible]	[illegible]	[illegible]	[illegible]	[illegible]	[illegible]	[illegible]	[illegible]	13.42	14.37	15.33	16.29
5000	[illegible]	[illegible]	[illegible]	[illegible]	[illegible]	[illegible]	[illegible]	[illegible]	[illegible]	[illegible]	11.18	11.98	[illegible]	[illegible]

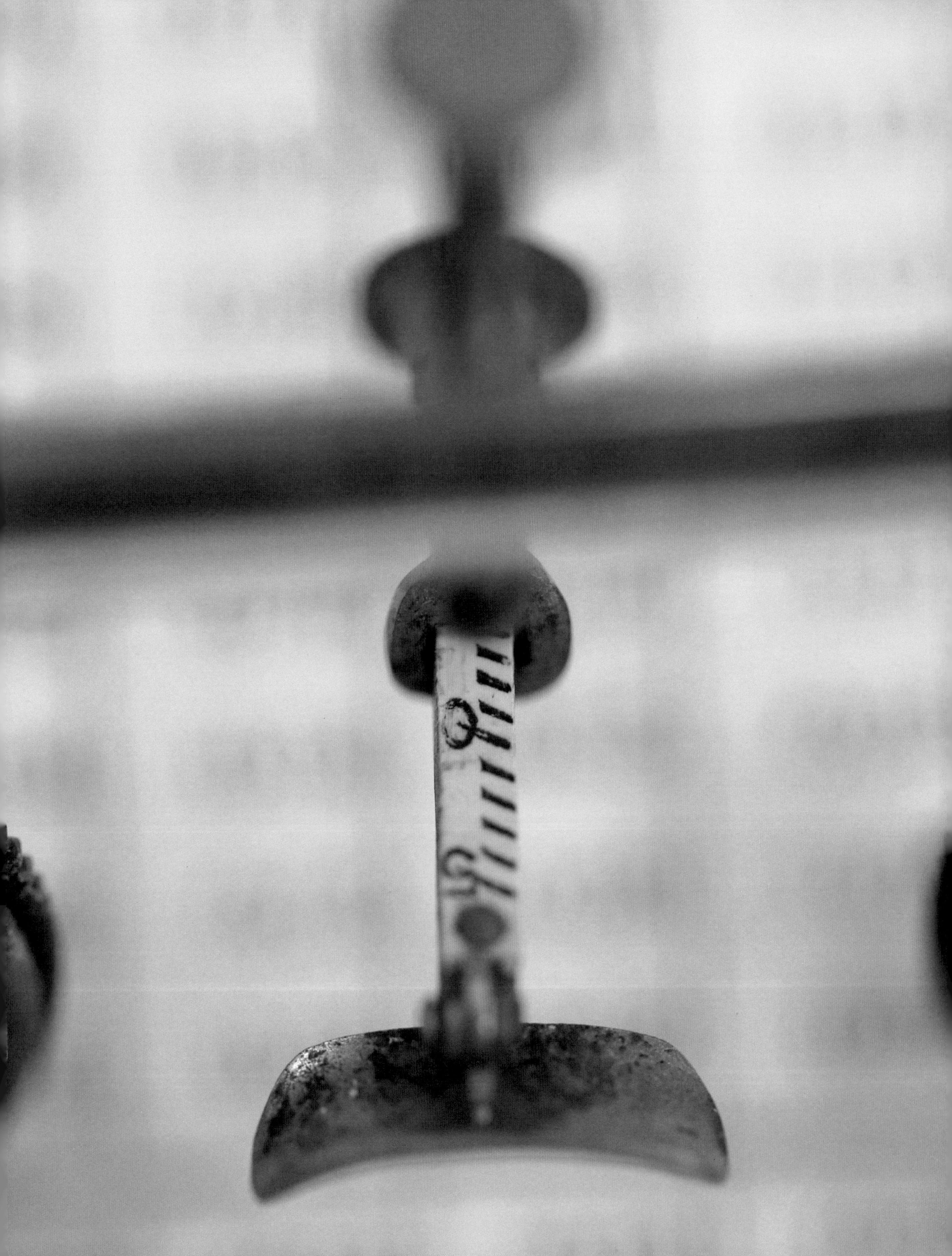

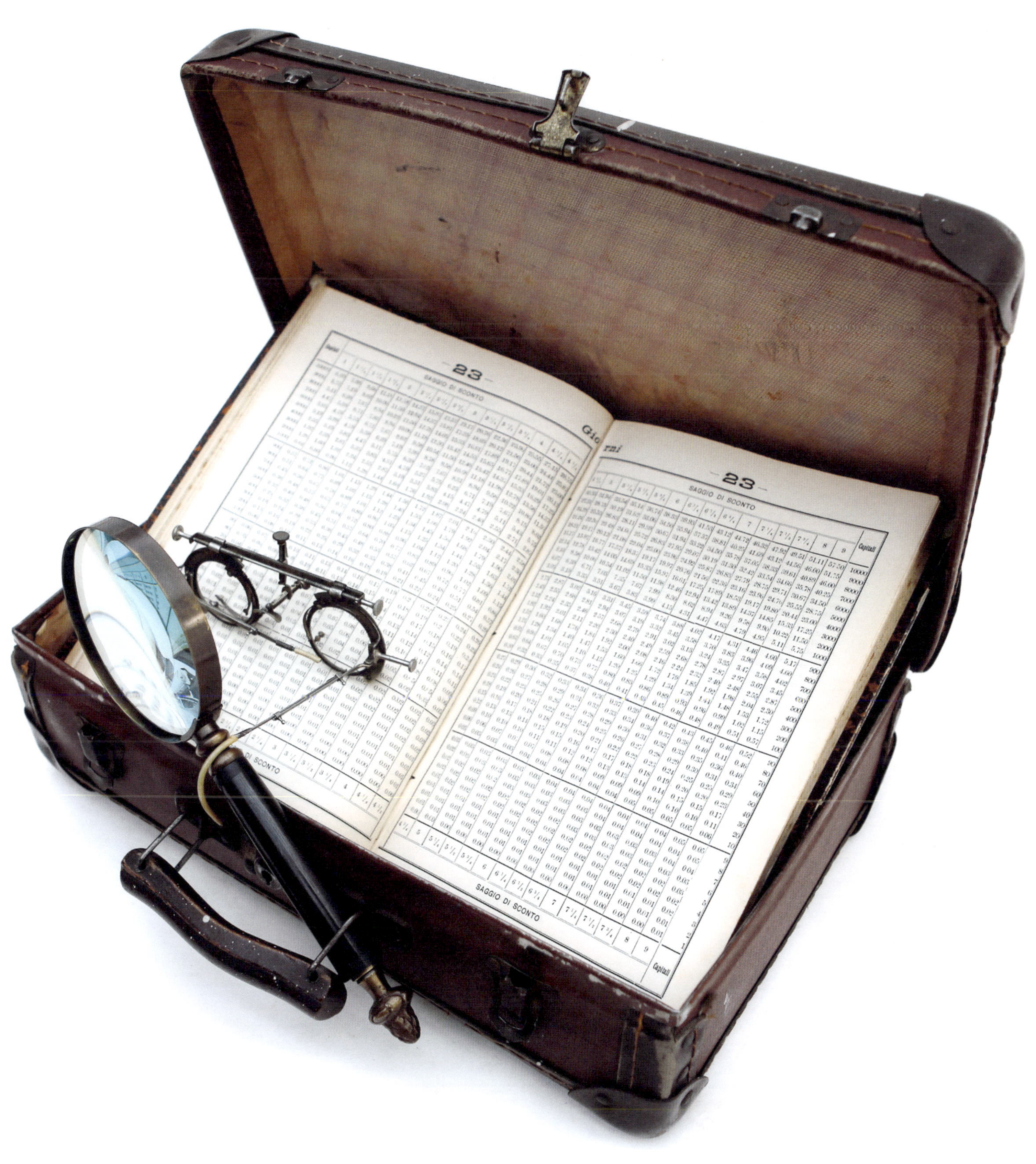

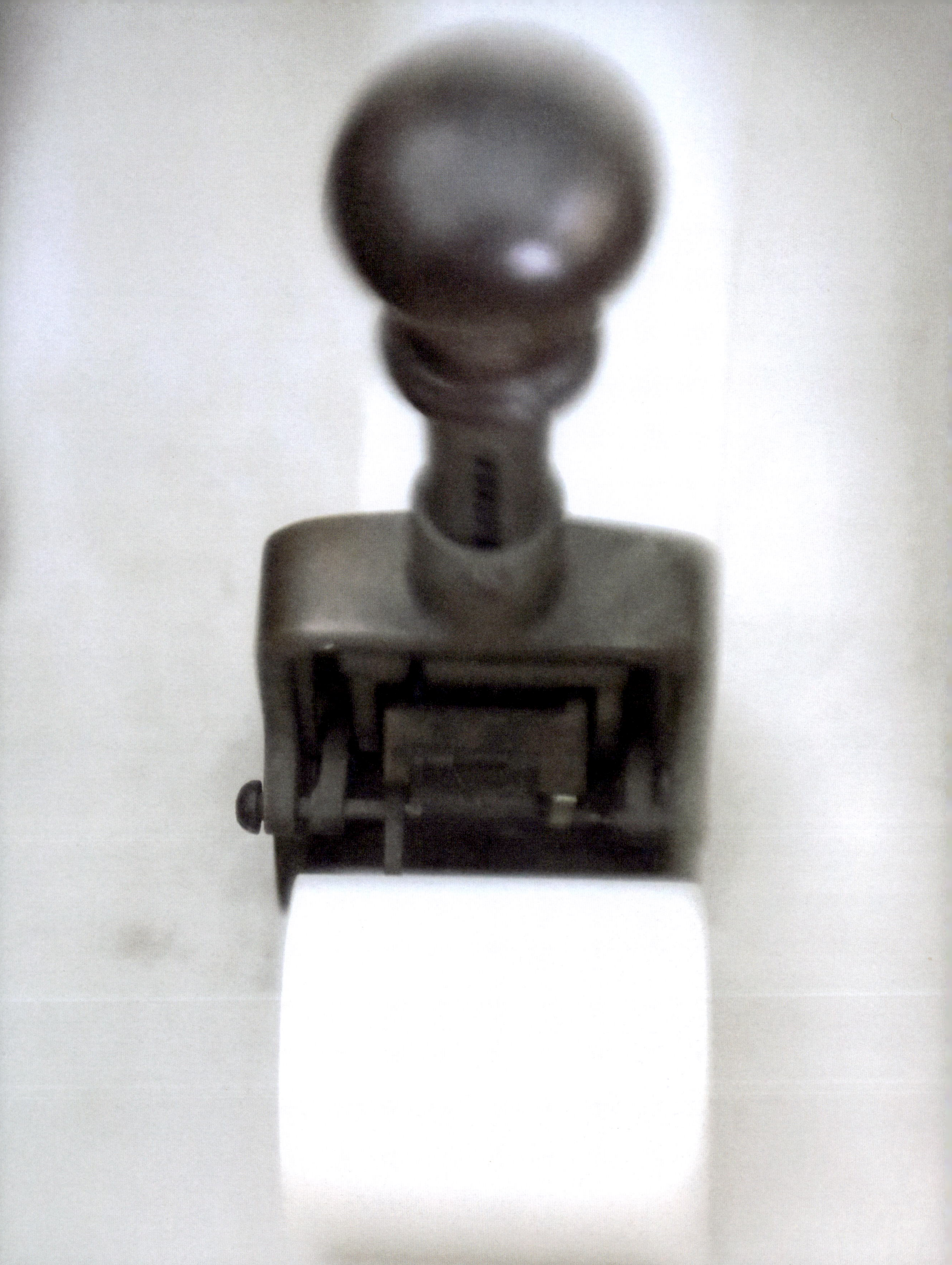

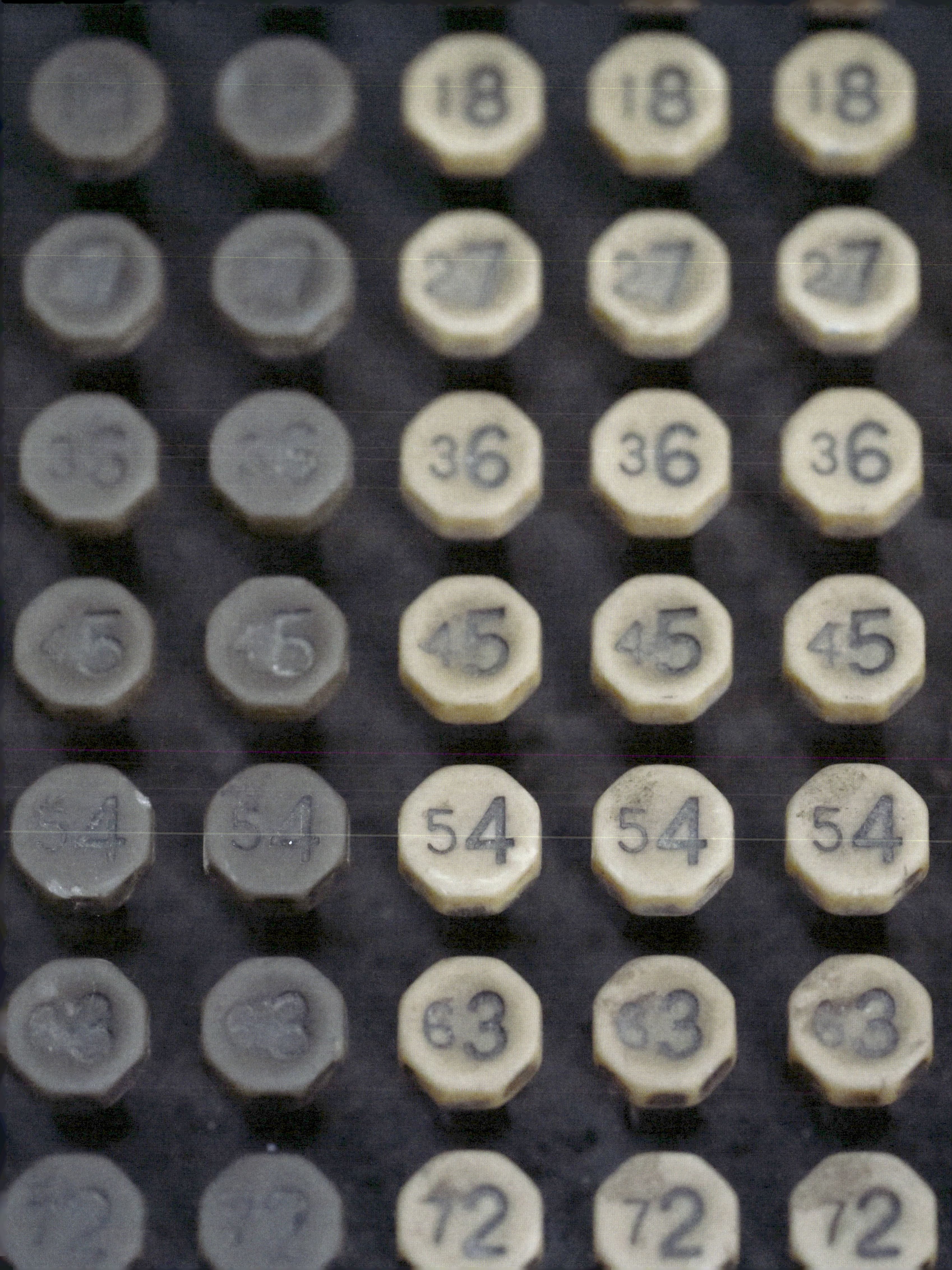

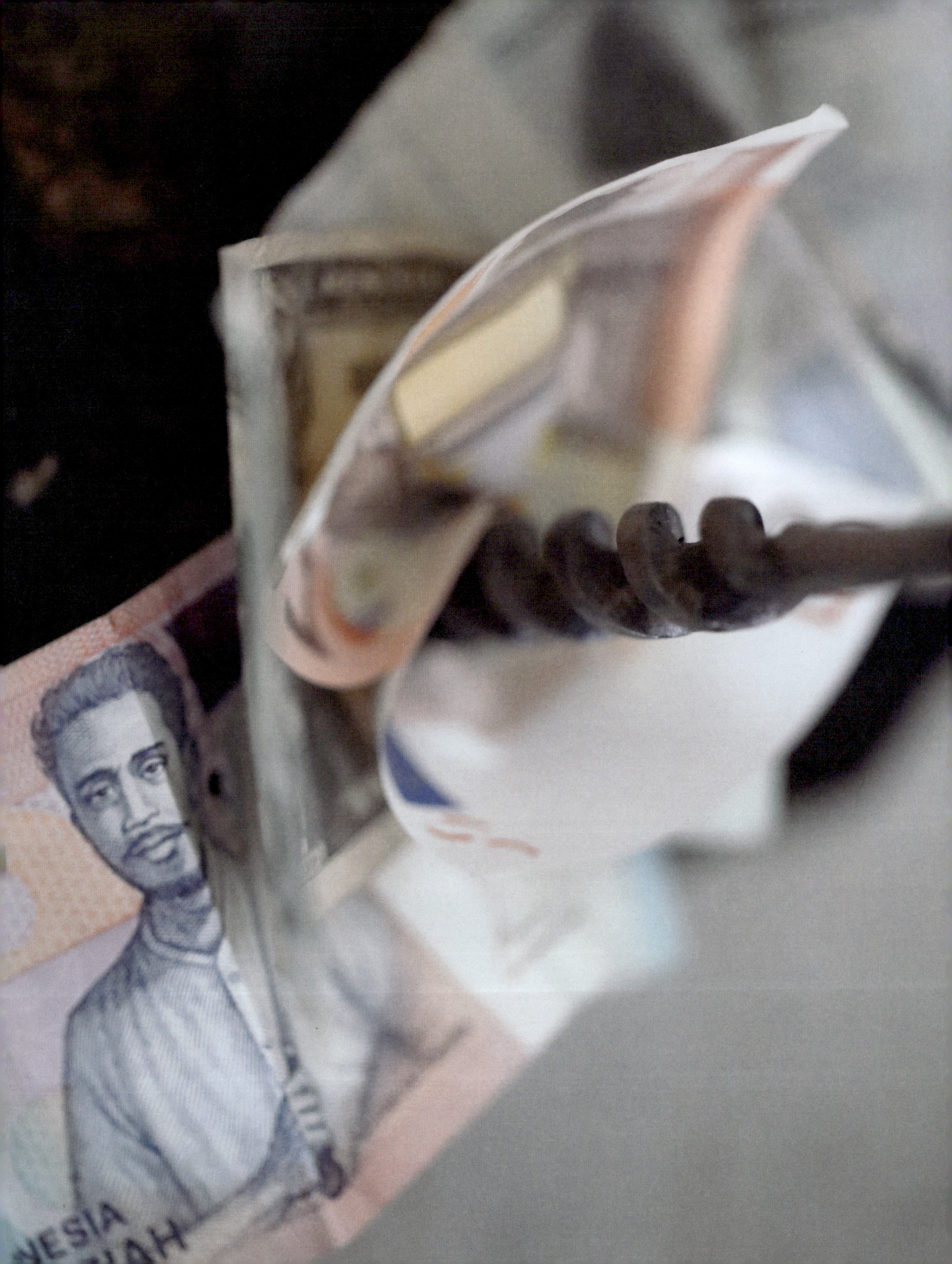

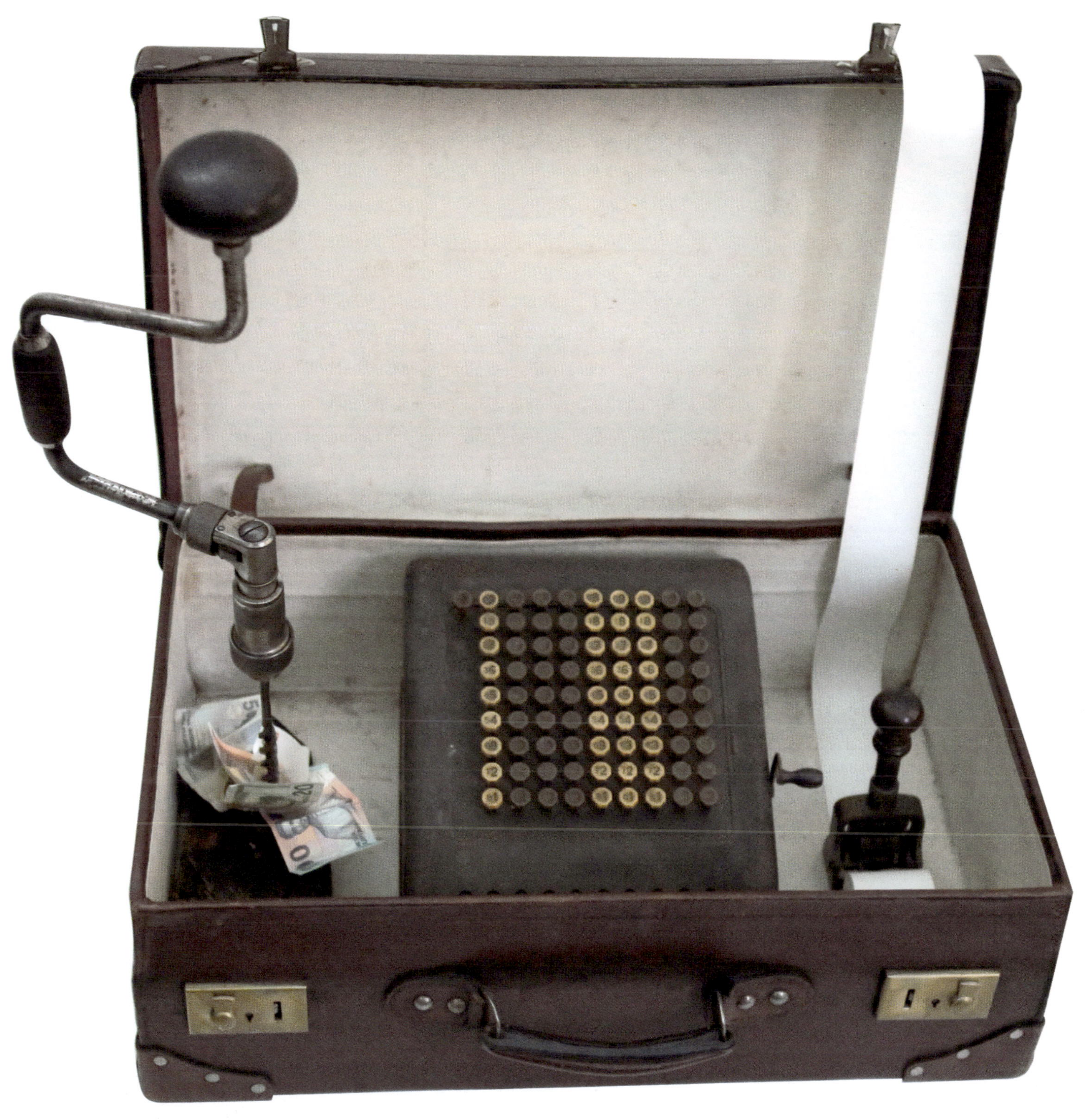

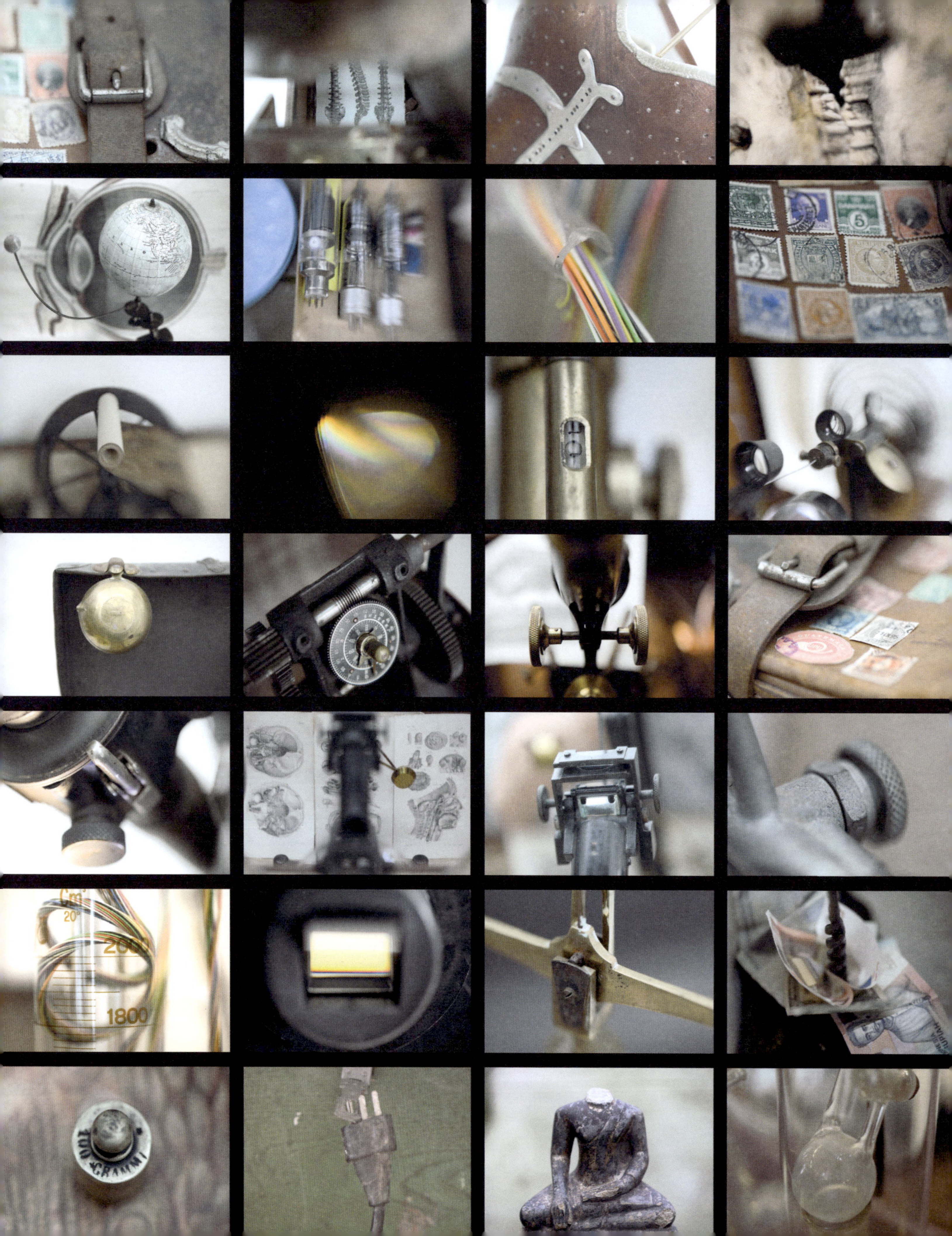

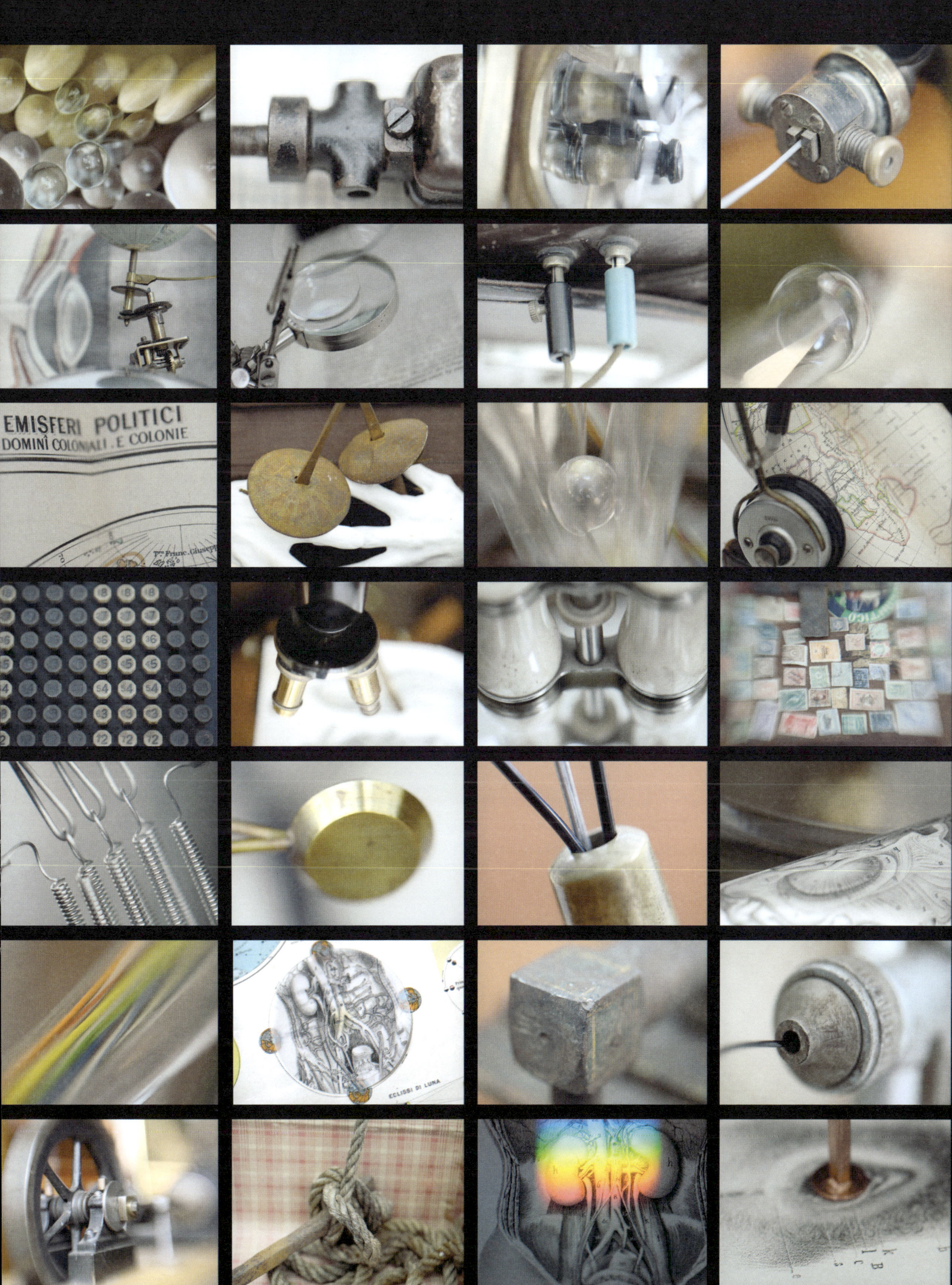

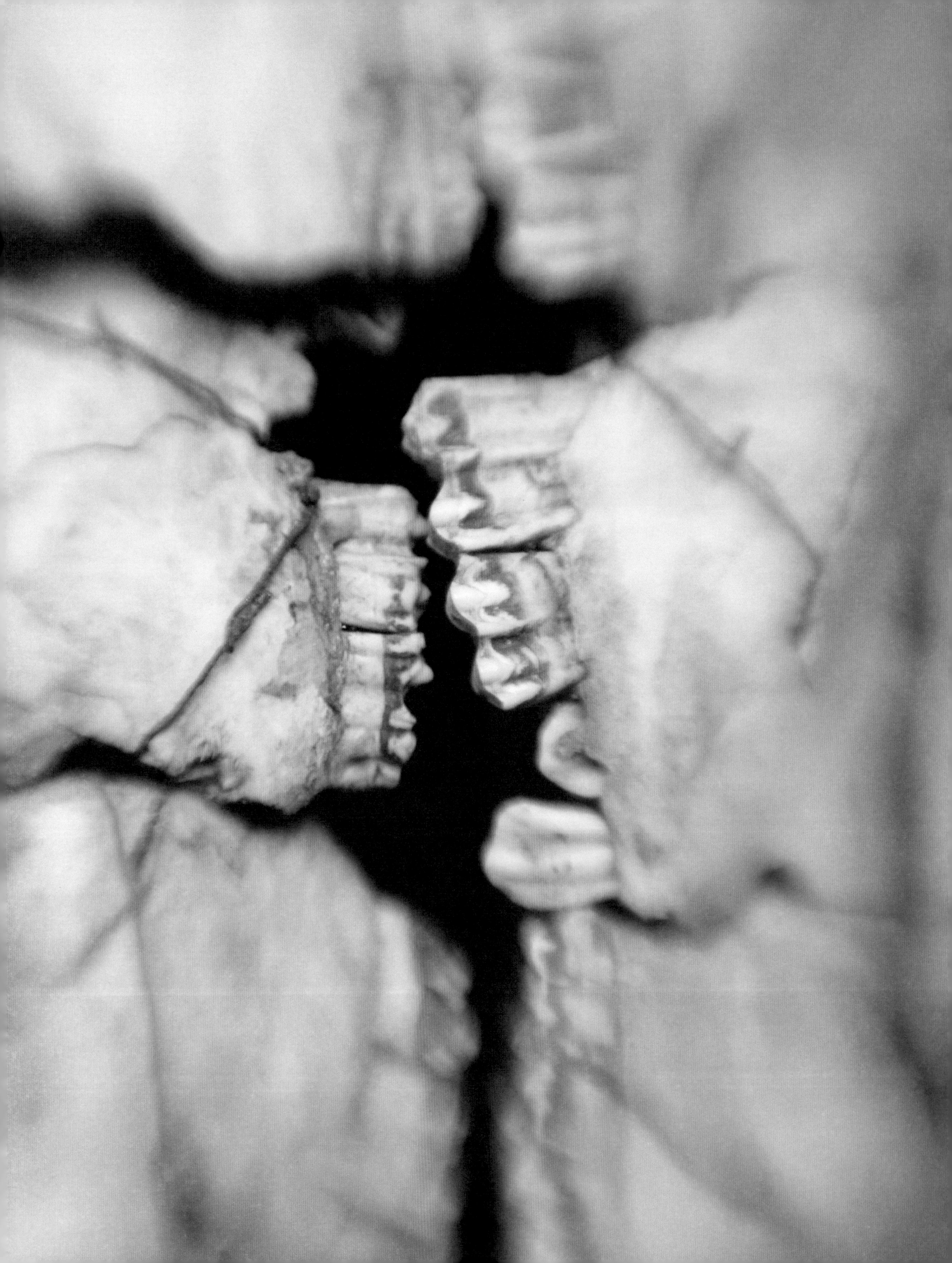

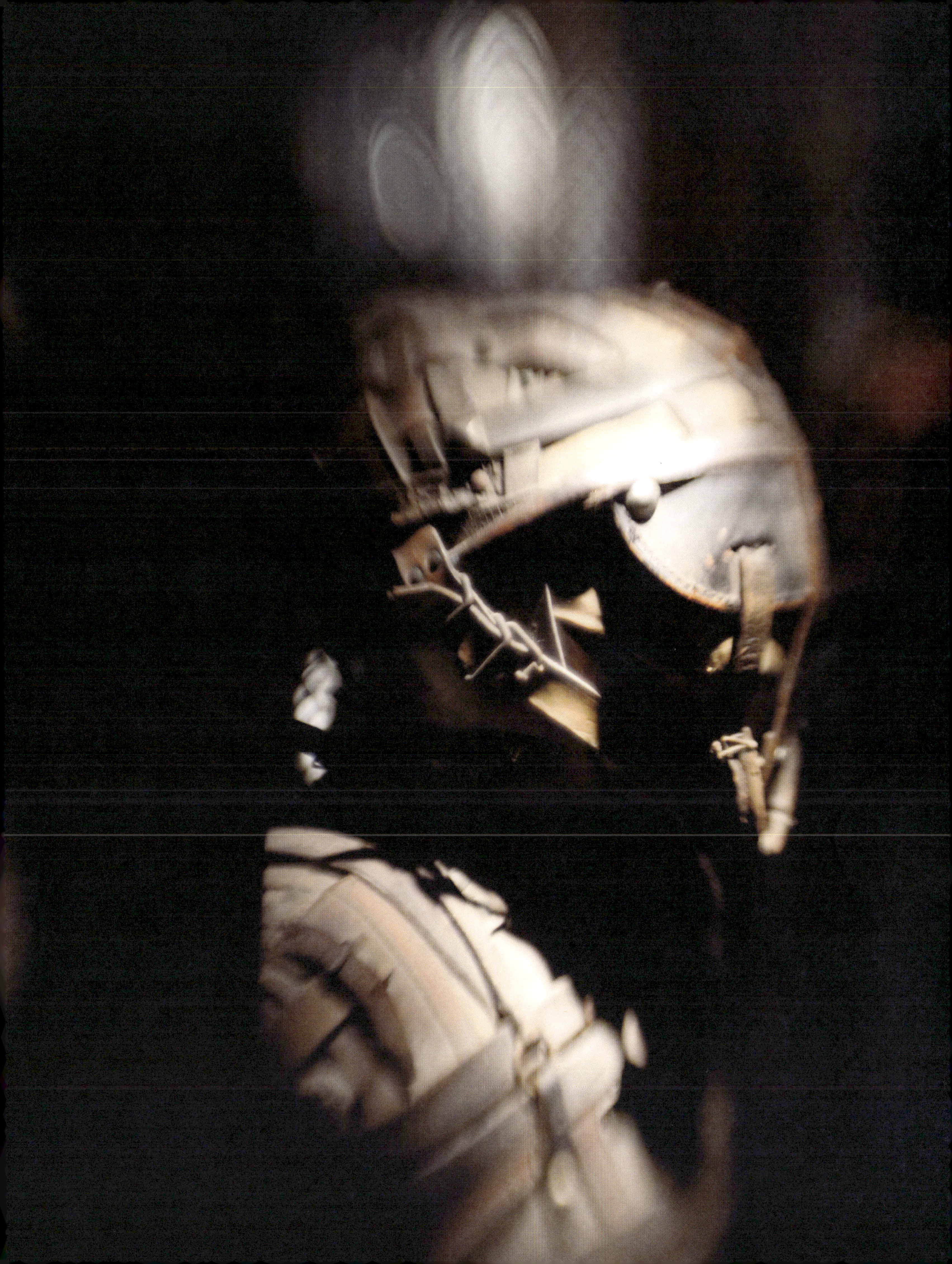

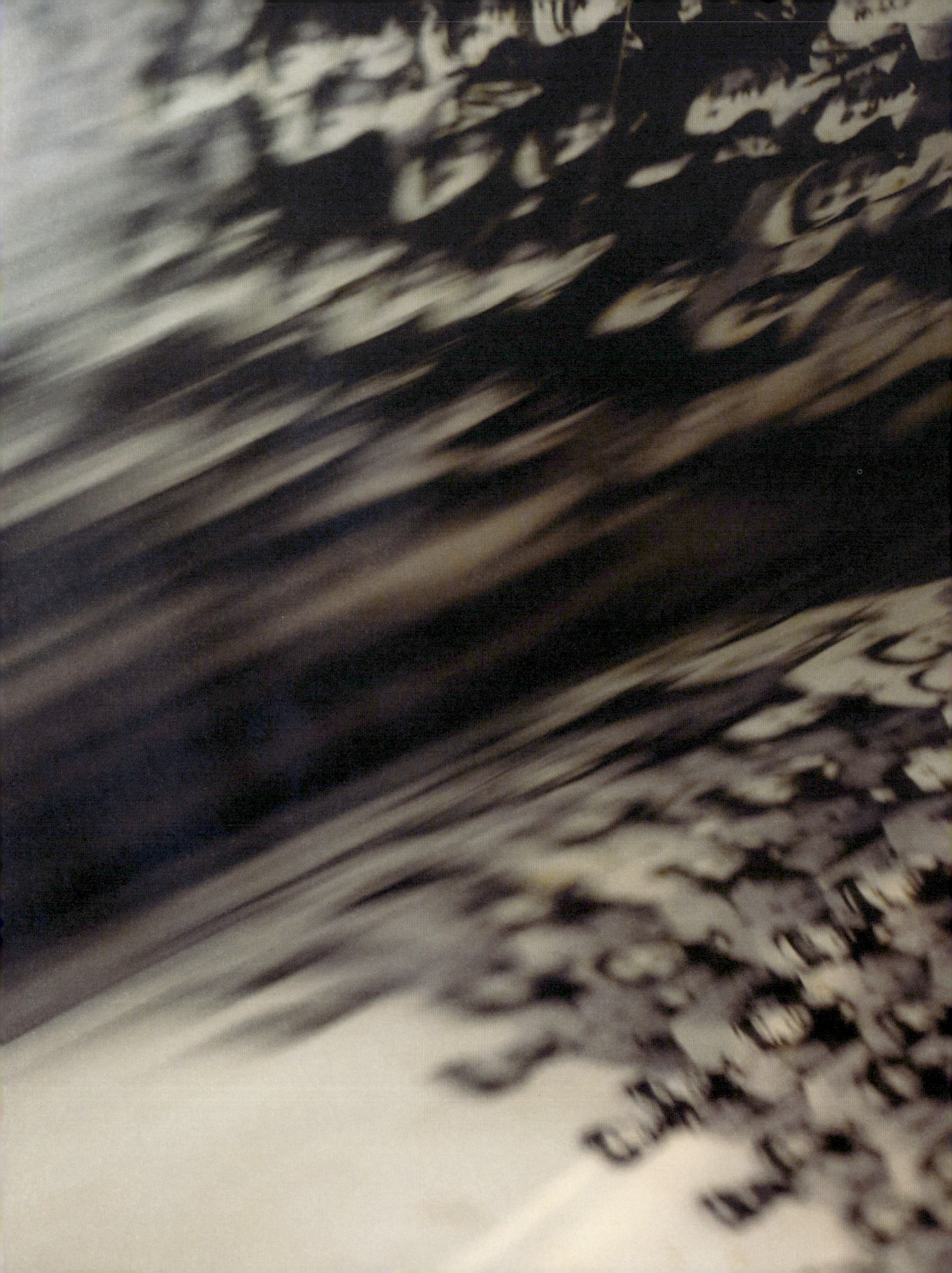

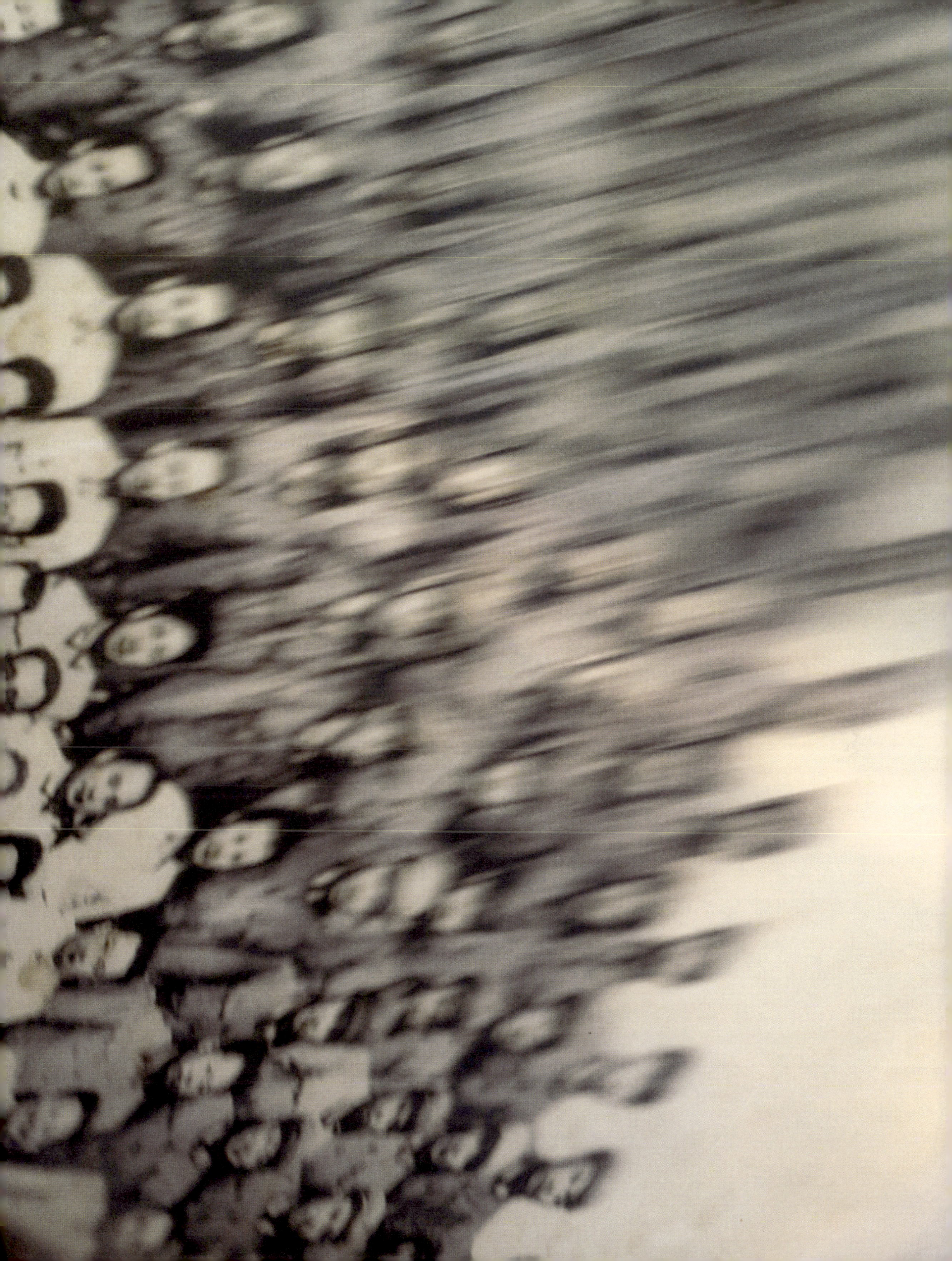

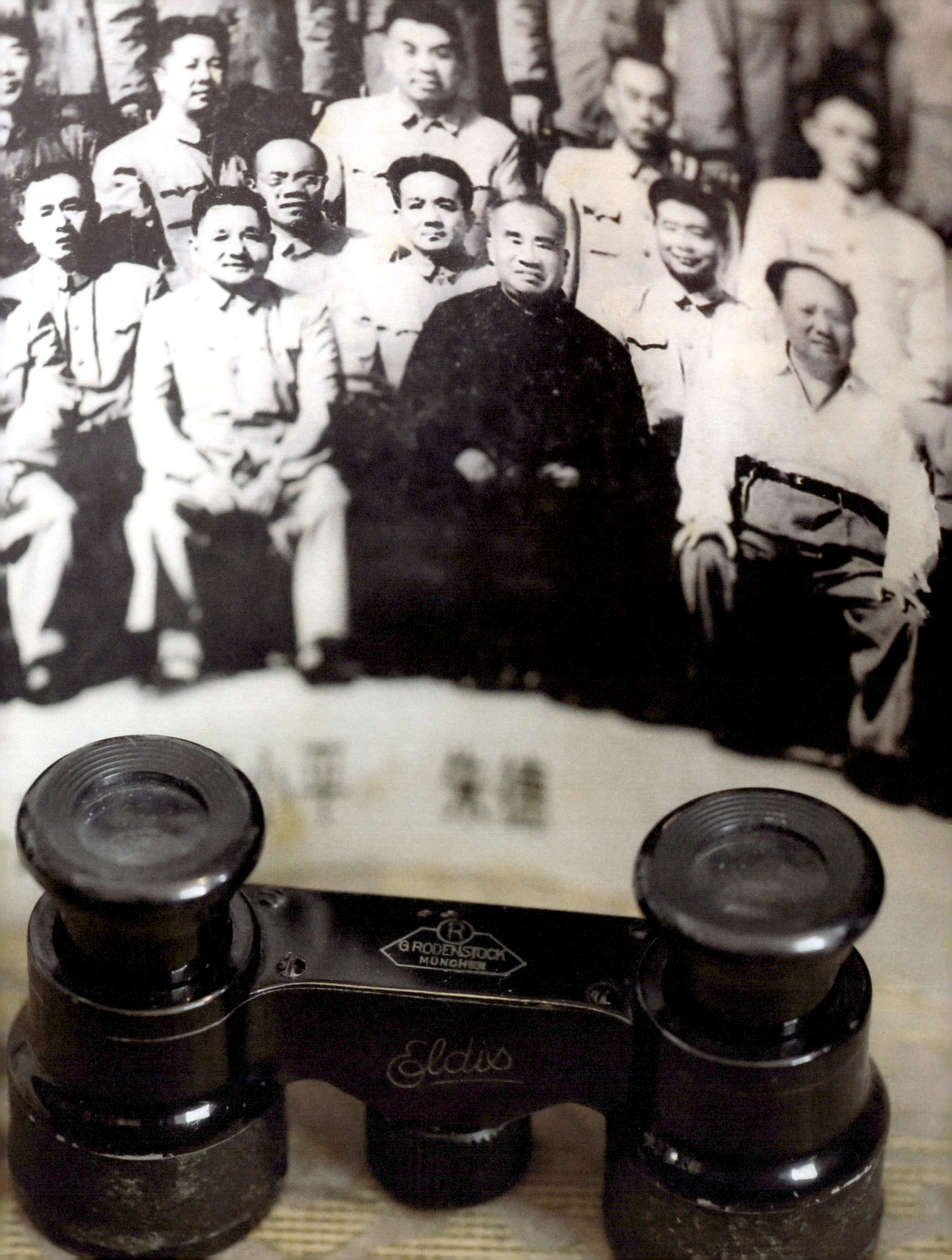
R
G RODENSTOCK
MÜNCHEN
Eldis

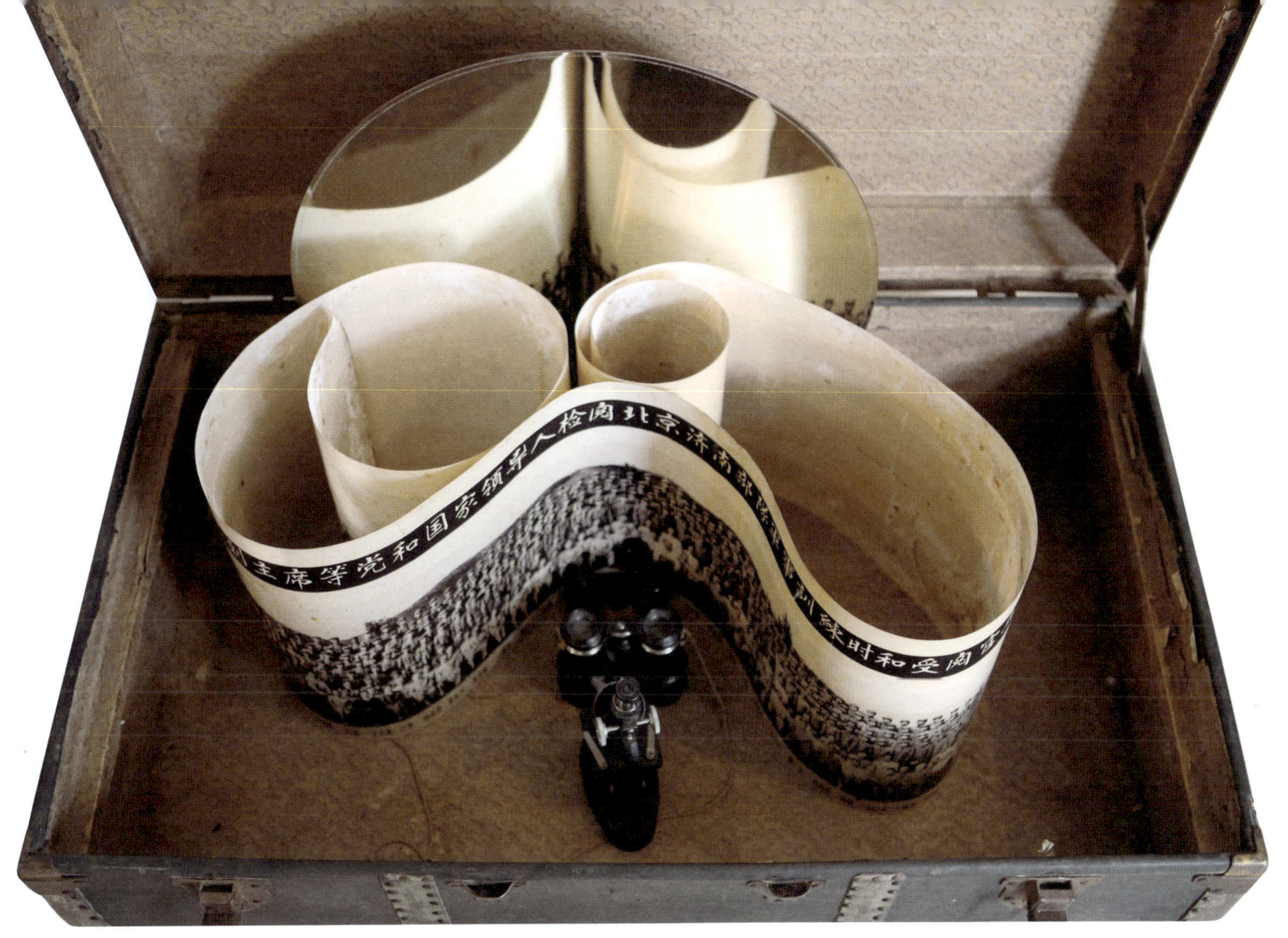

IDENTITY

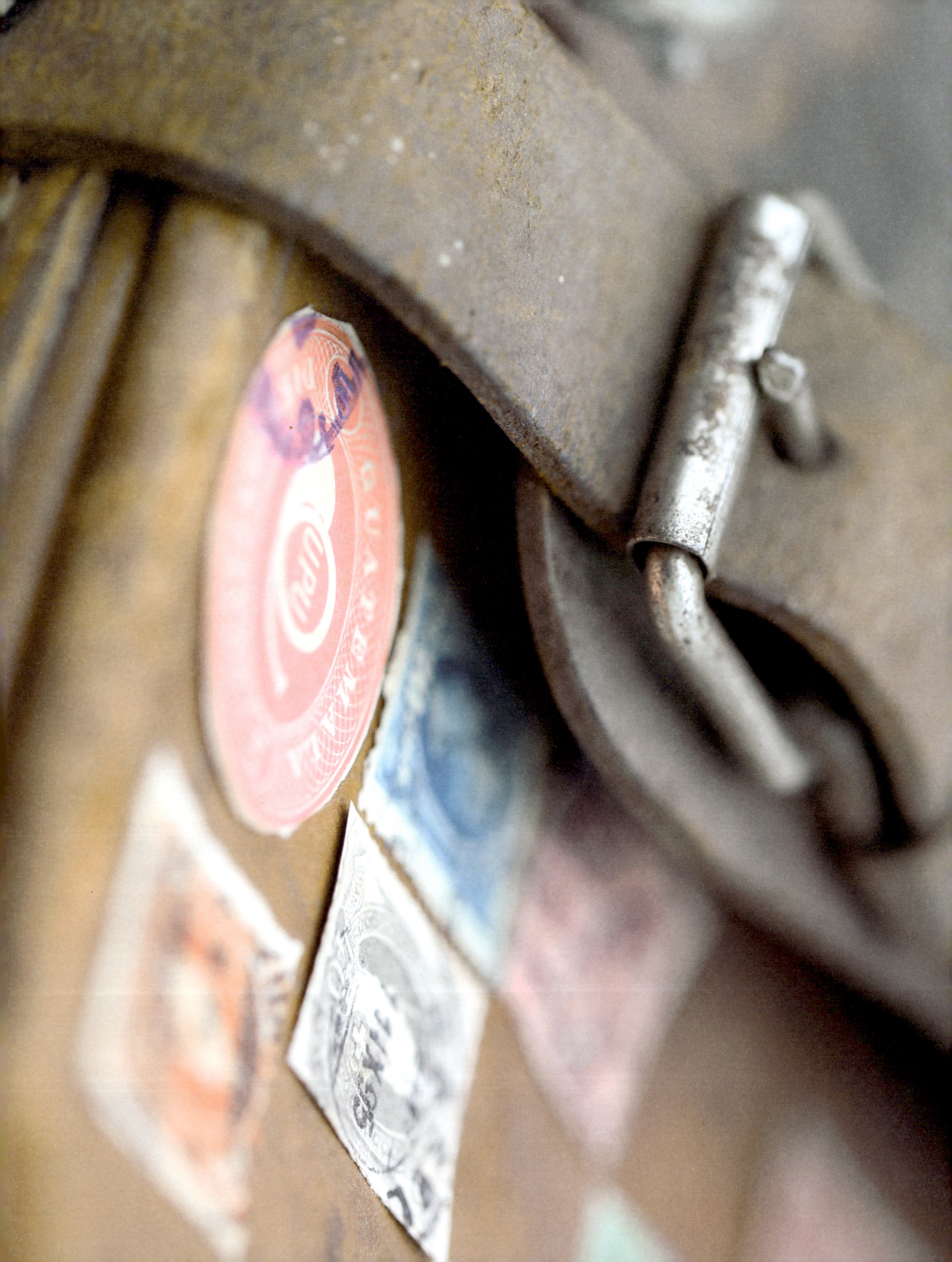

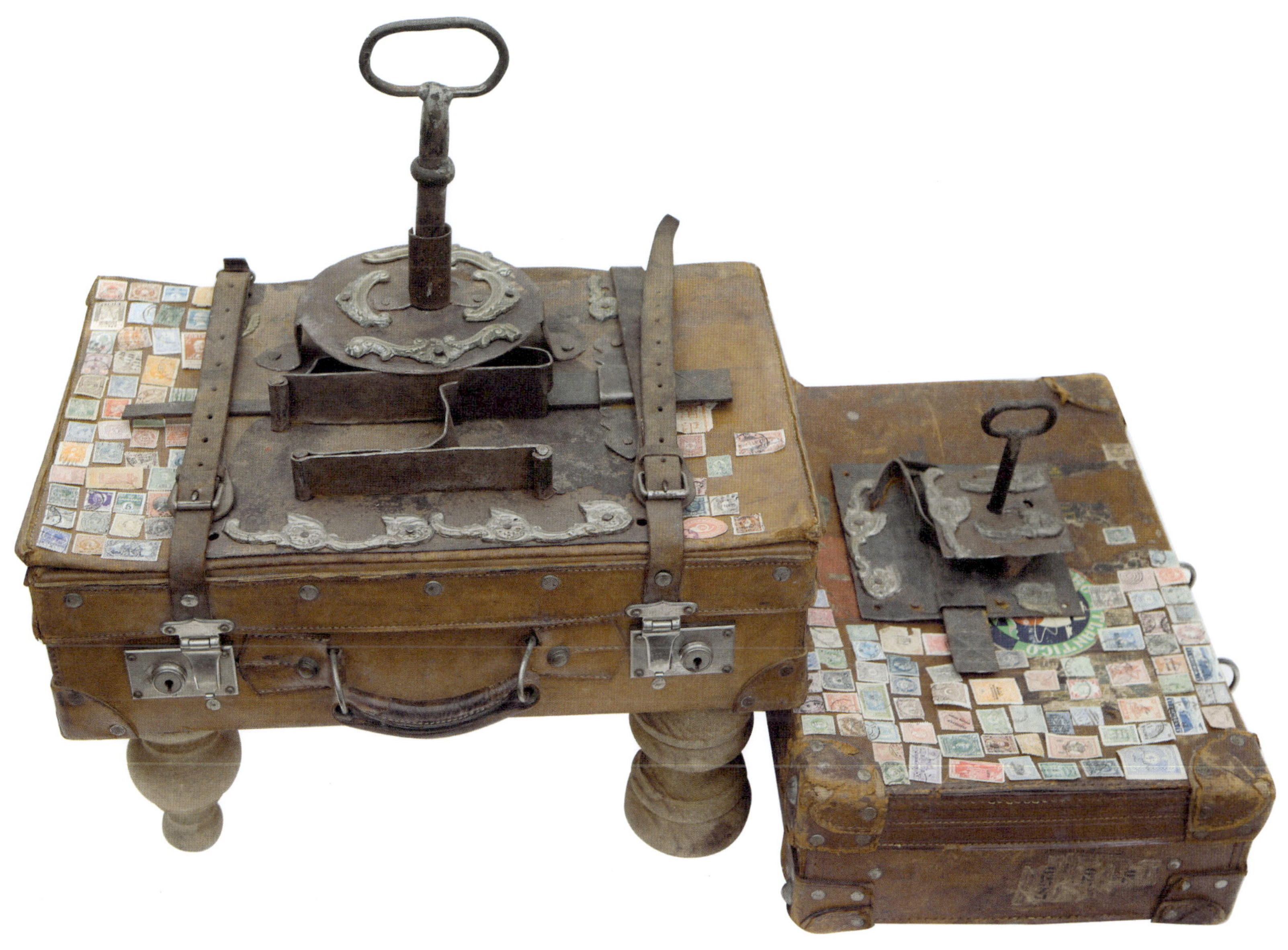

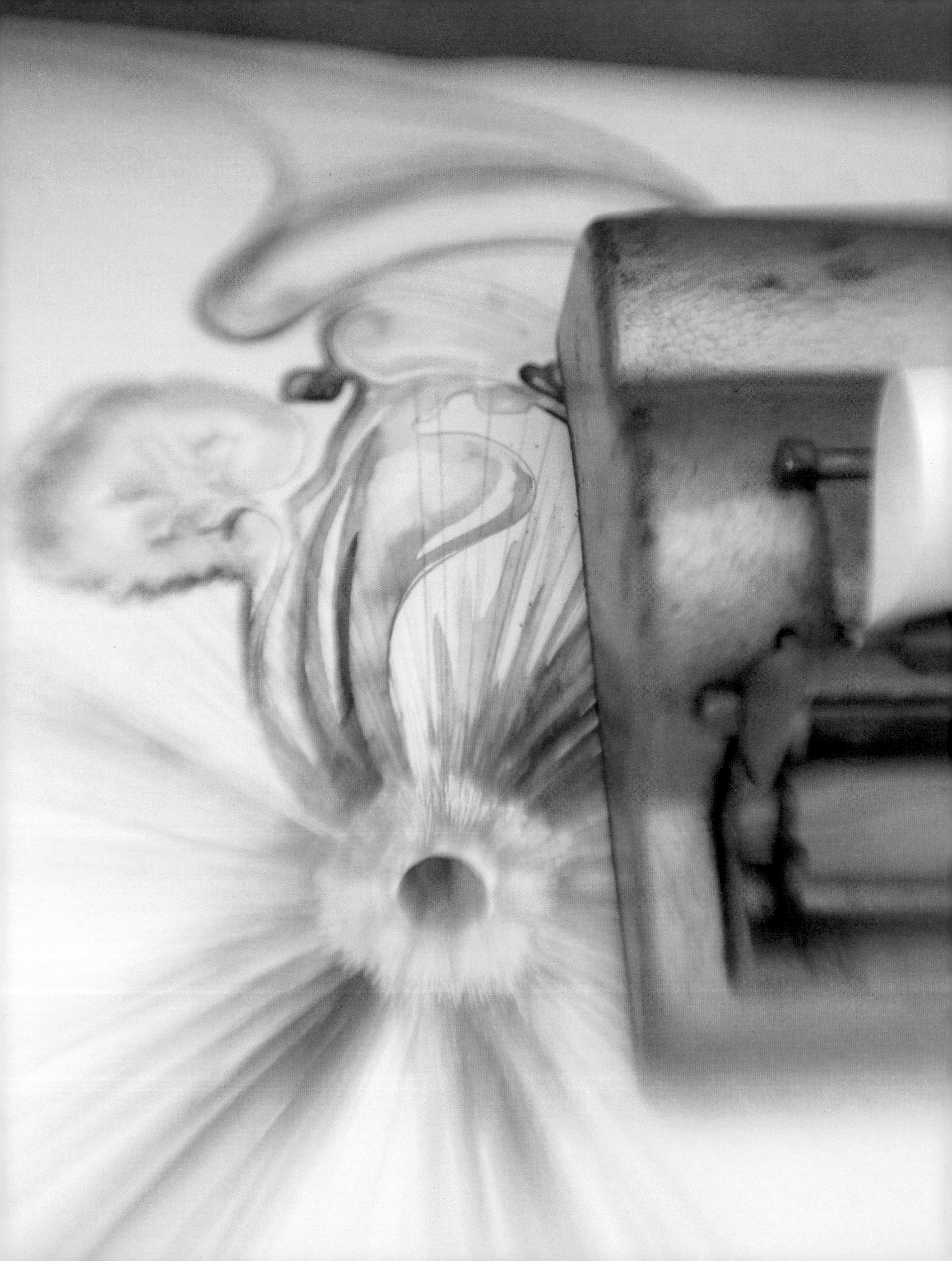

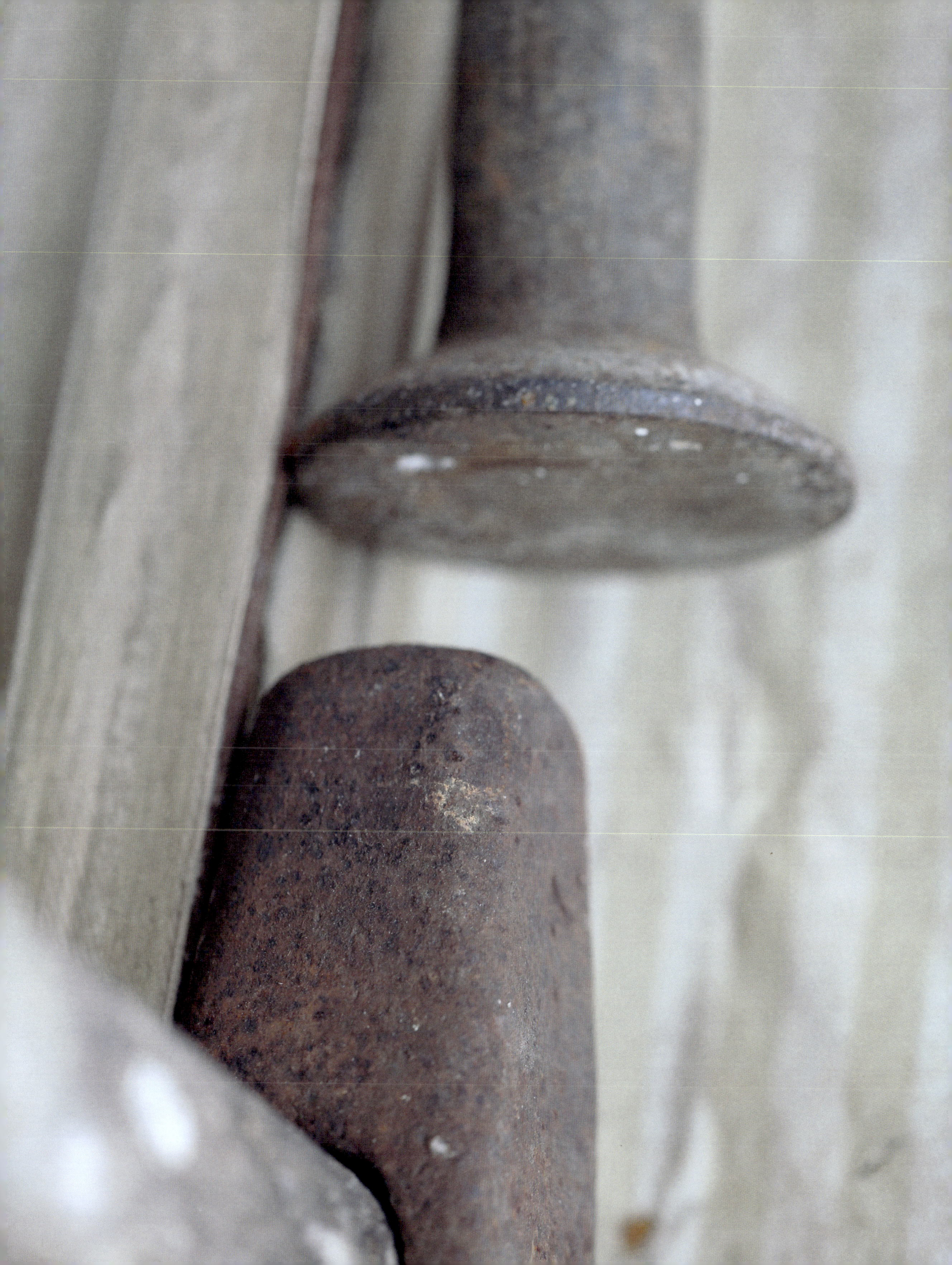

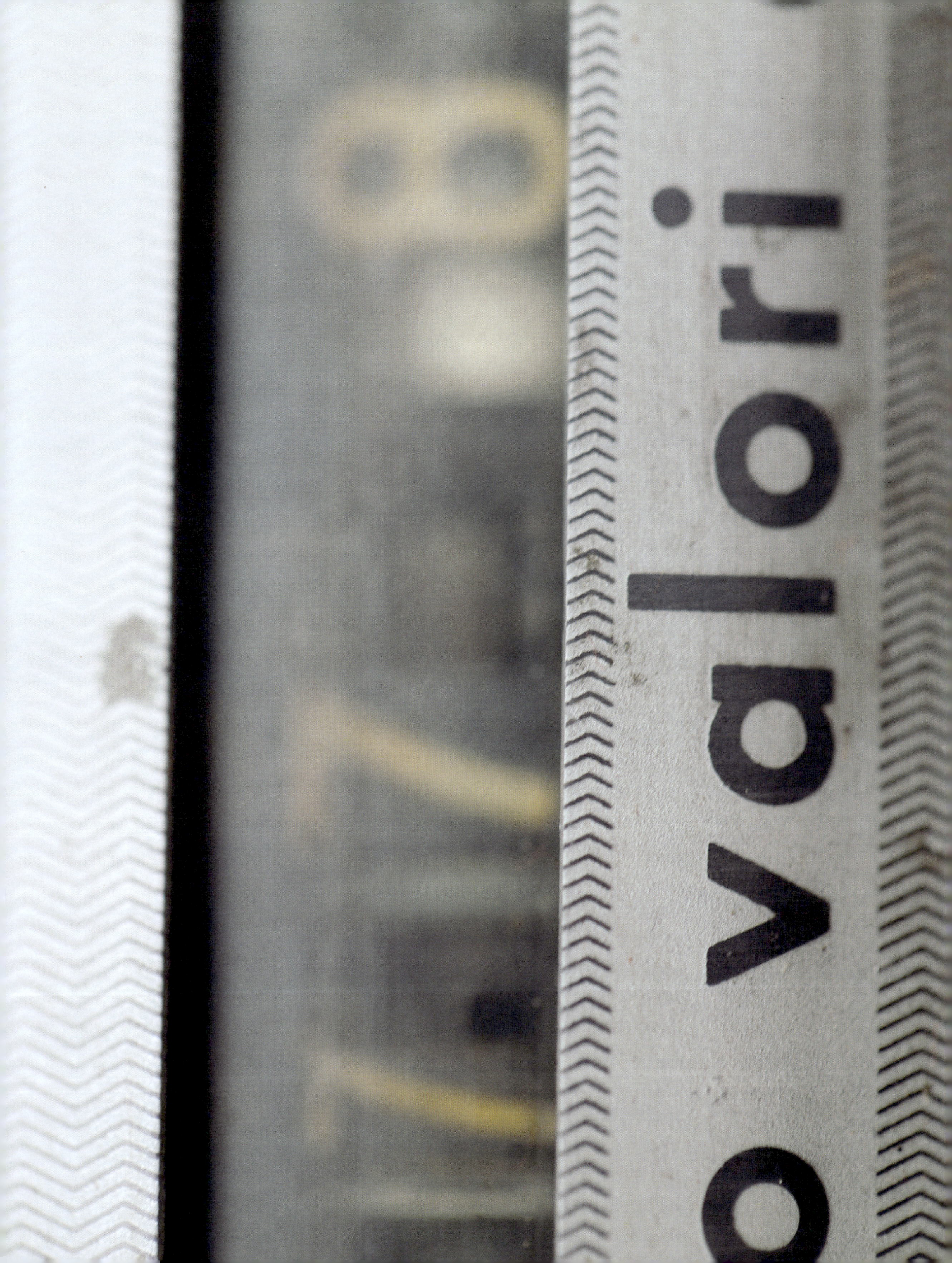

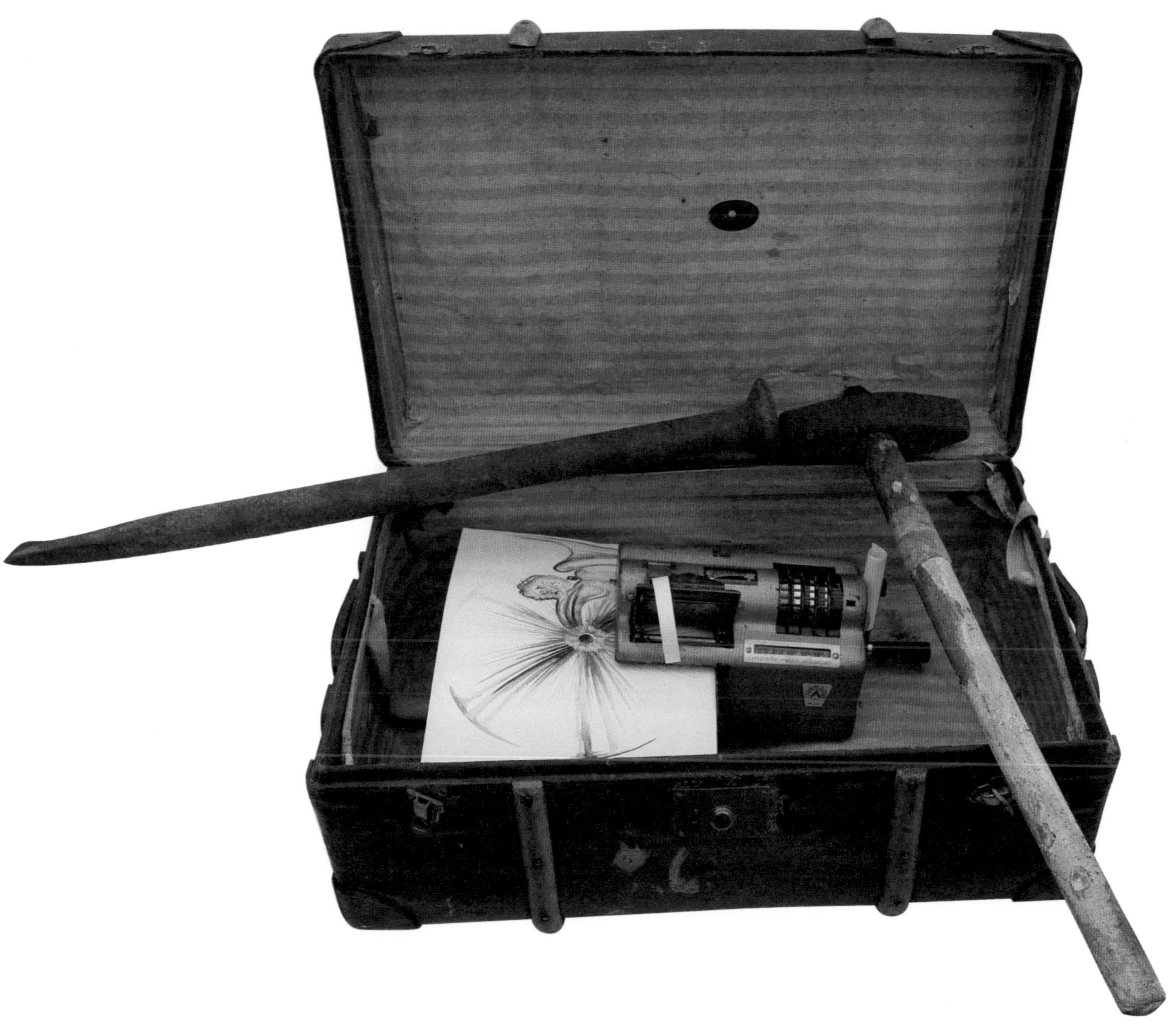

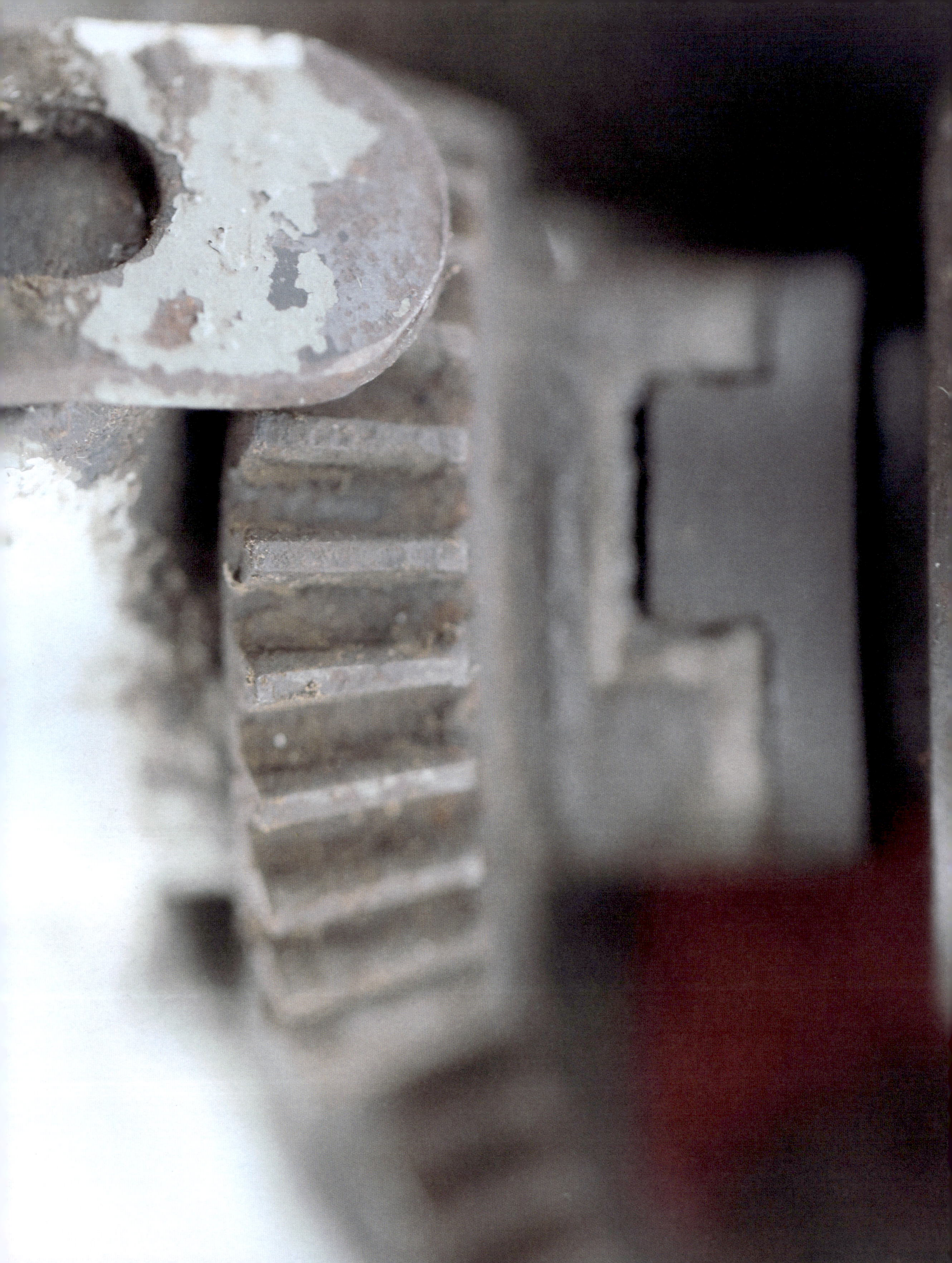

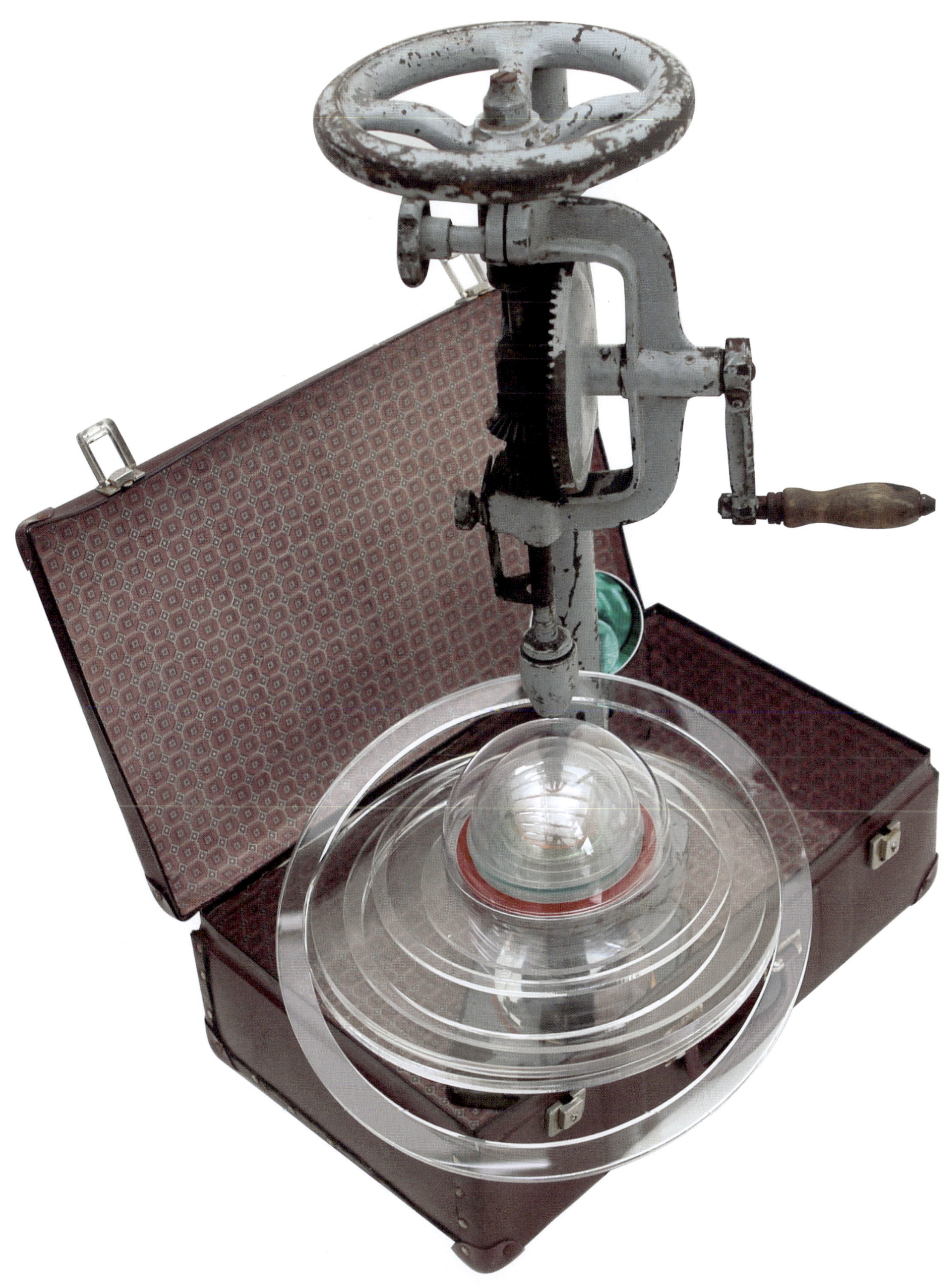

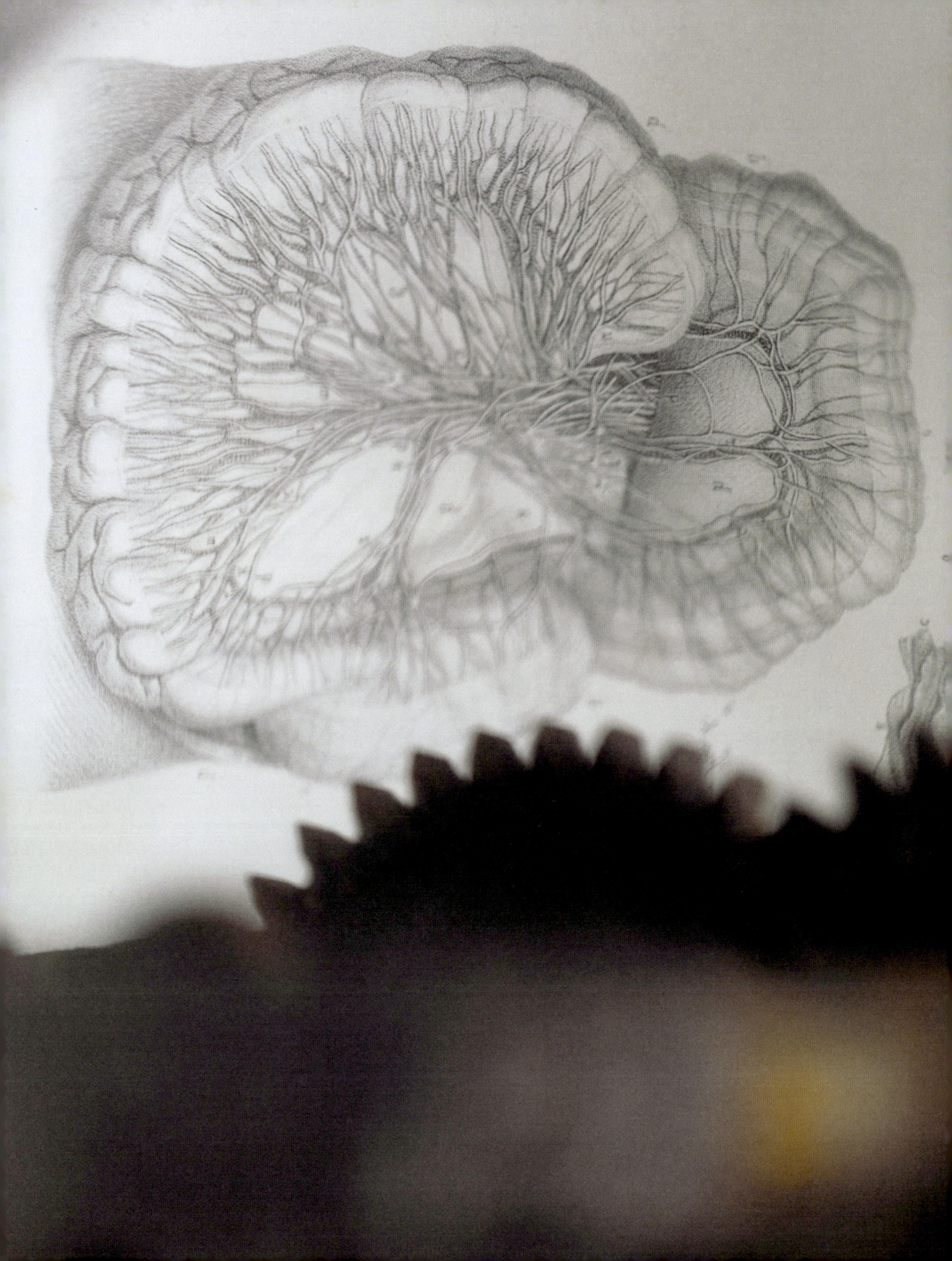

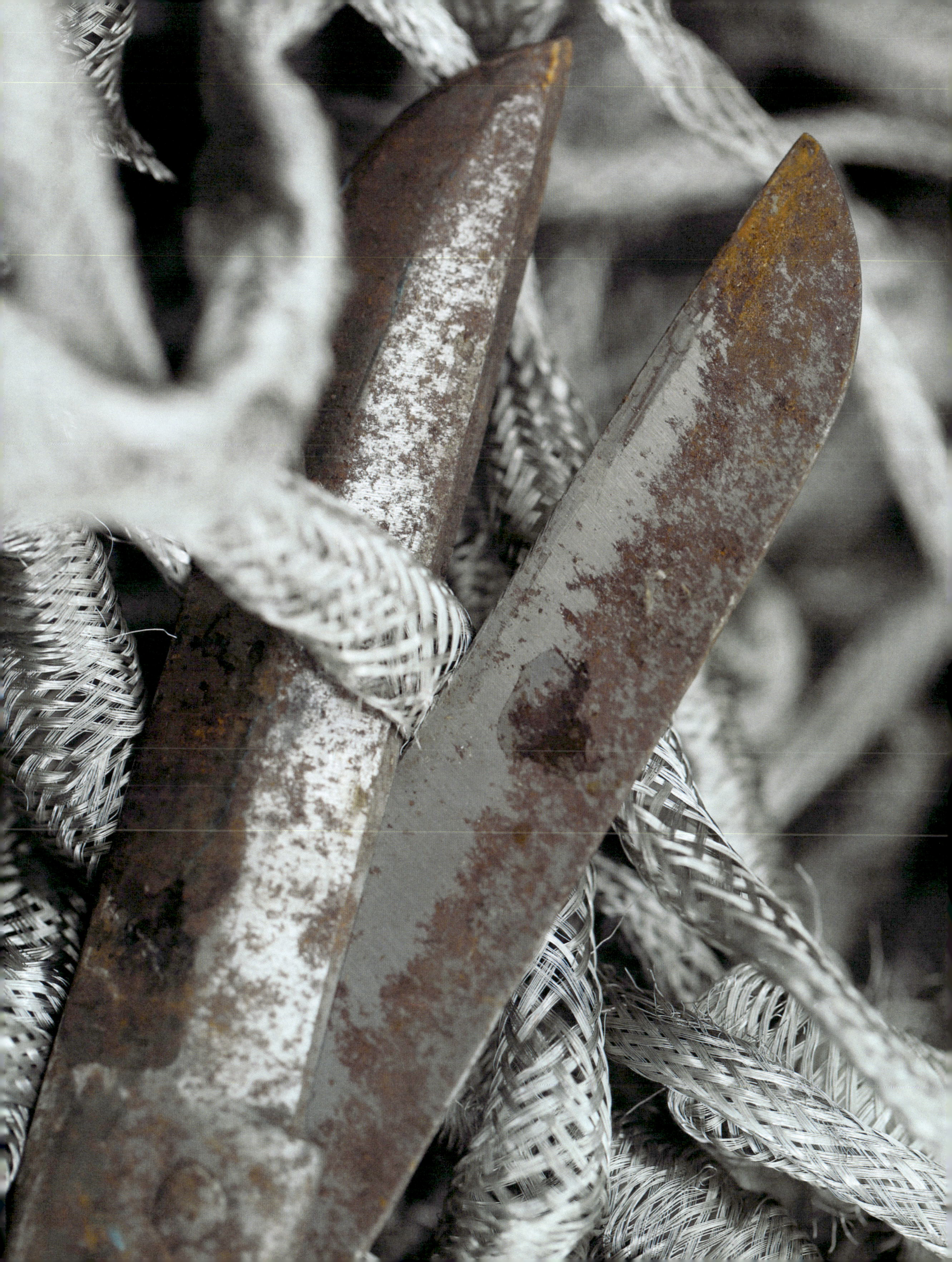

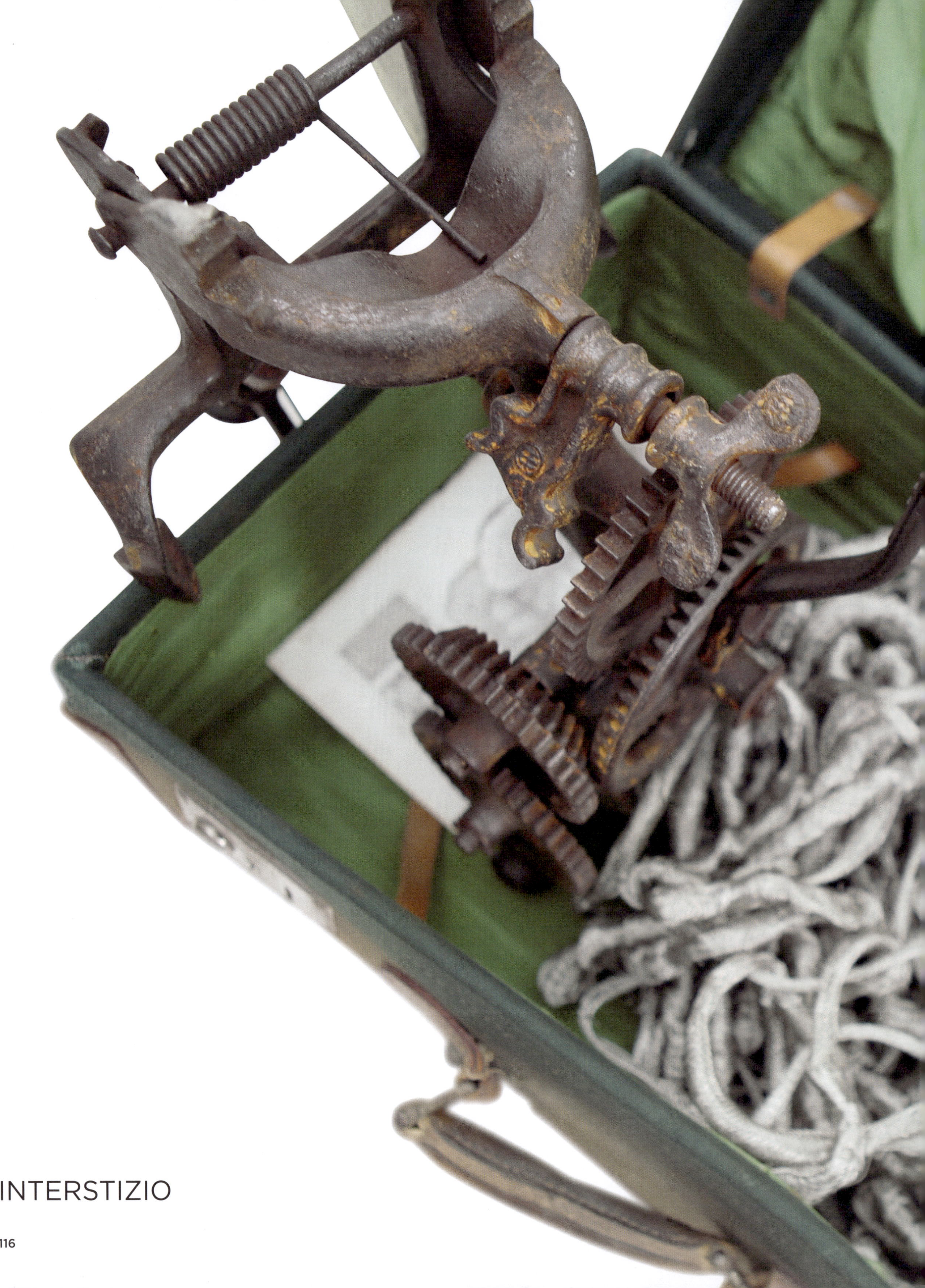

INTERSTIZIO

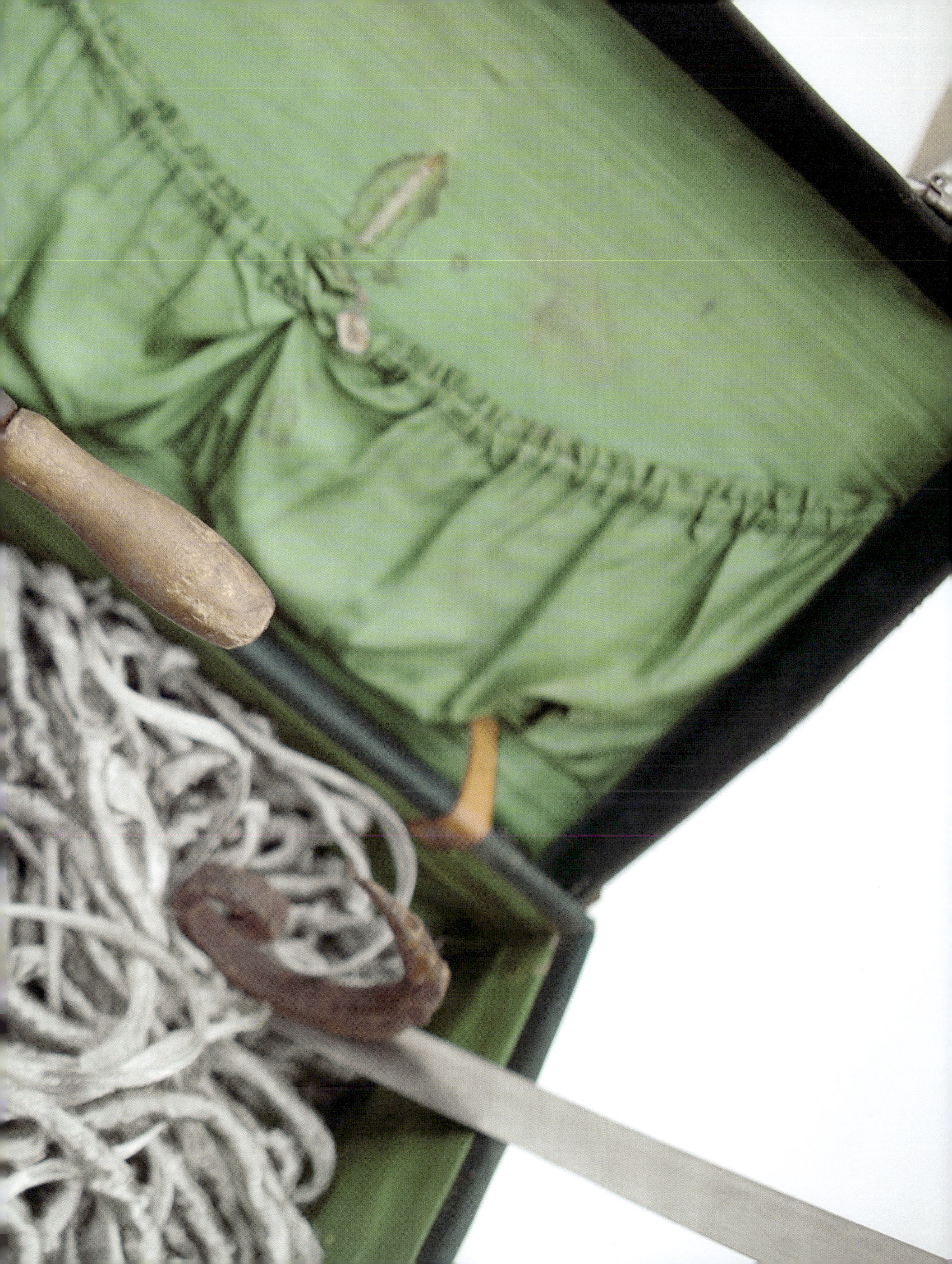

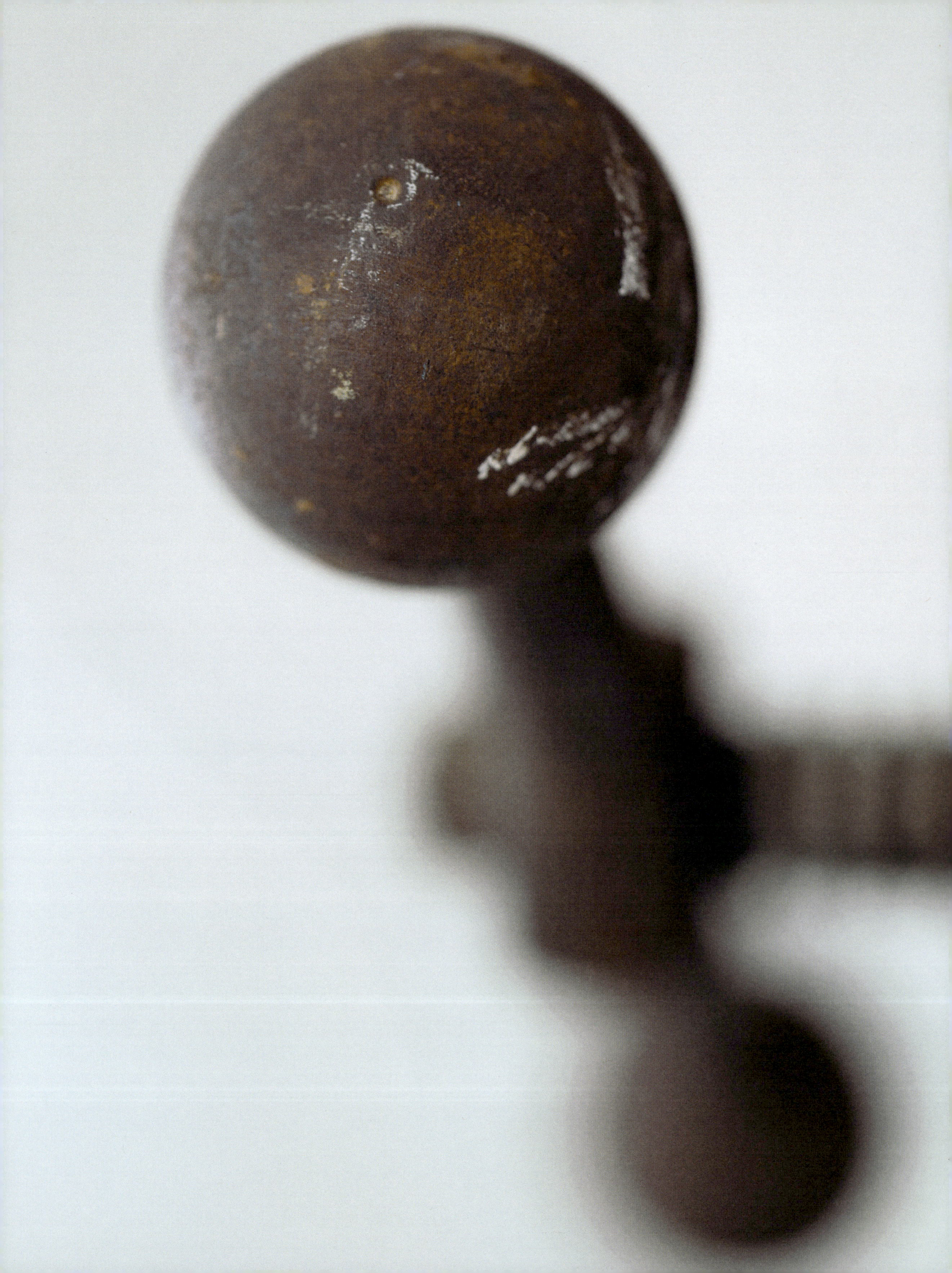

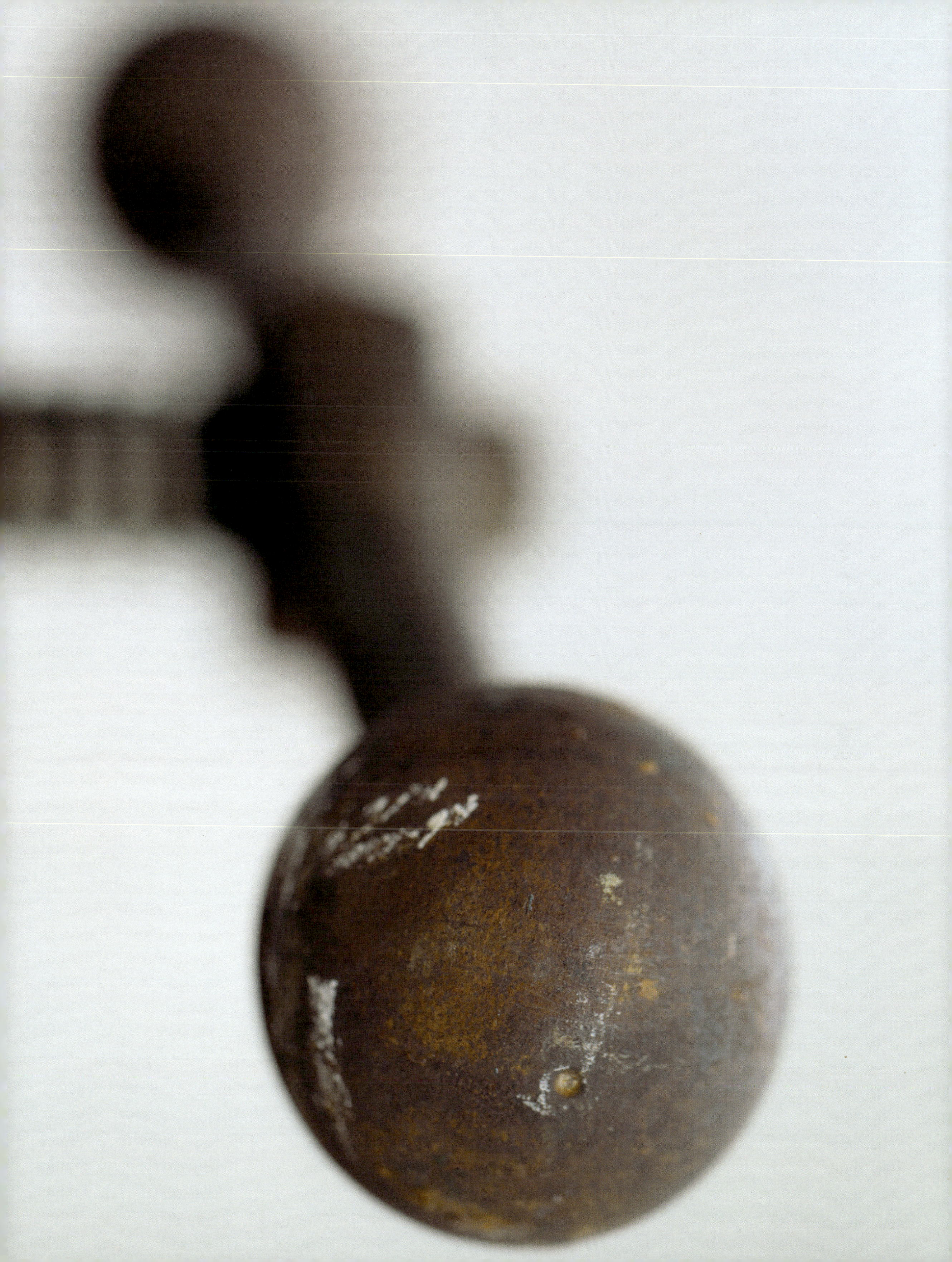

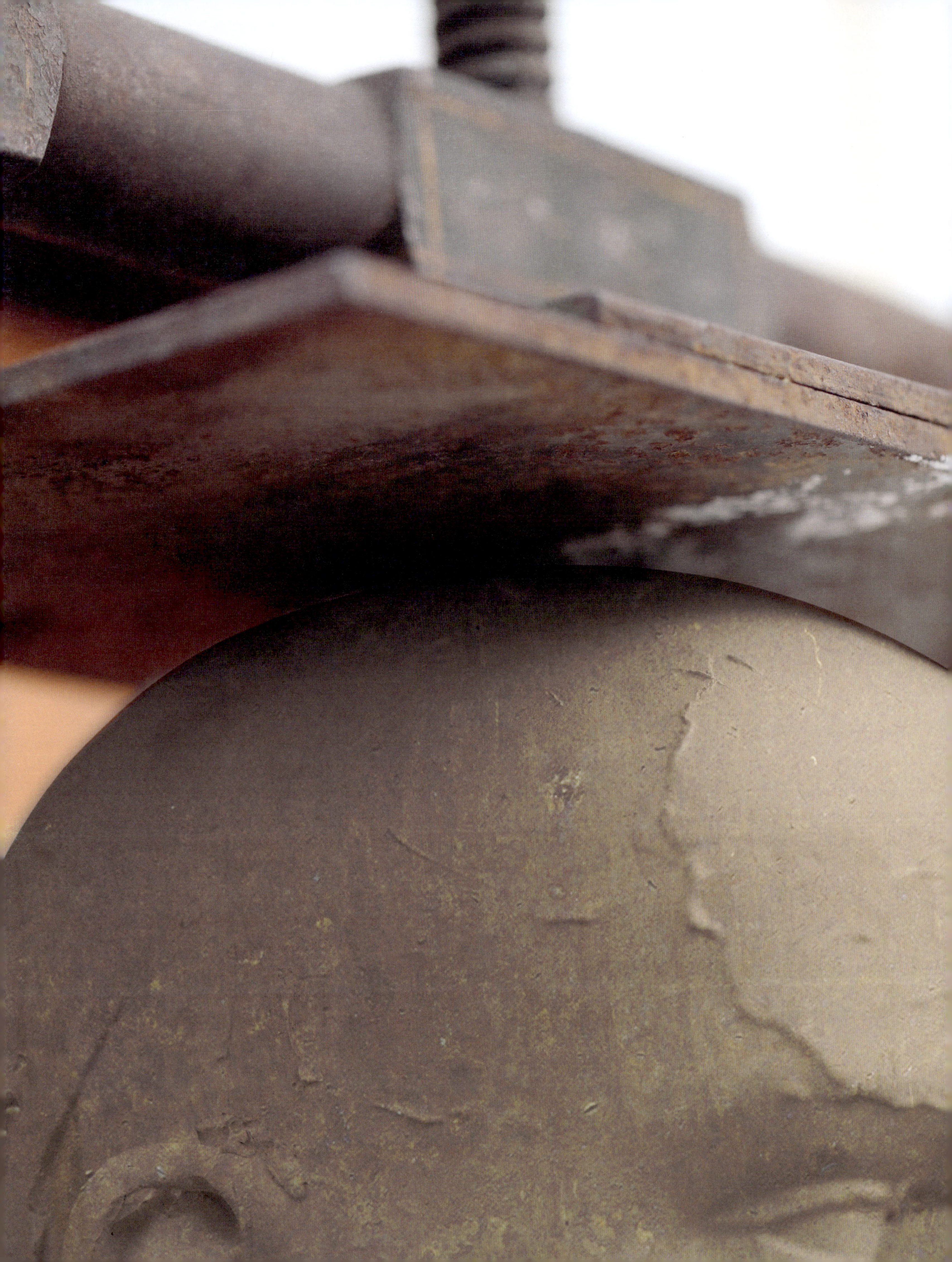

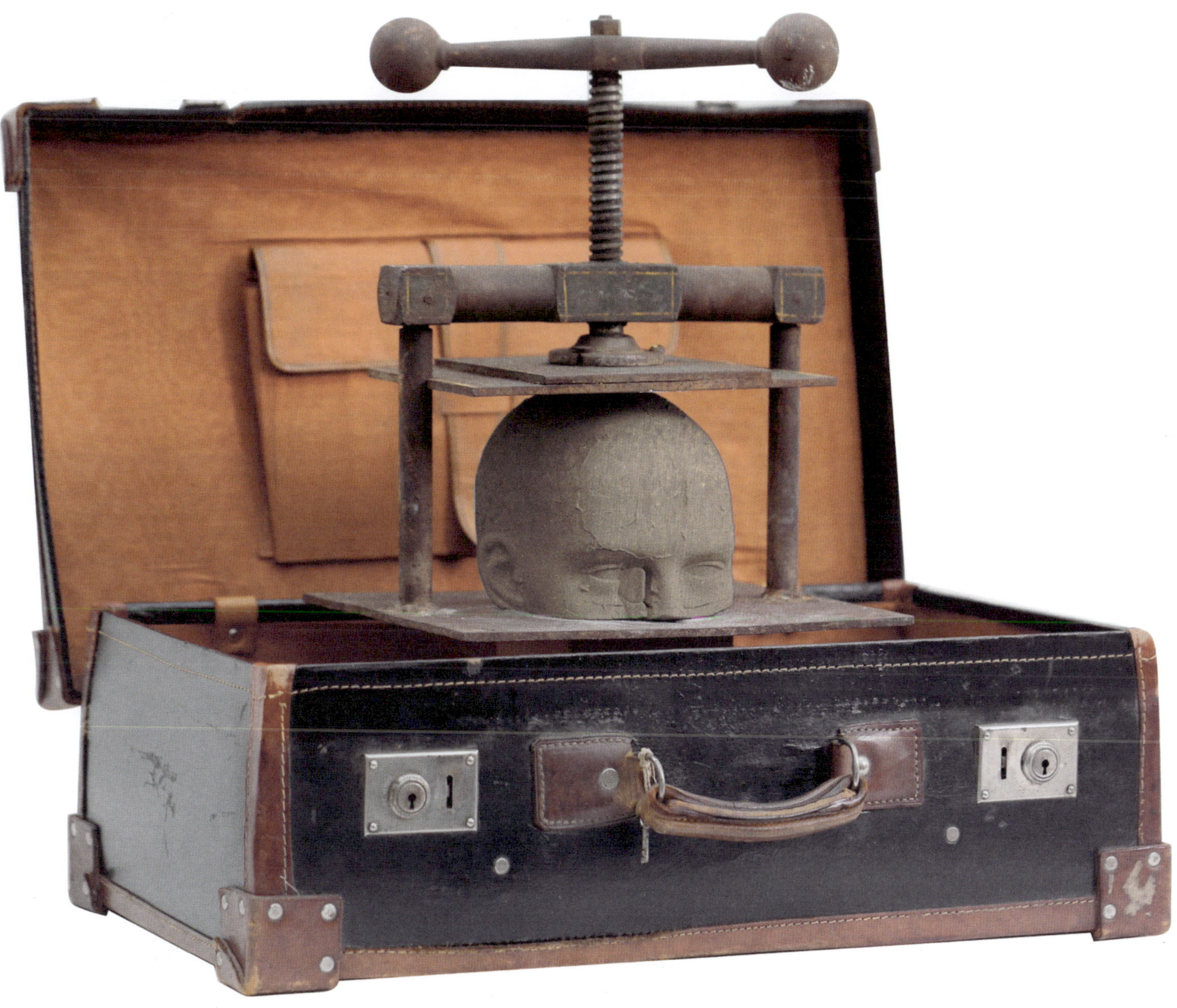

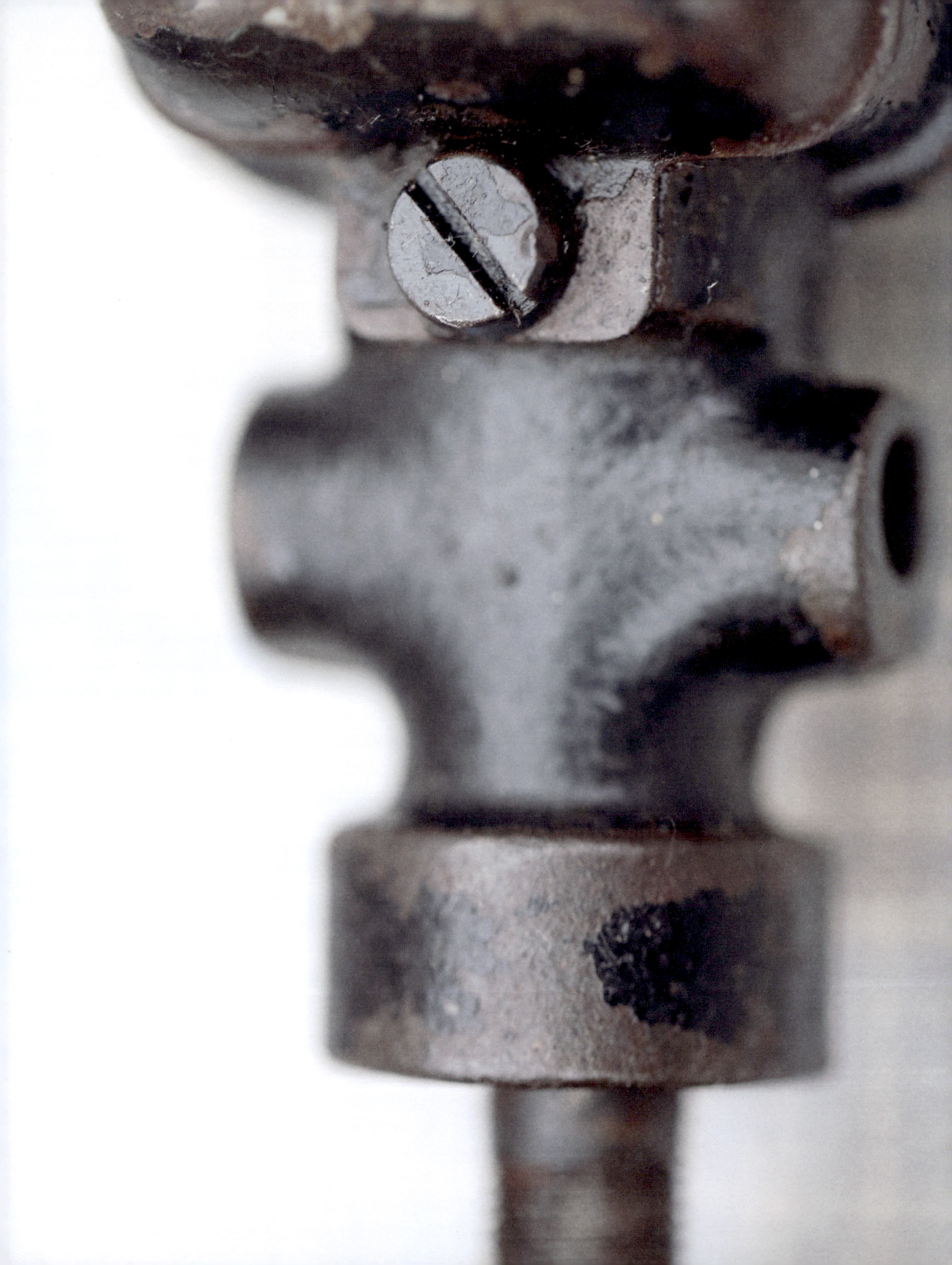

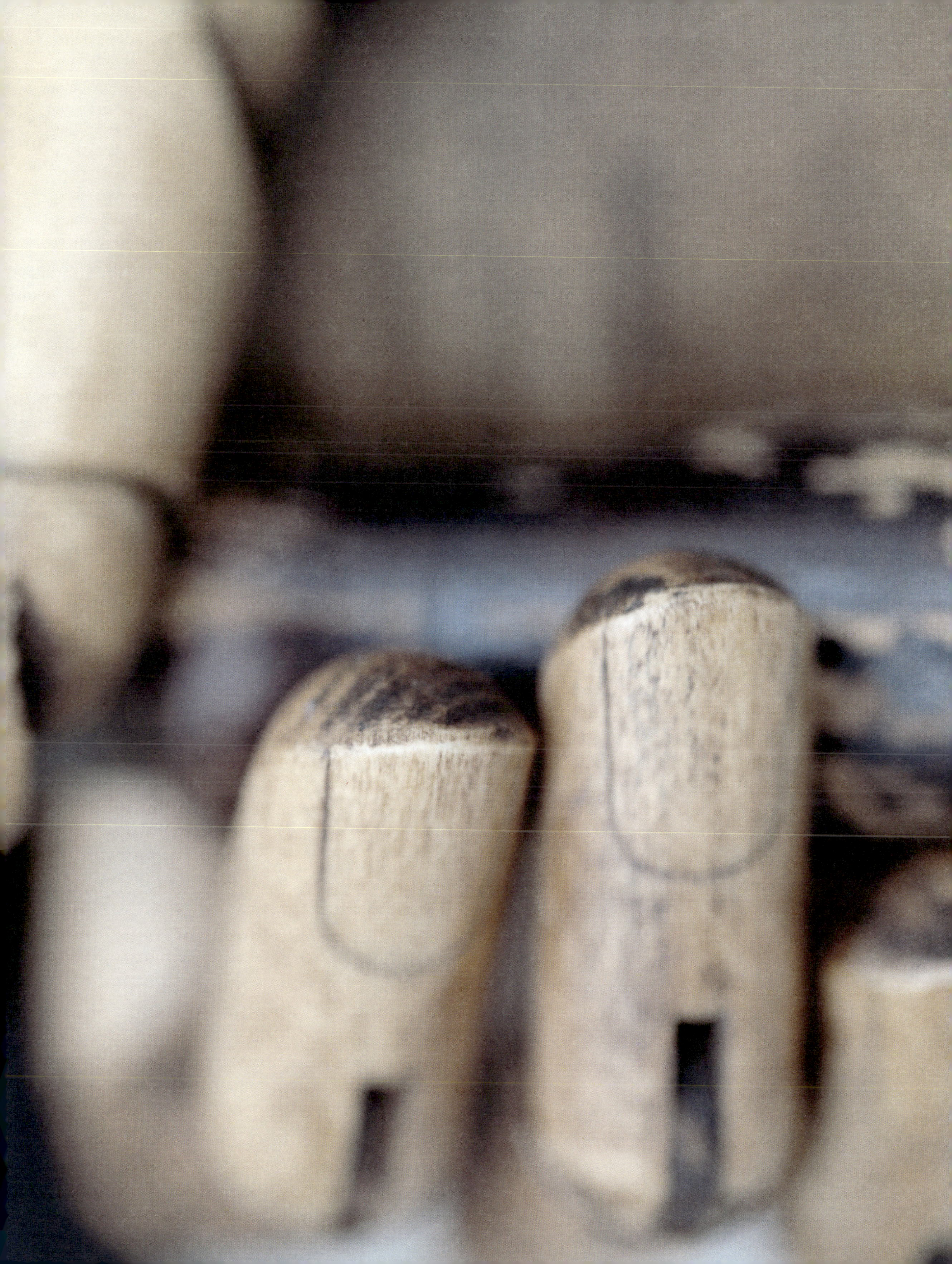

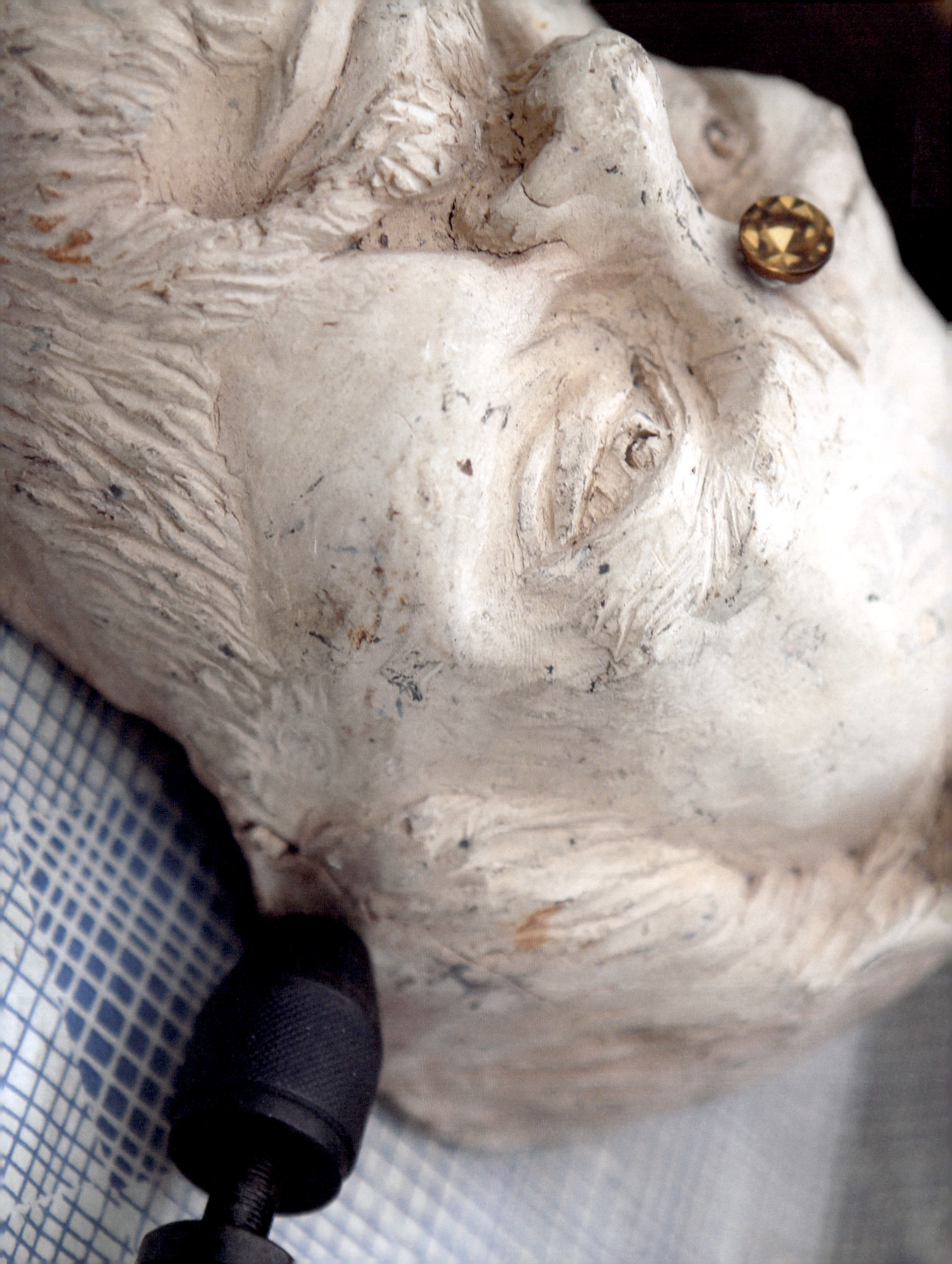

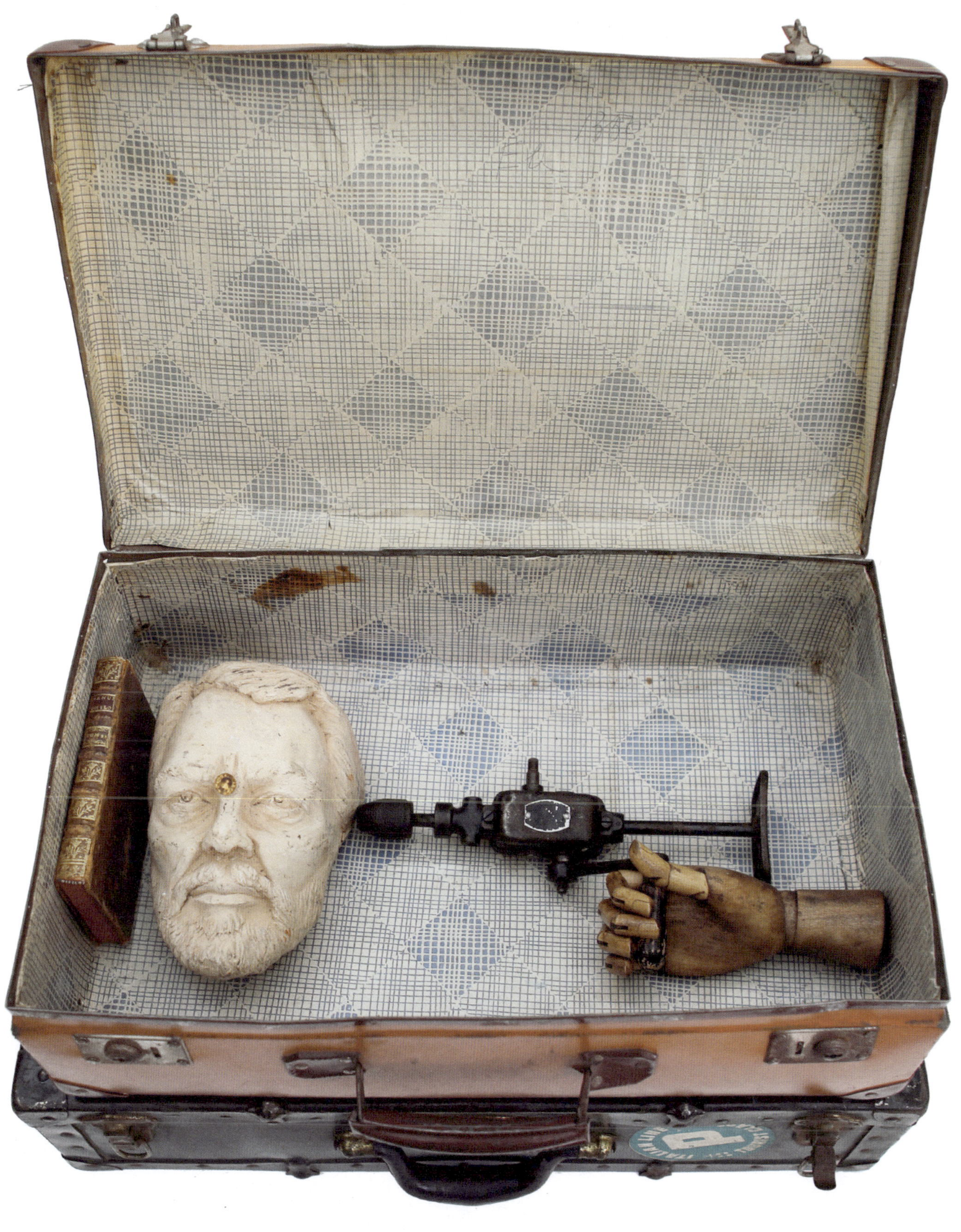

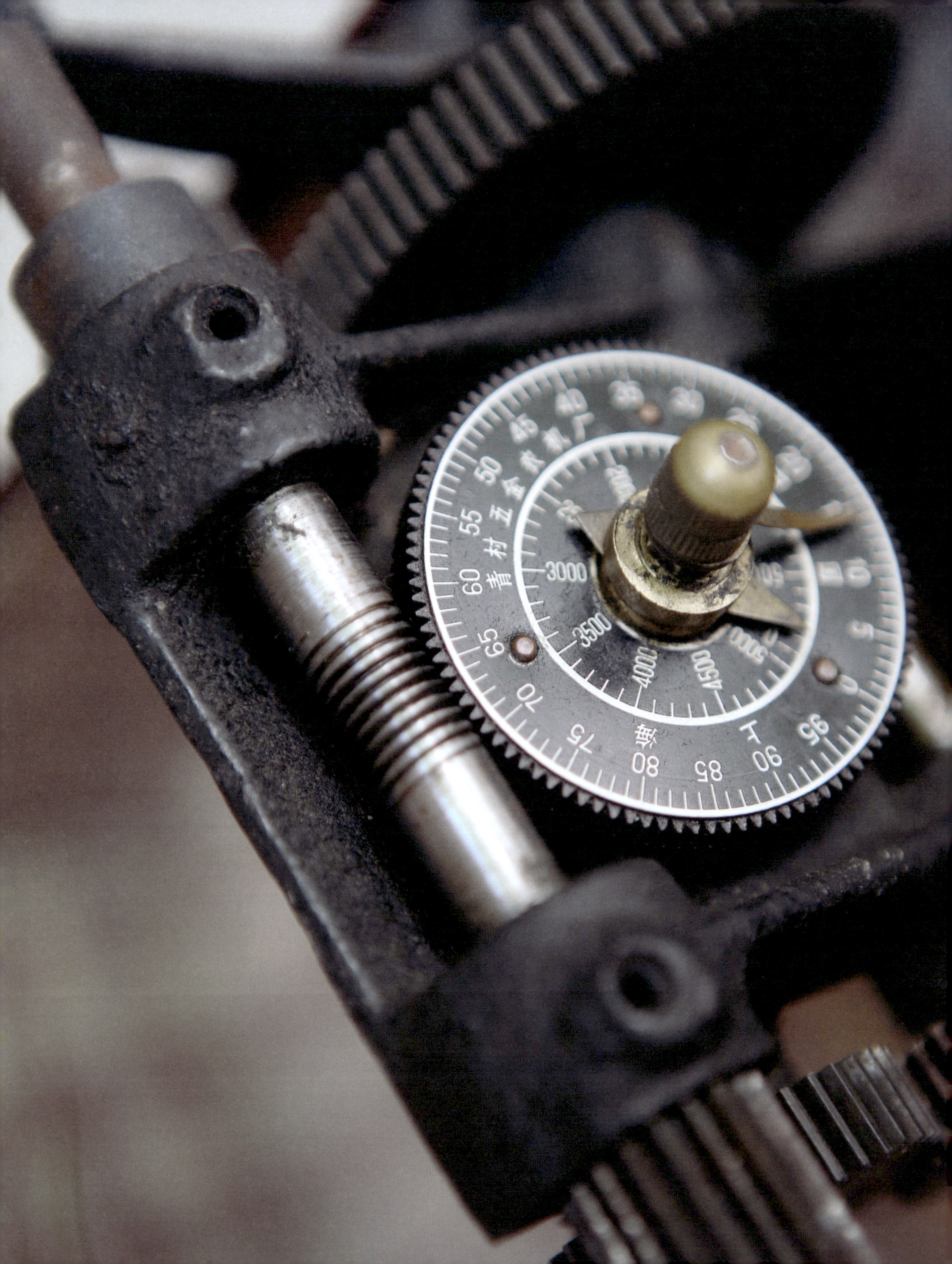

青村五金厂
速
30 35 40 45 50 55 60 65 70 75 80 85 90 95
2000 2500 3000 3500 4000 4500 5000 5500 6000

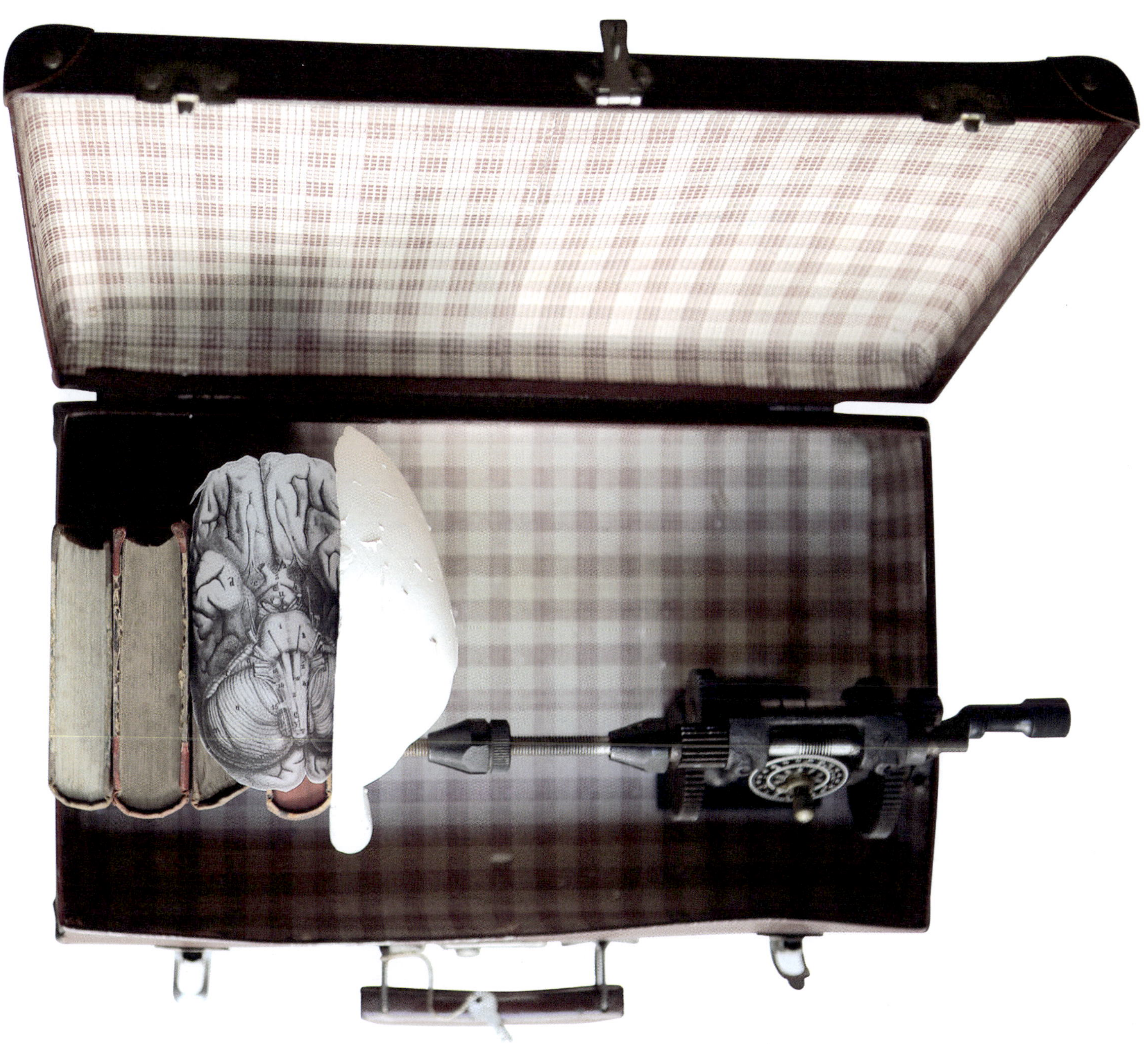

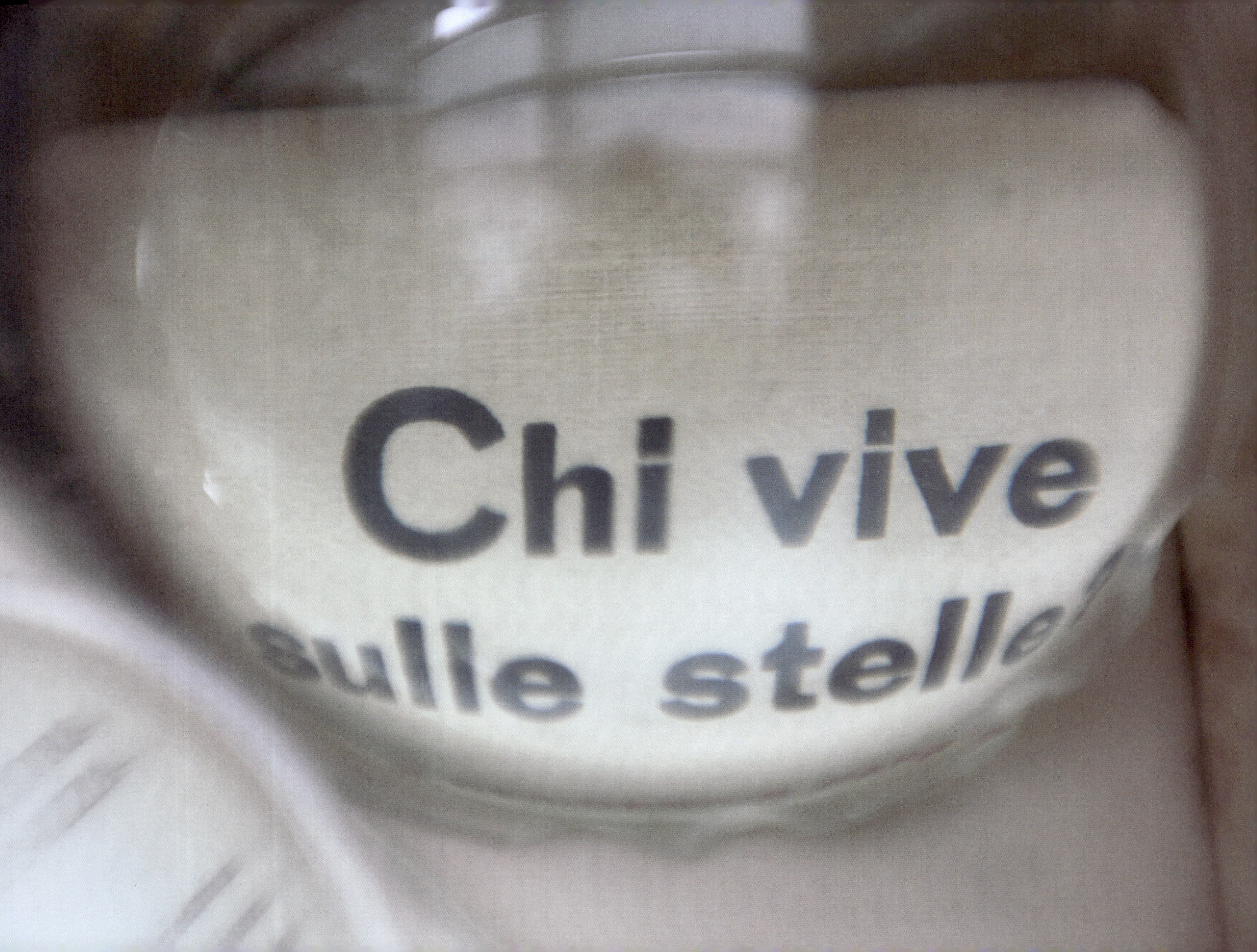
Chi vive
sulle stelle?

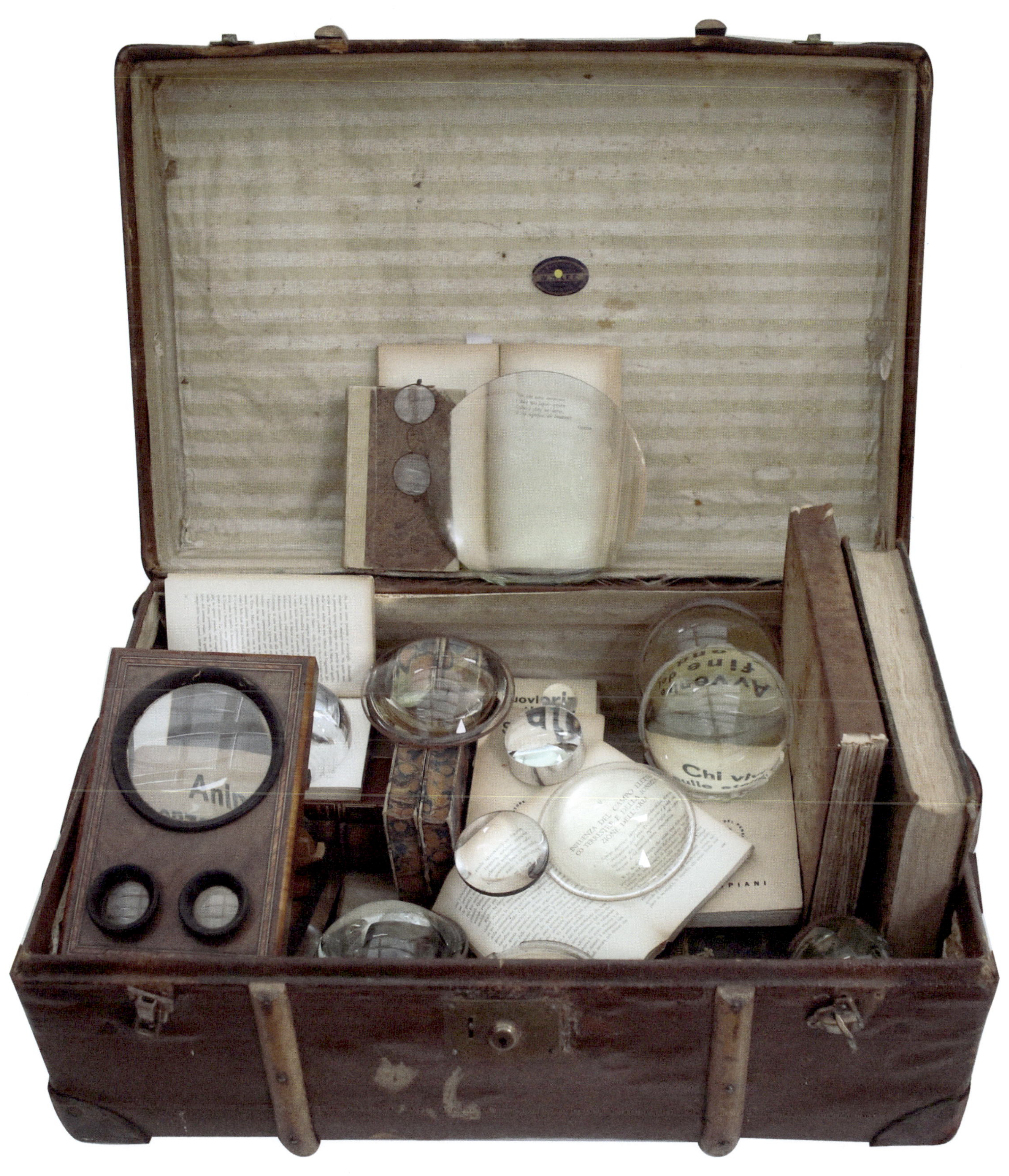

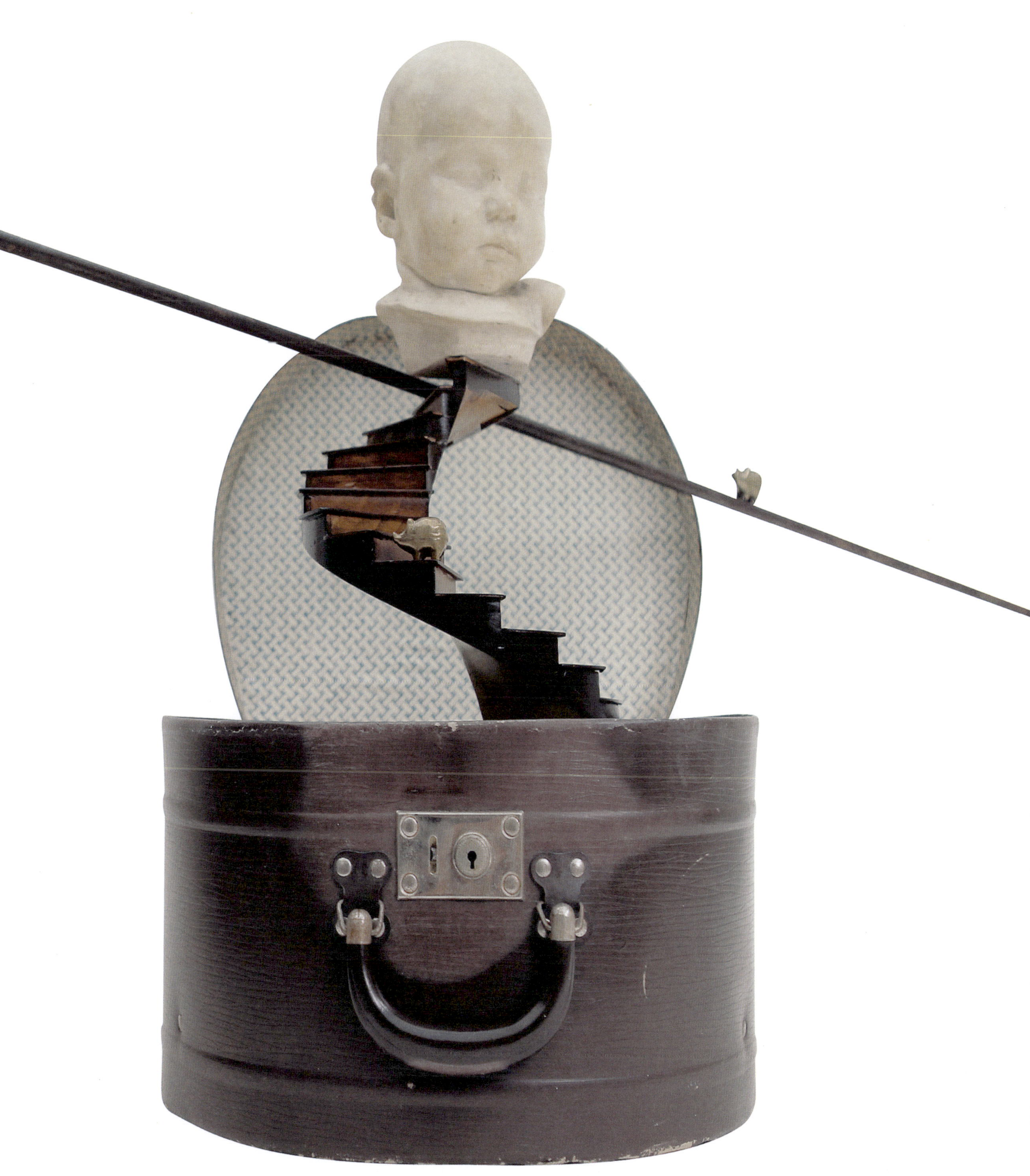

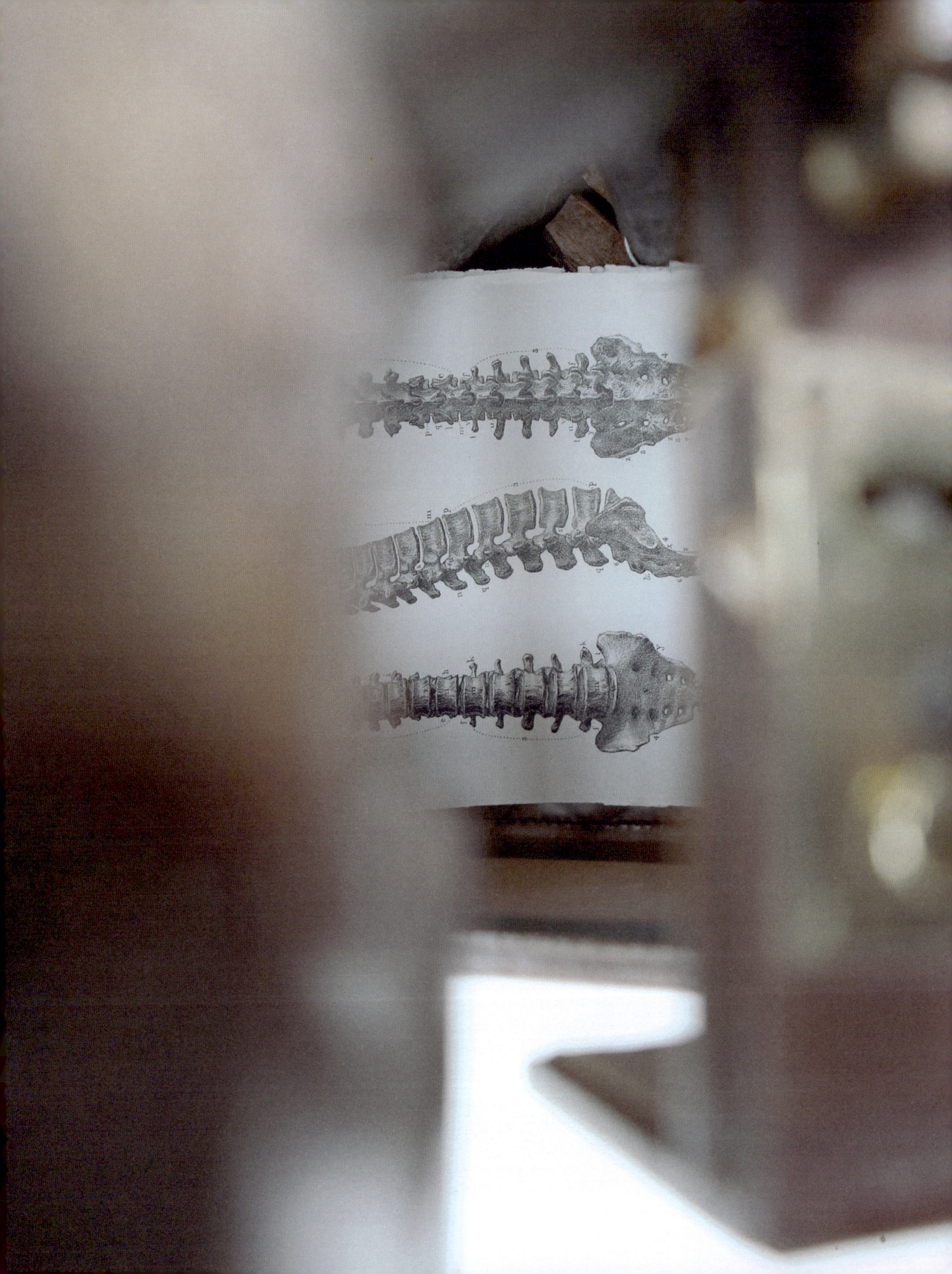

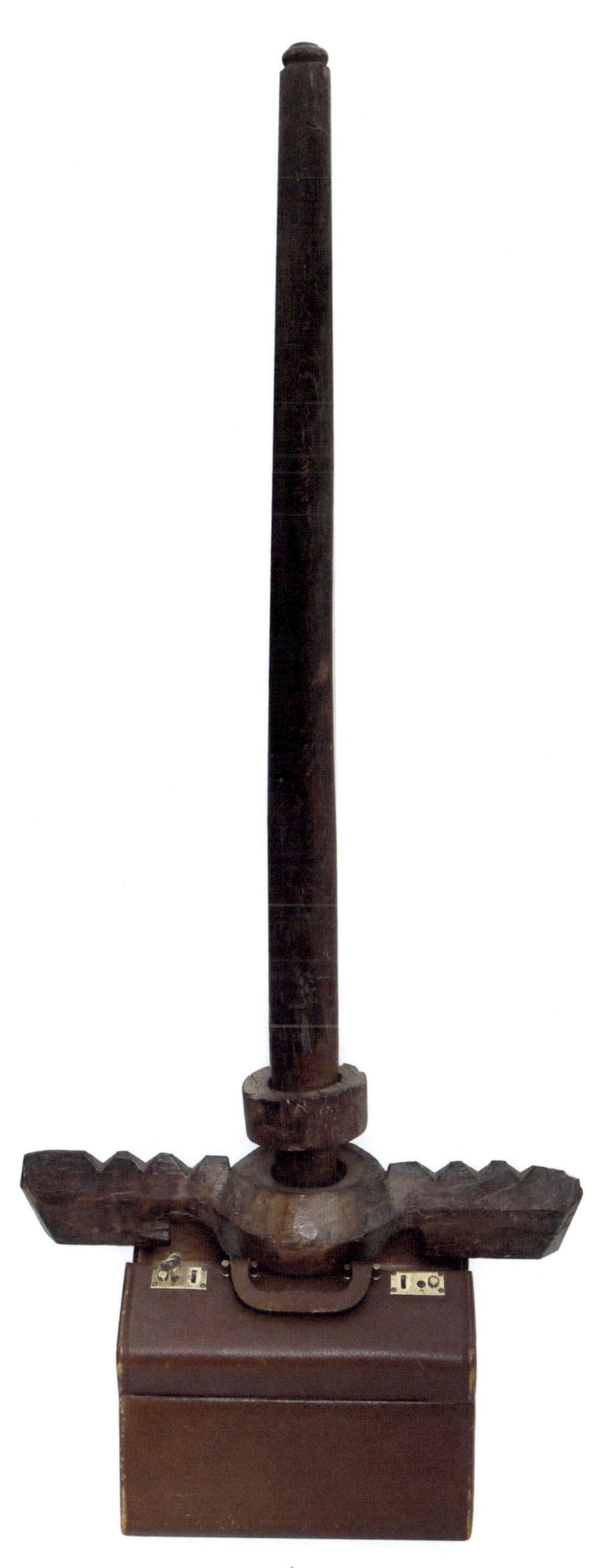

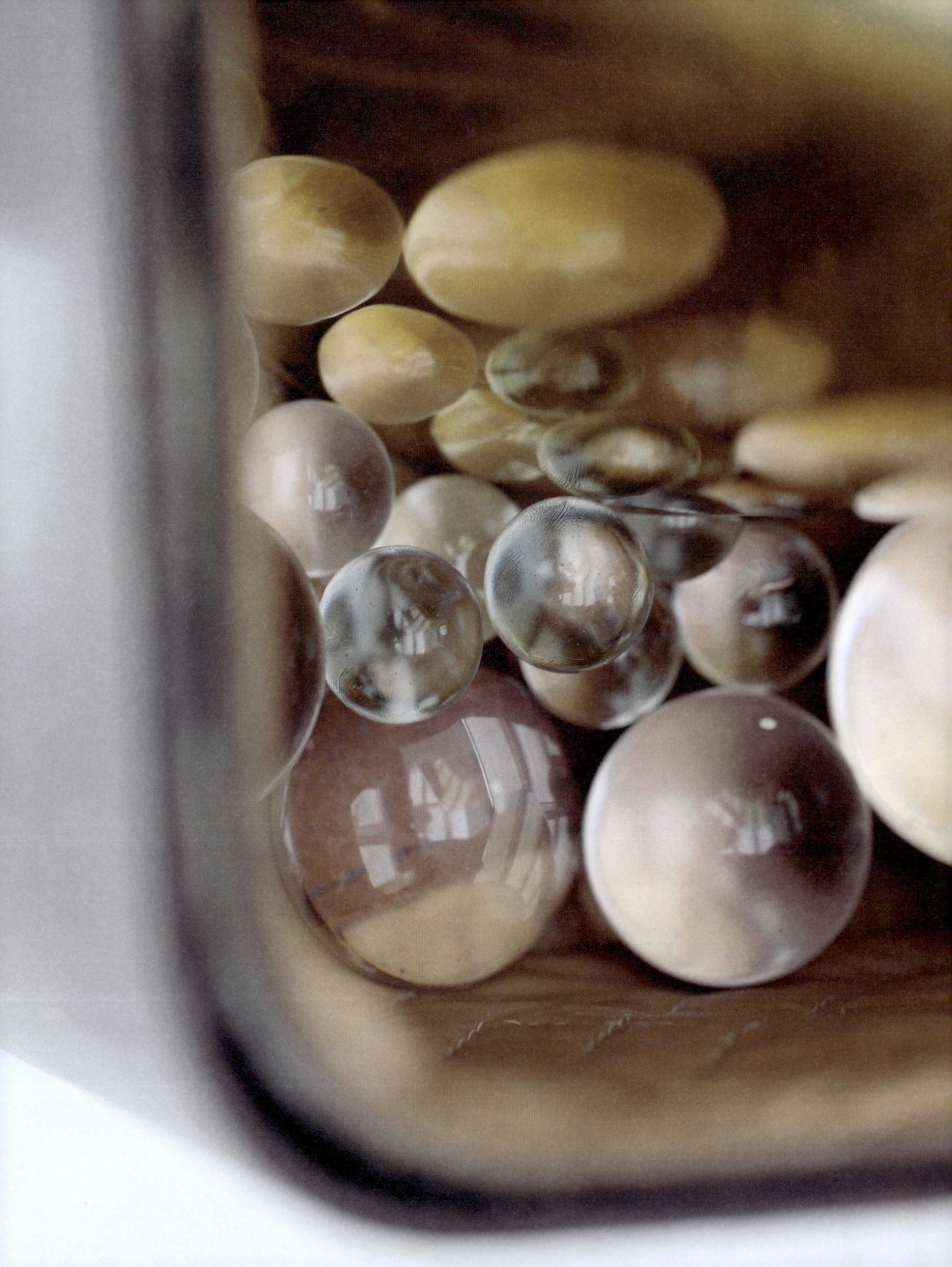

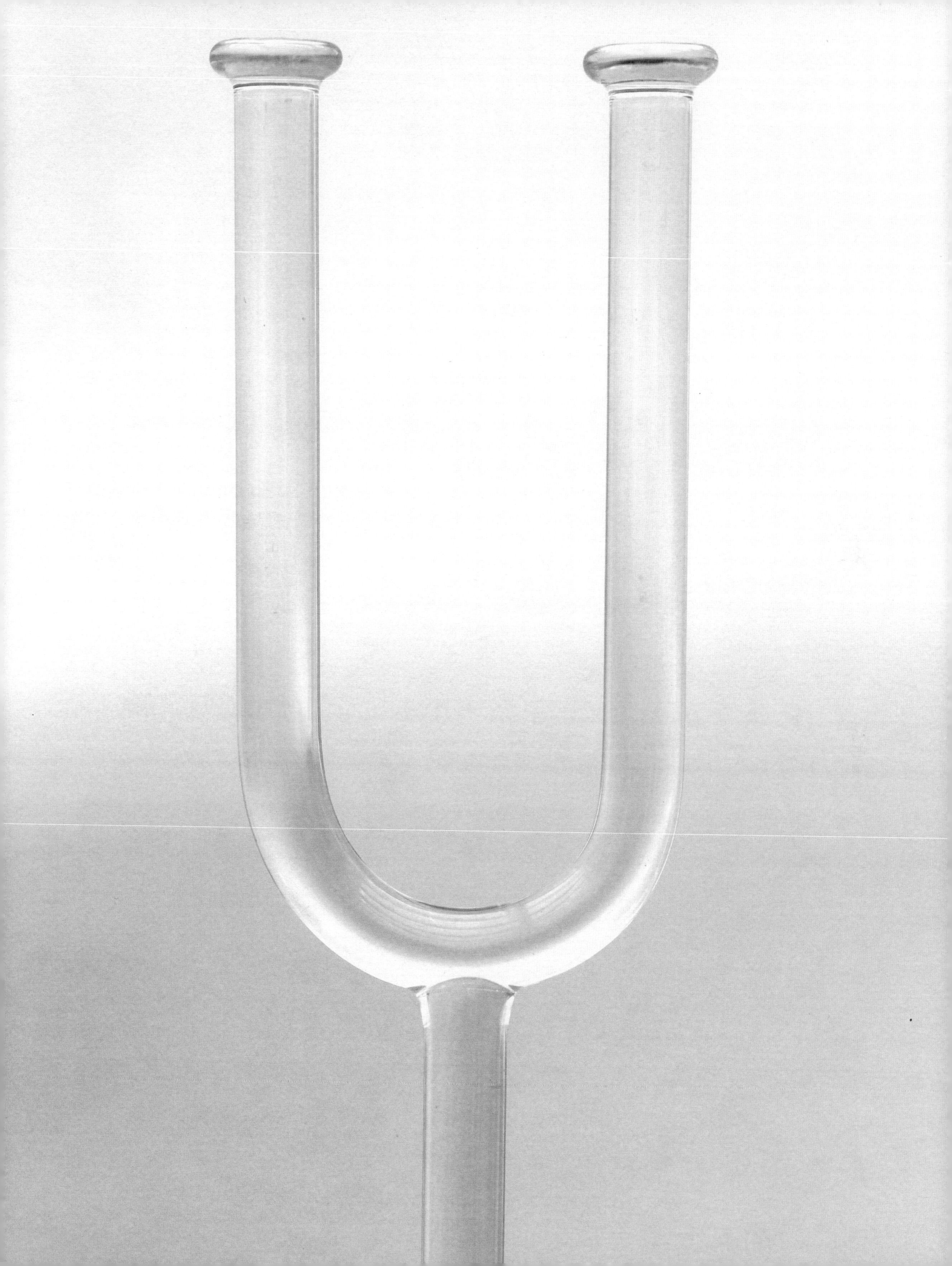

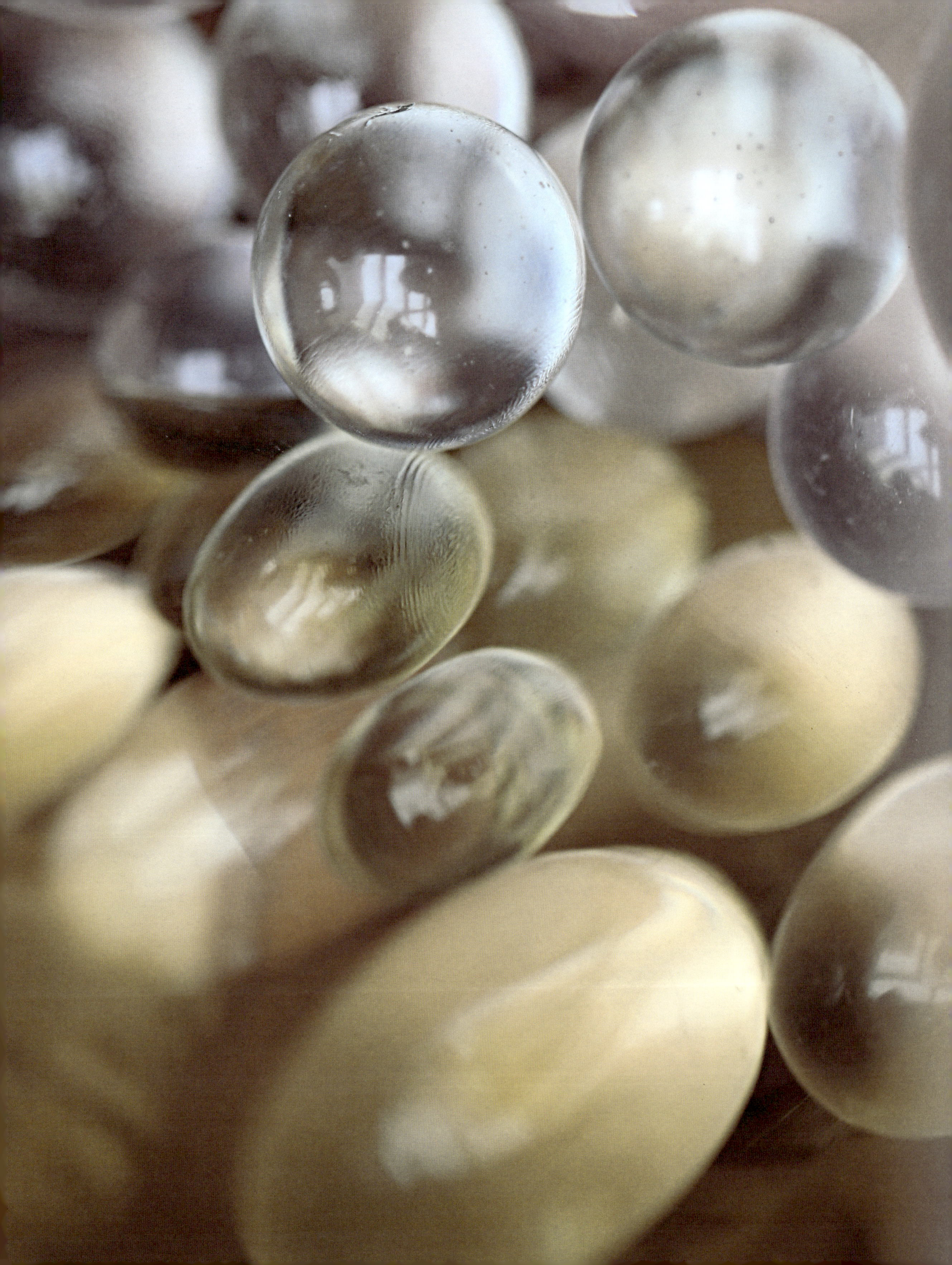

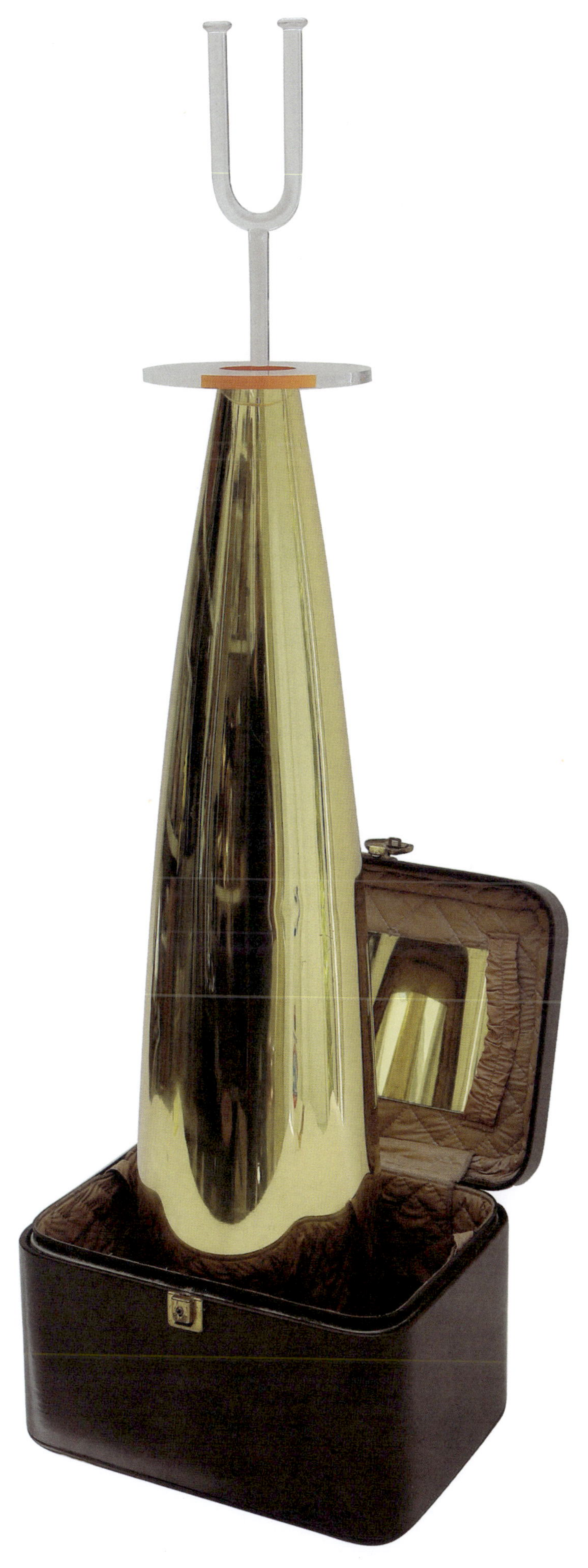

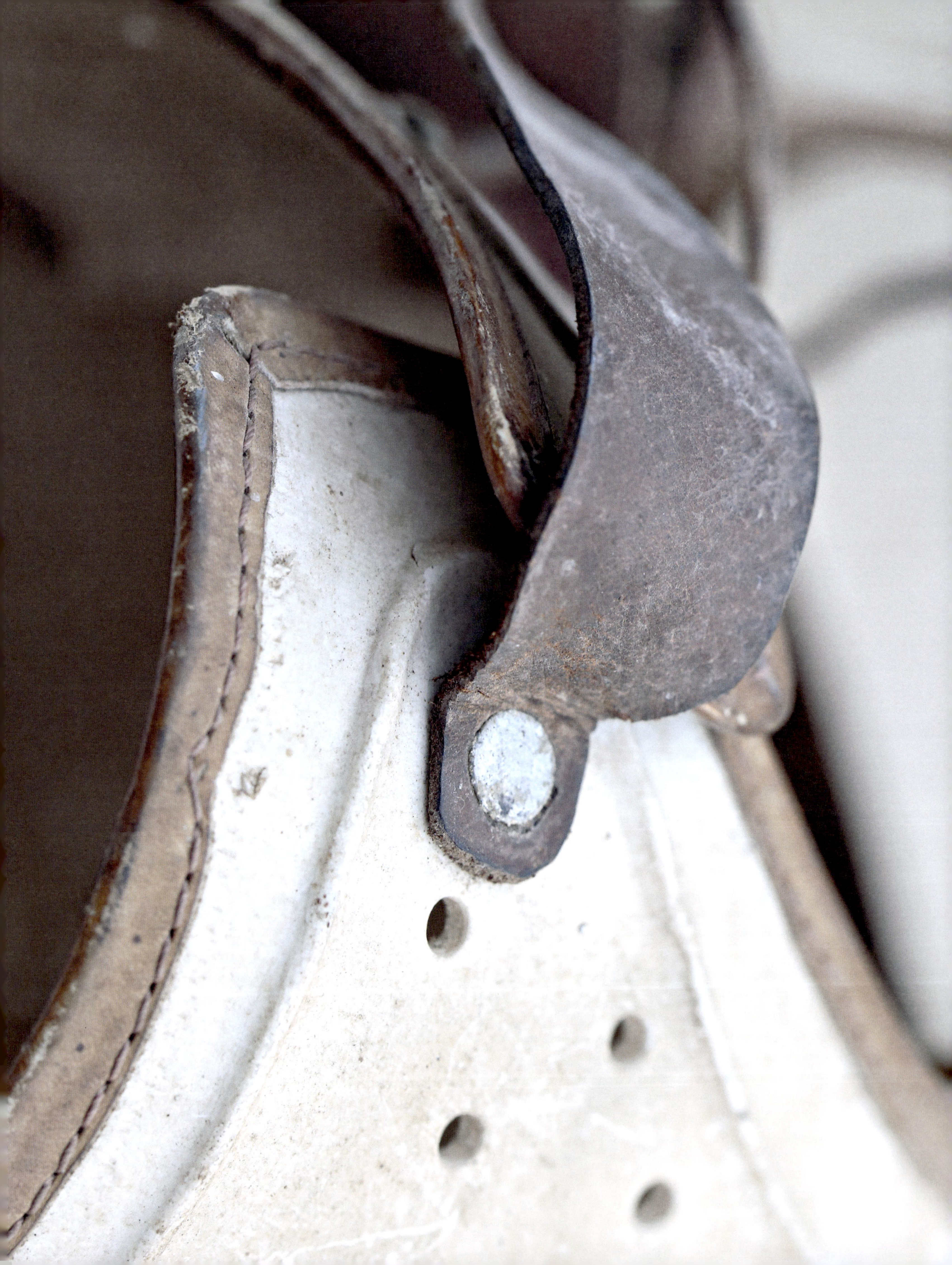

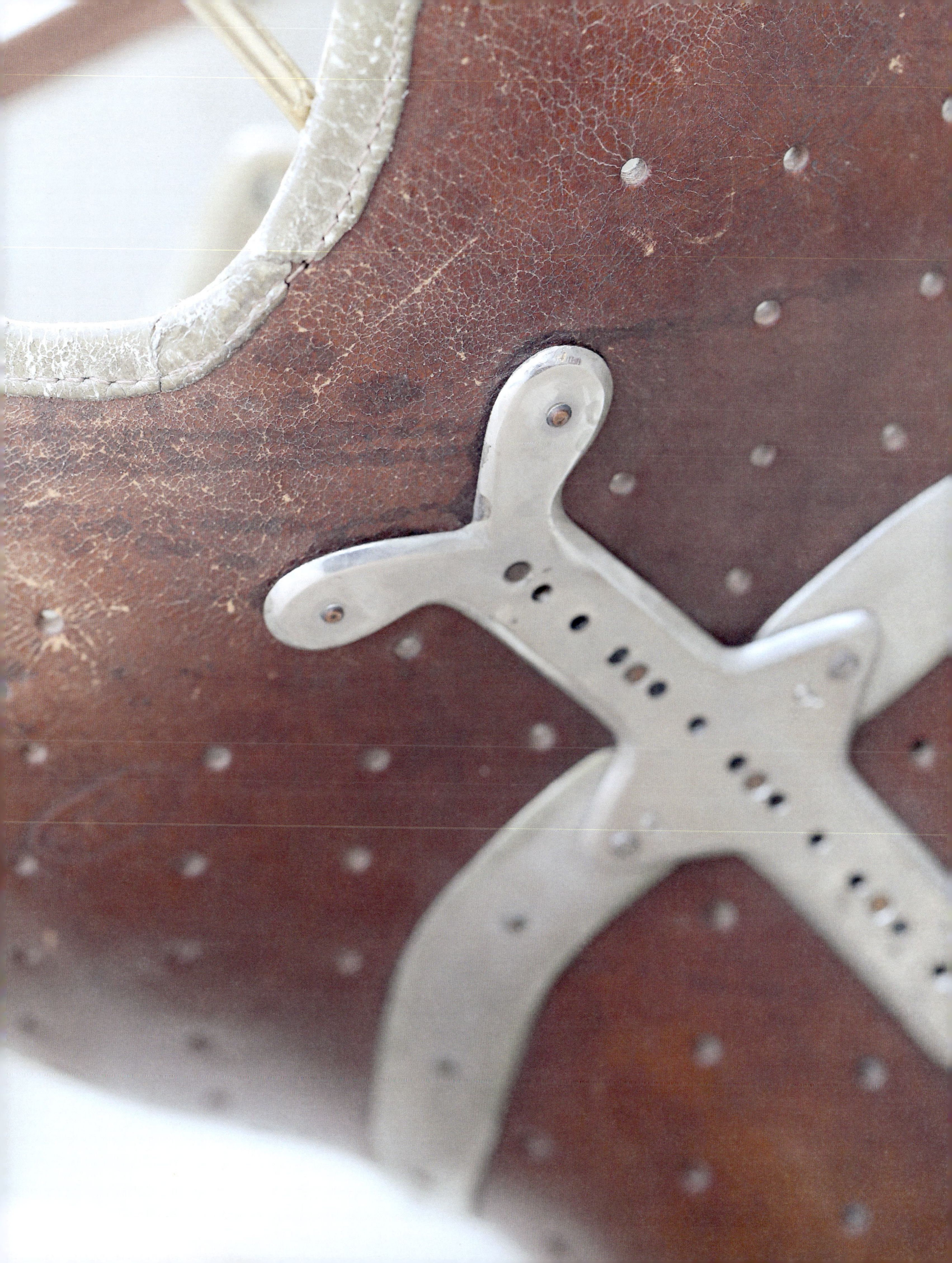

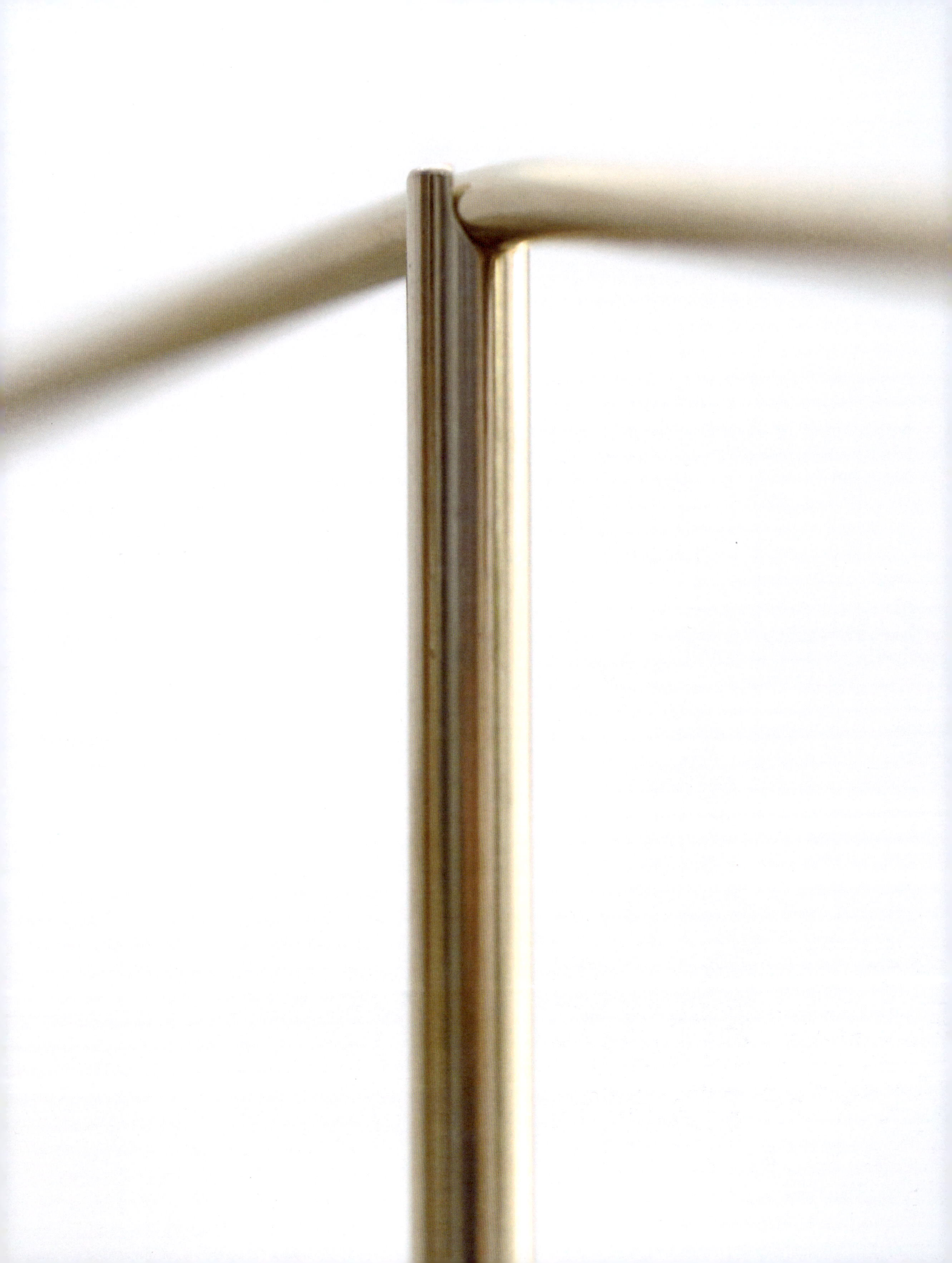

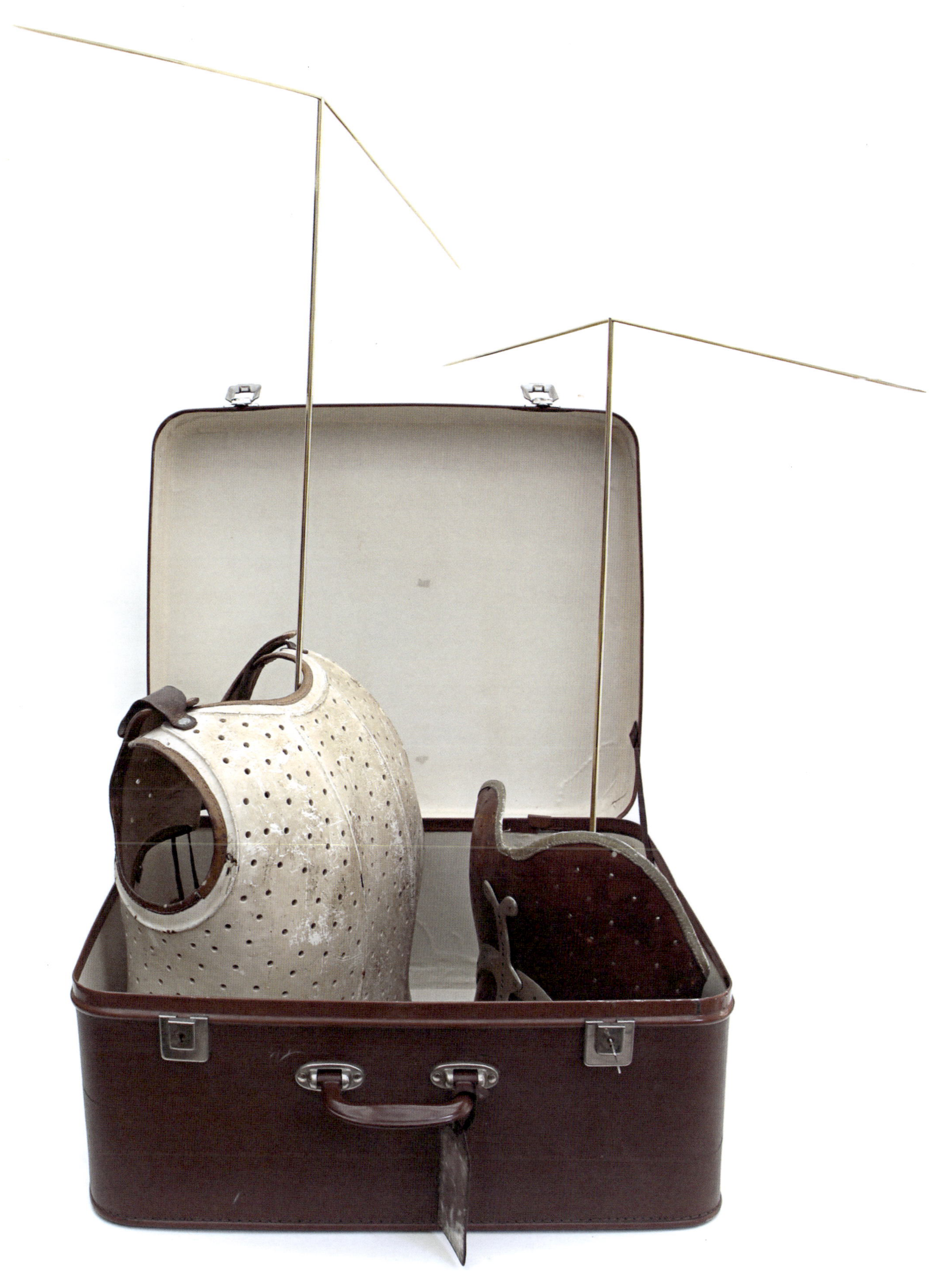

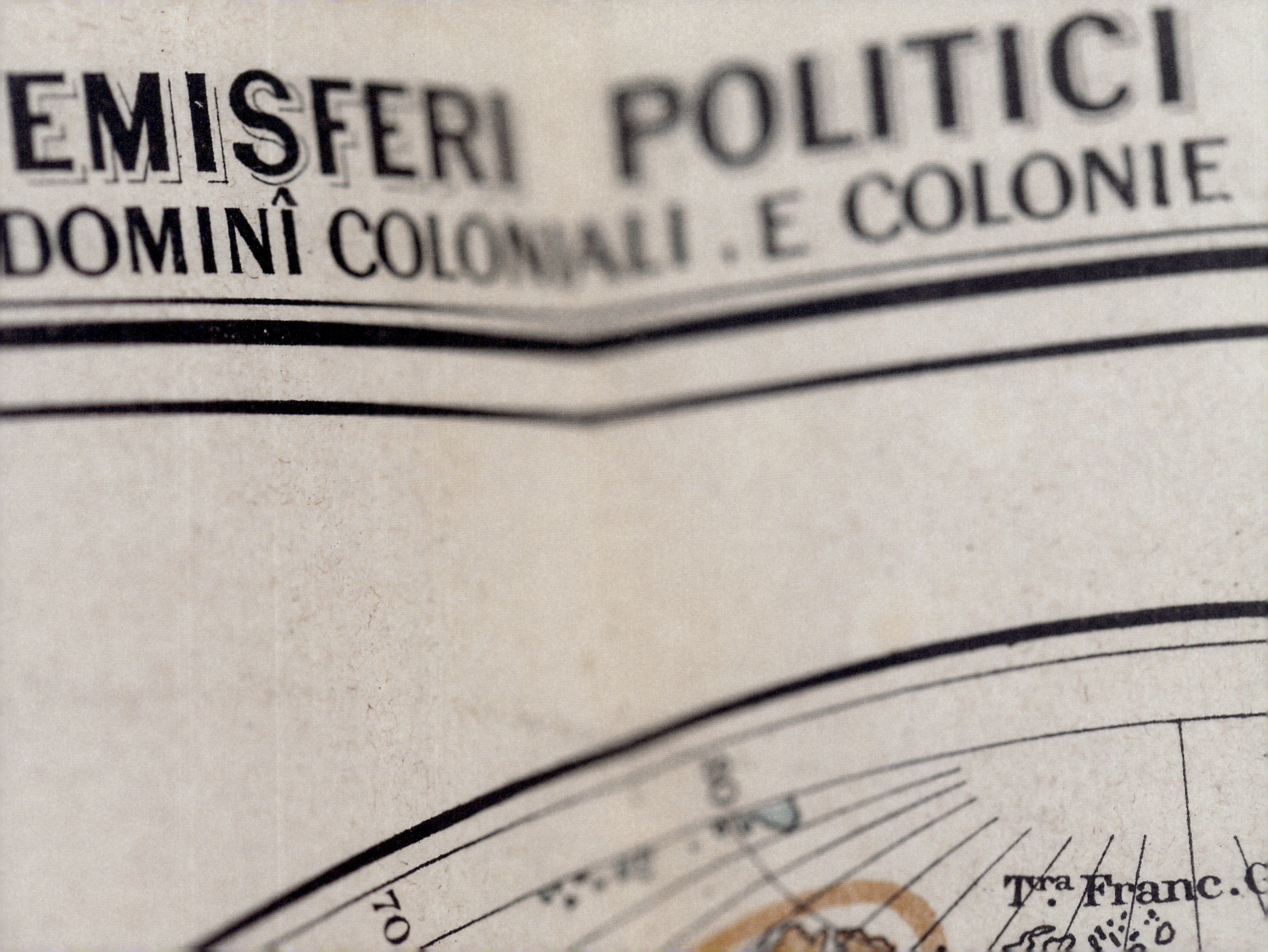
EMISFERI POLITICI
DOMINÎ COLONIALI . E COLONIE
Tra Franc.
70

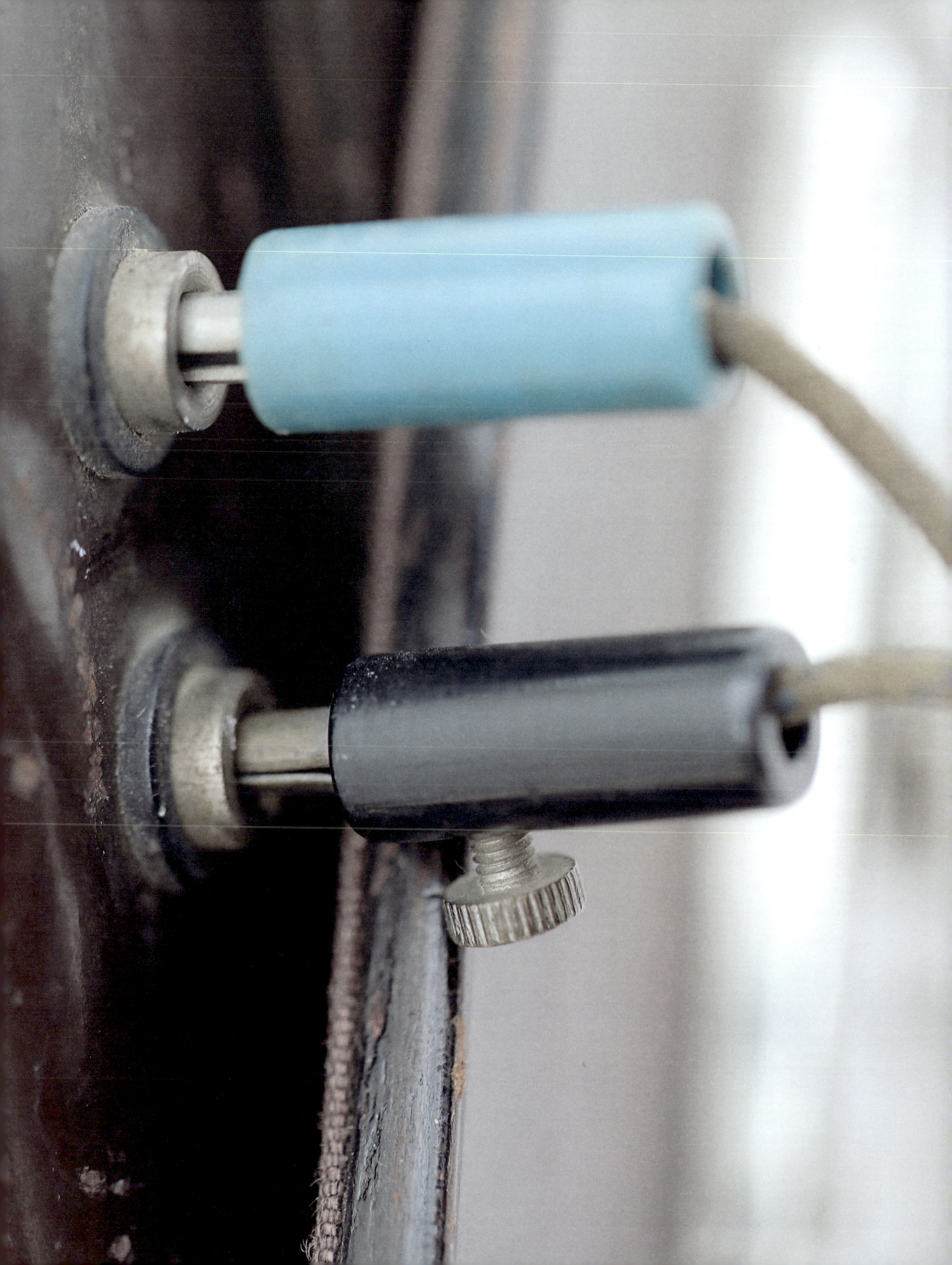

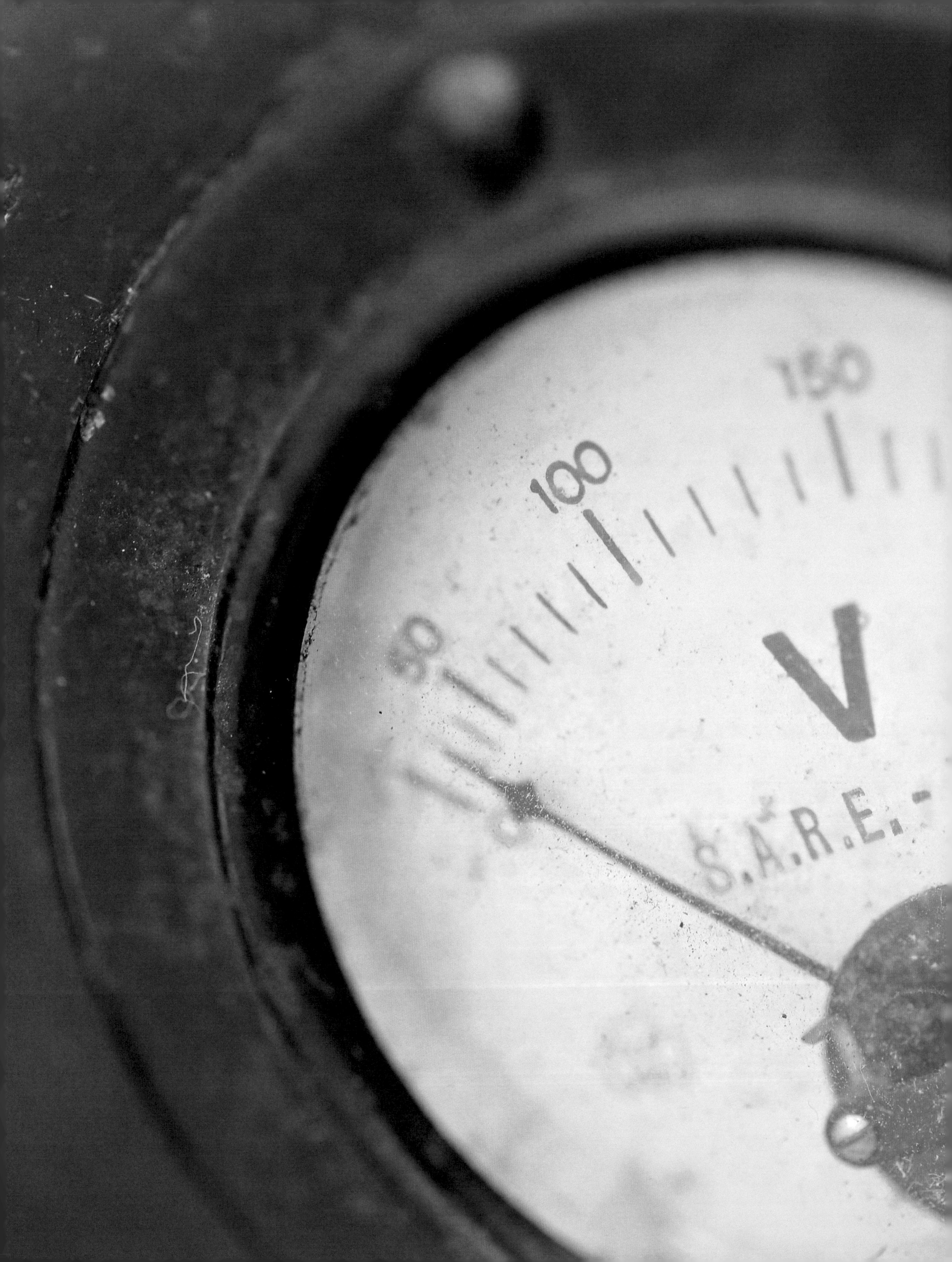

50
100
150
V
S.A.R.E.

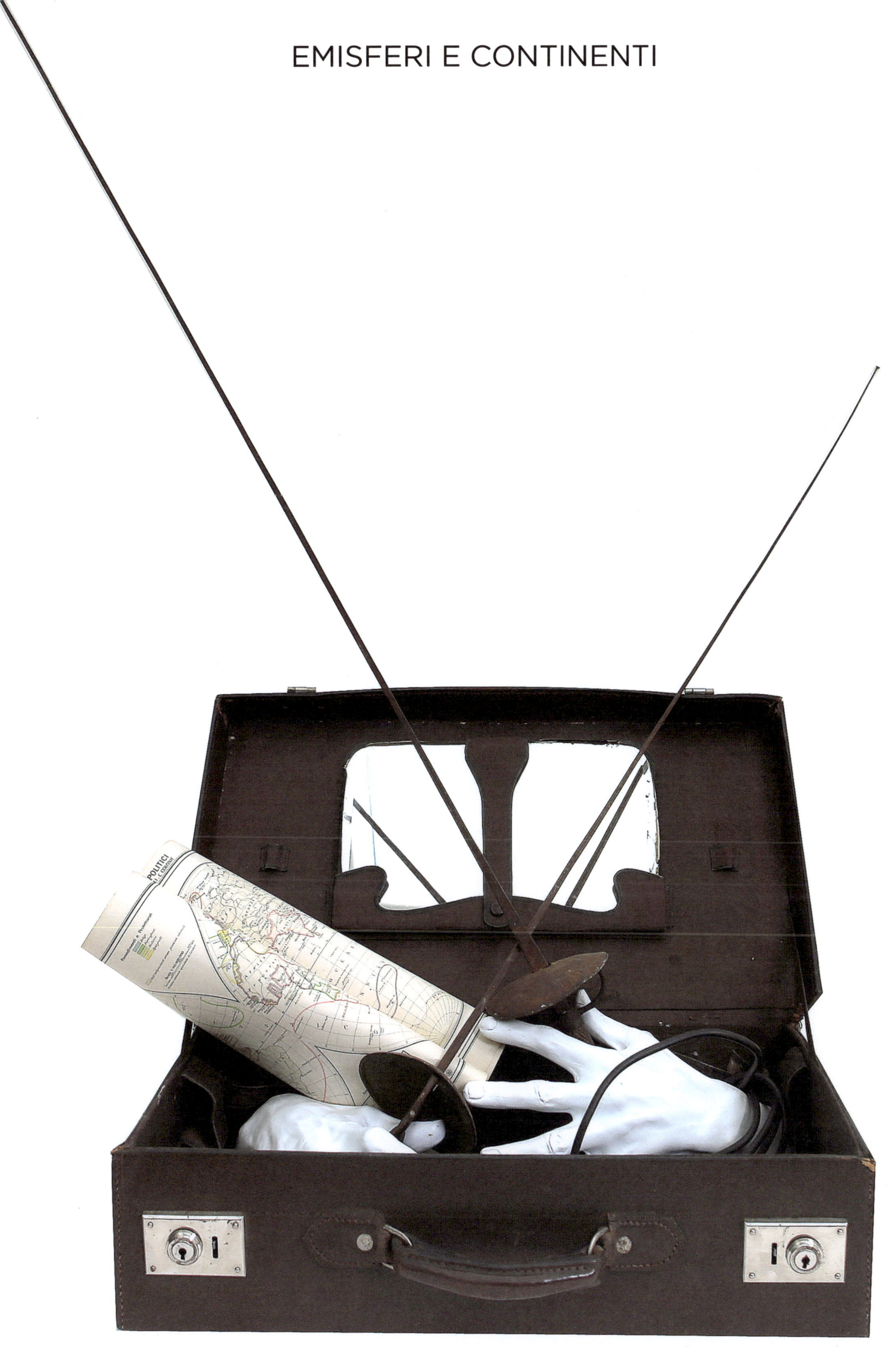
POLITICI
E GENERALI

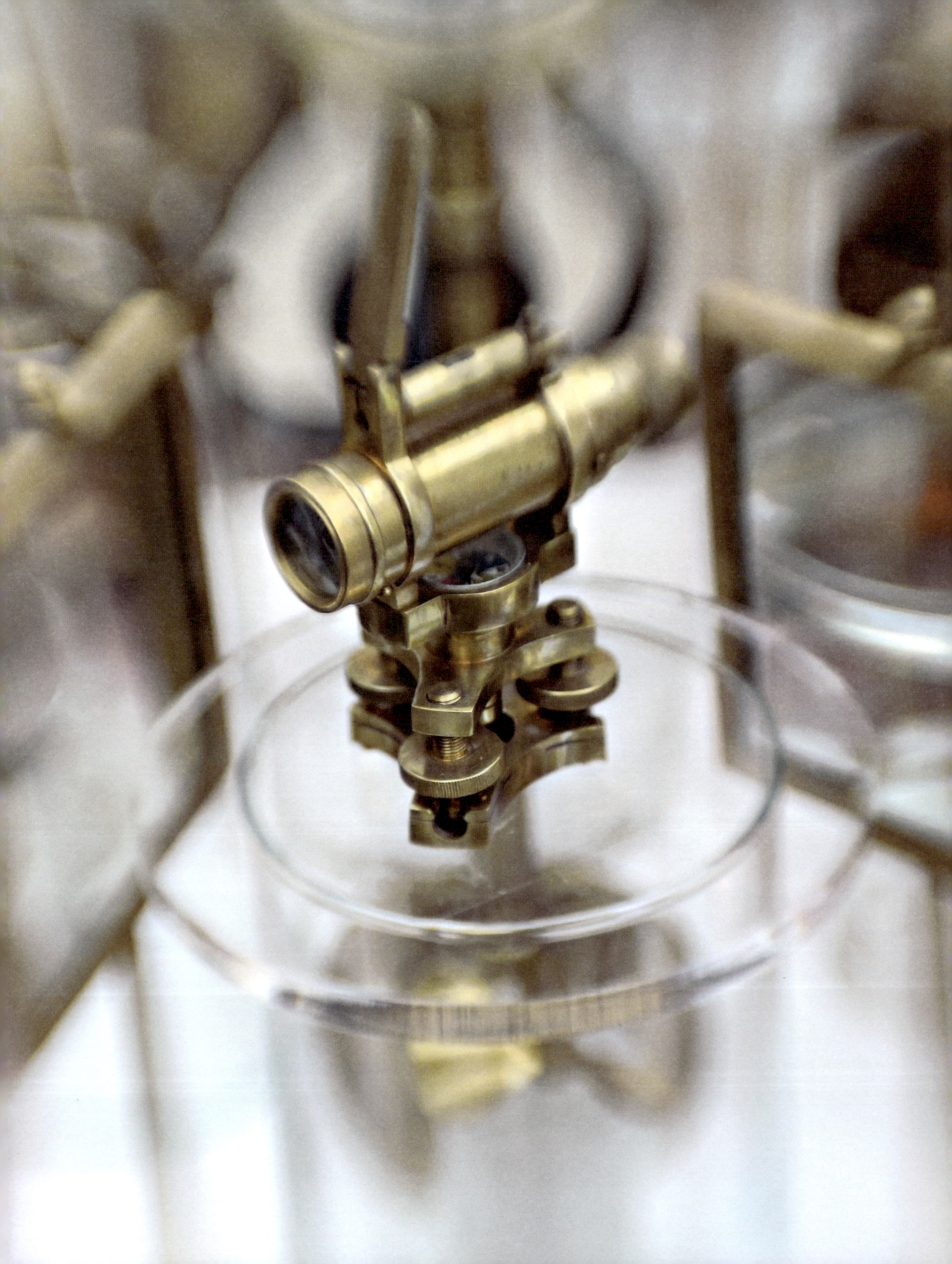

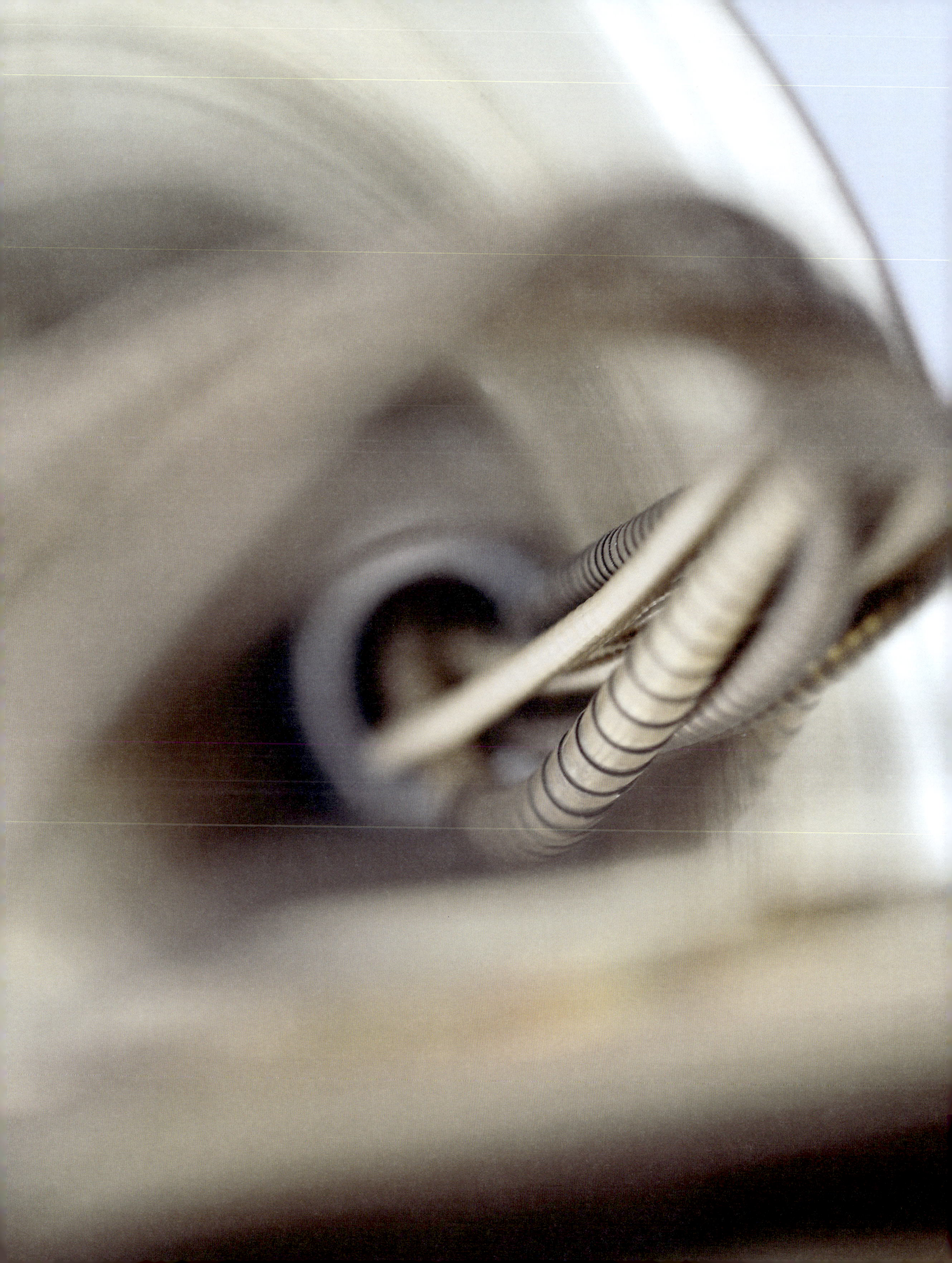

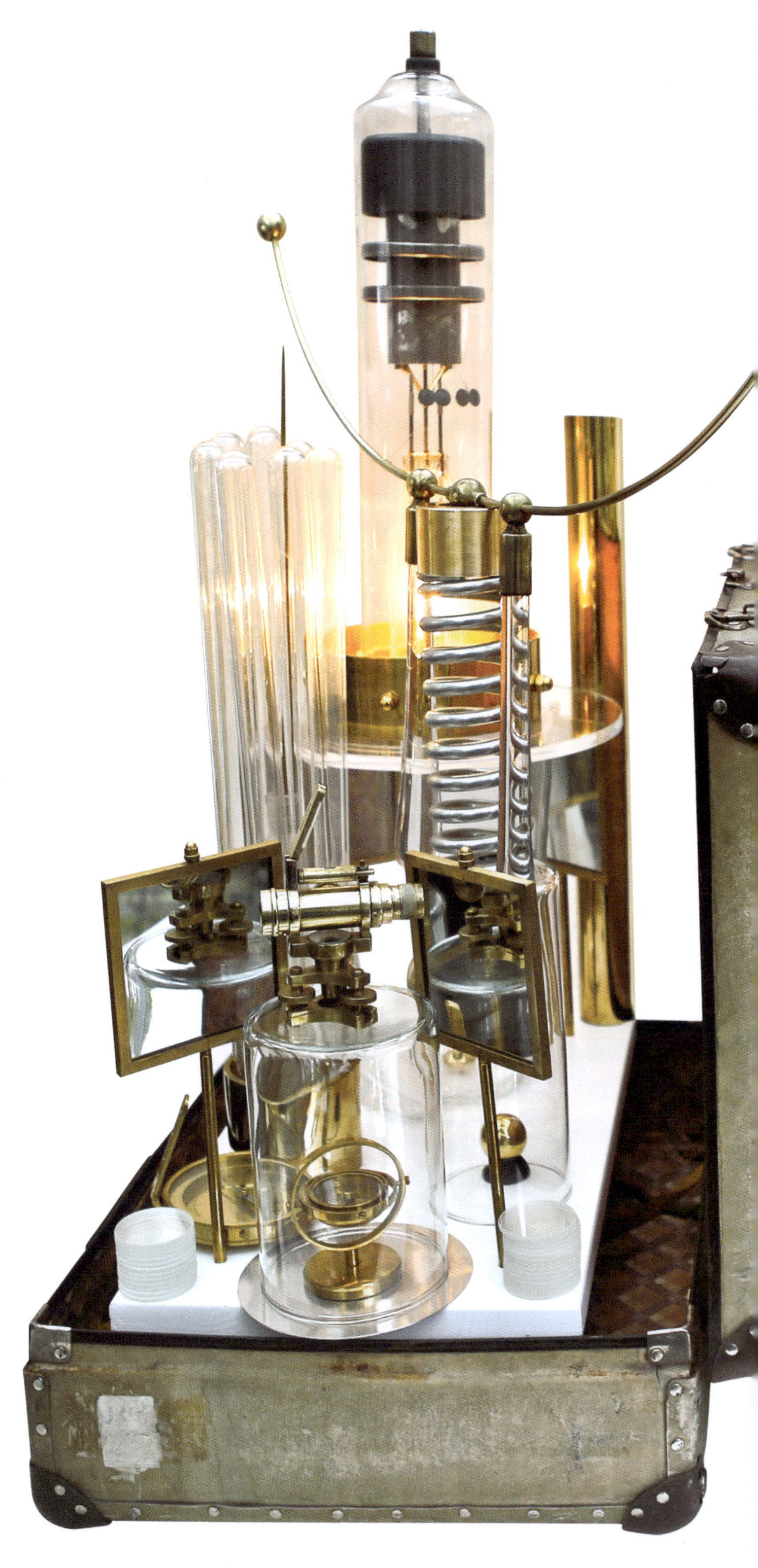

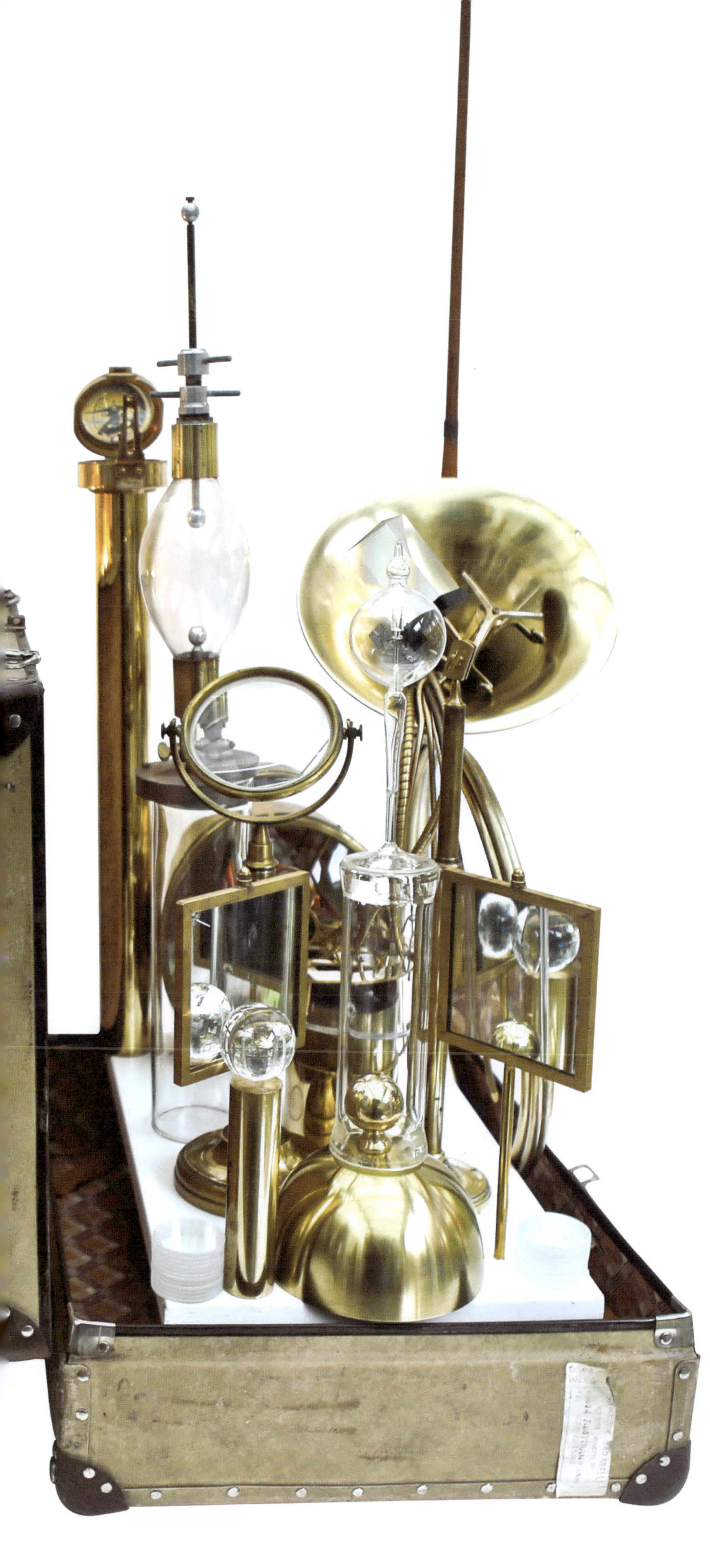

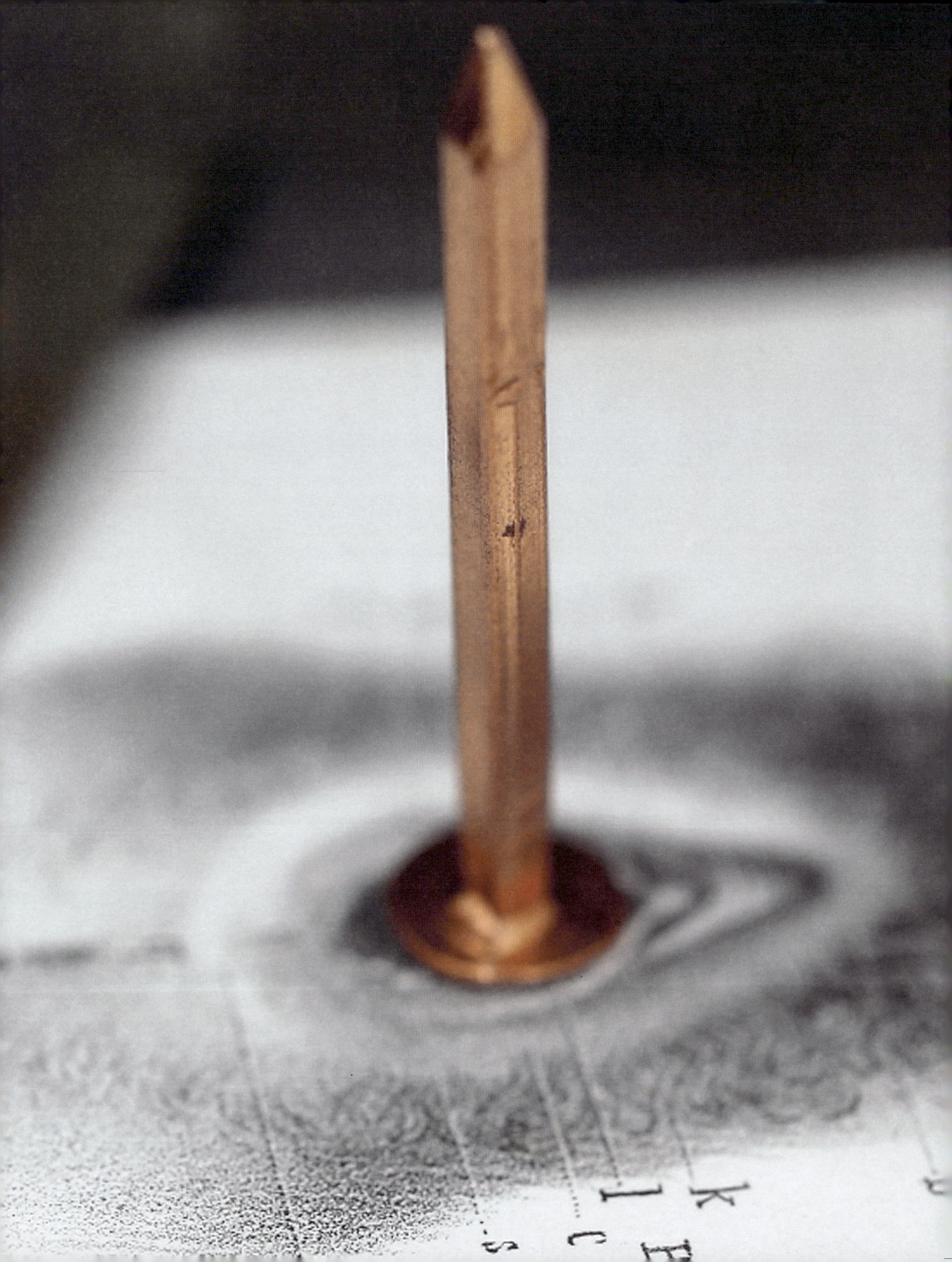

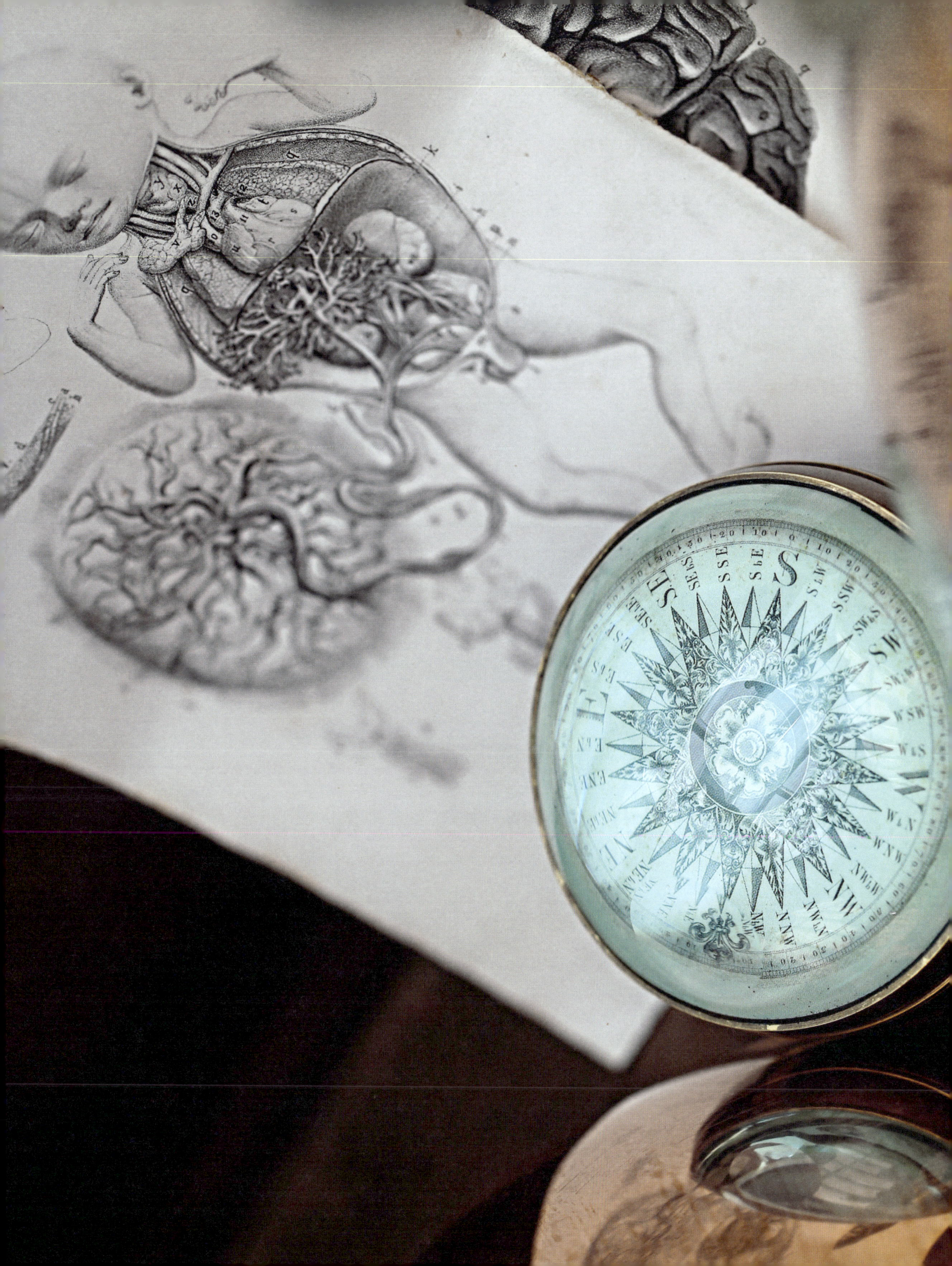

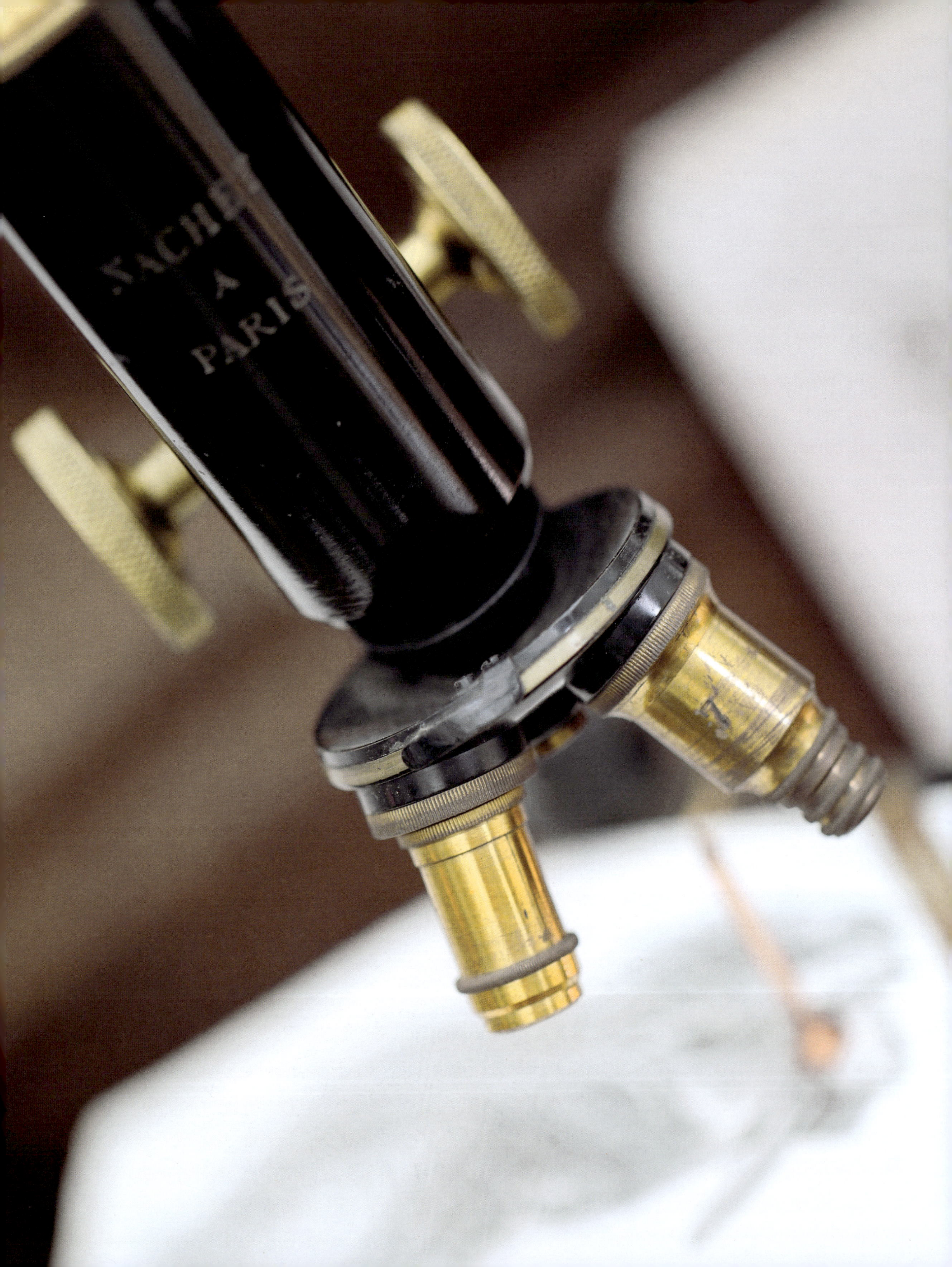

NACHET
À
PARIS

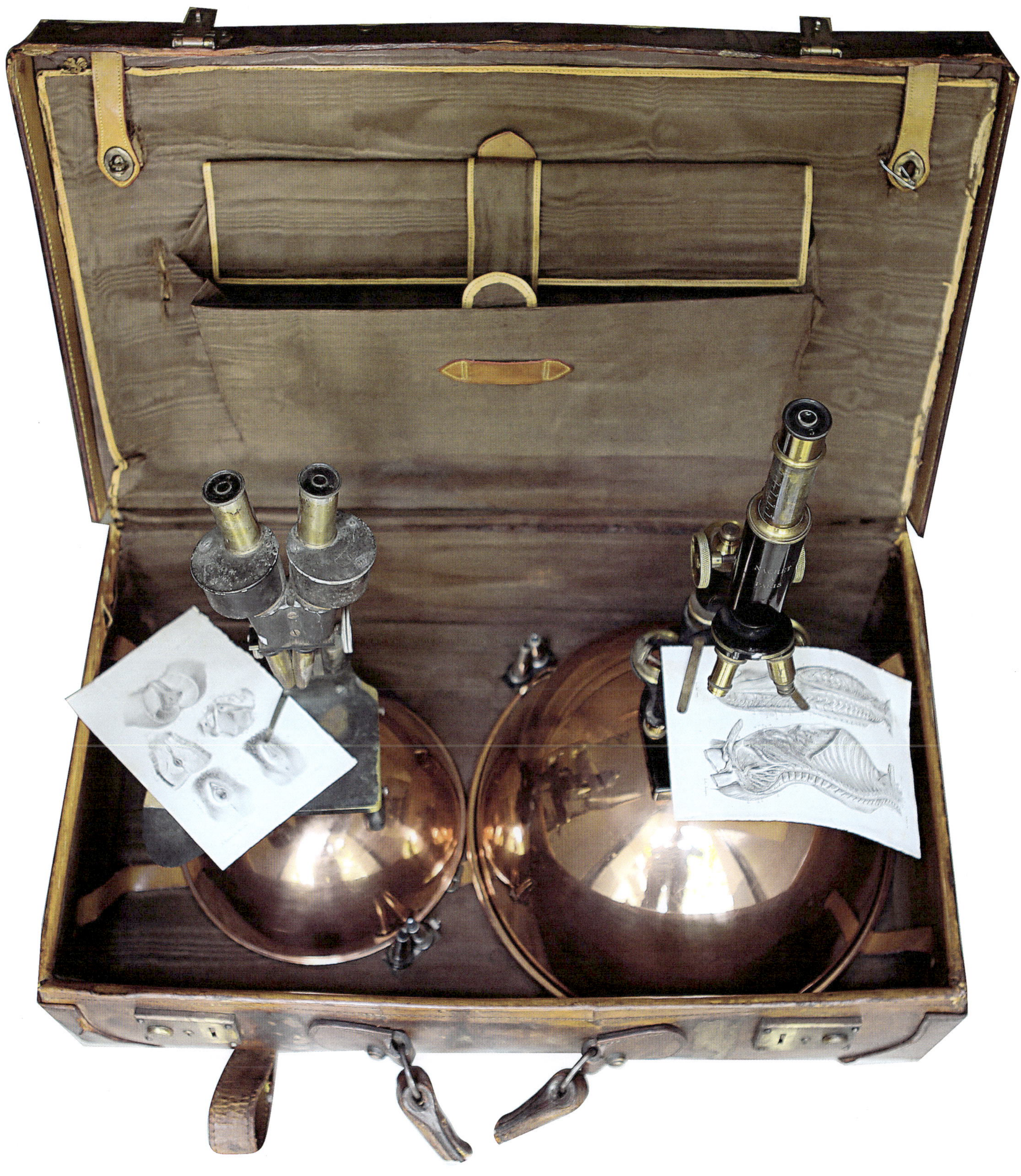

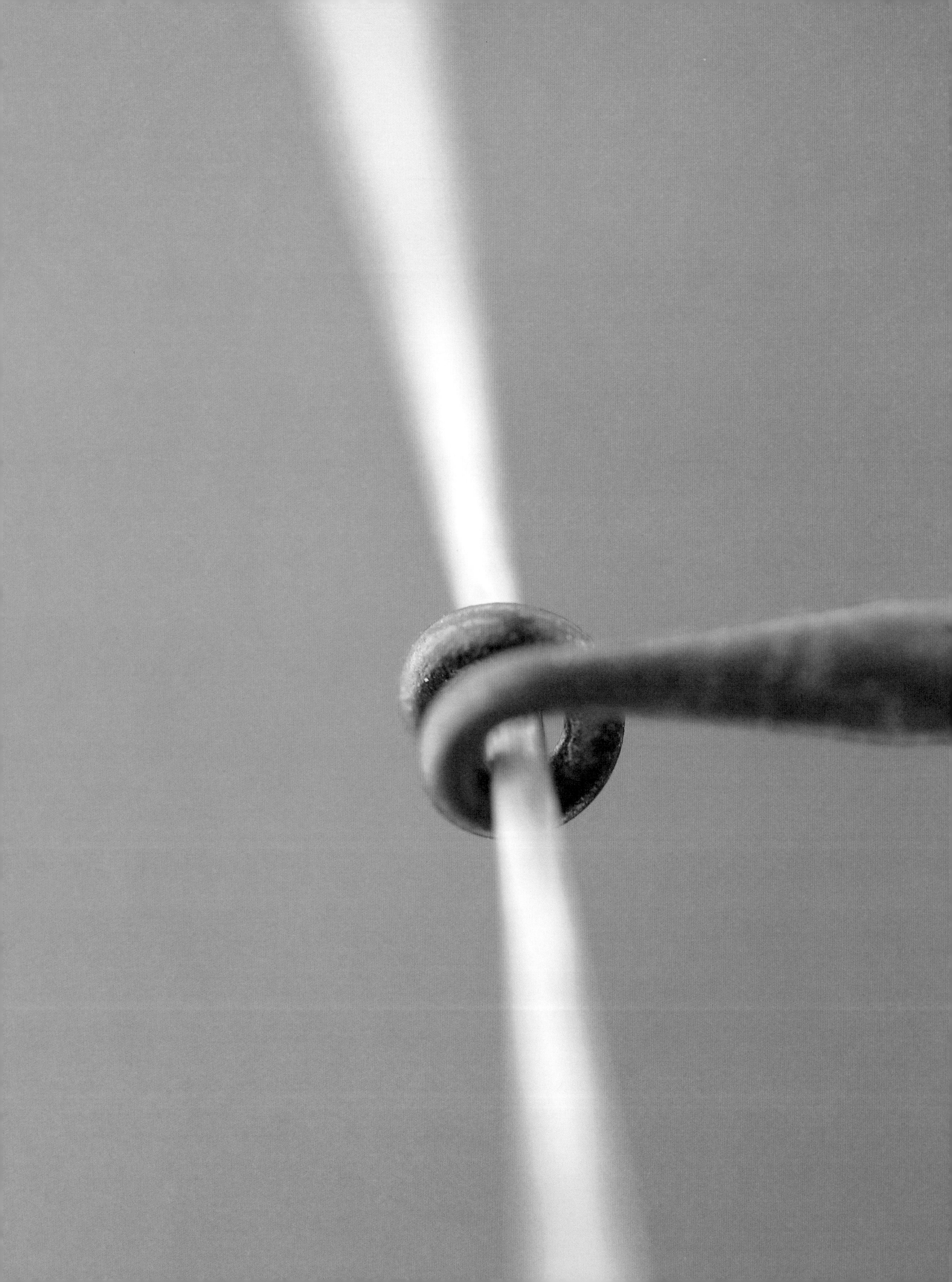

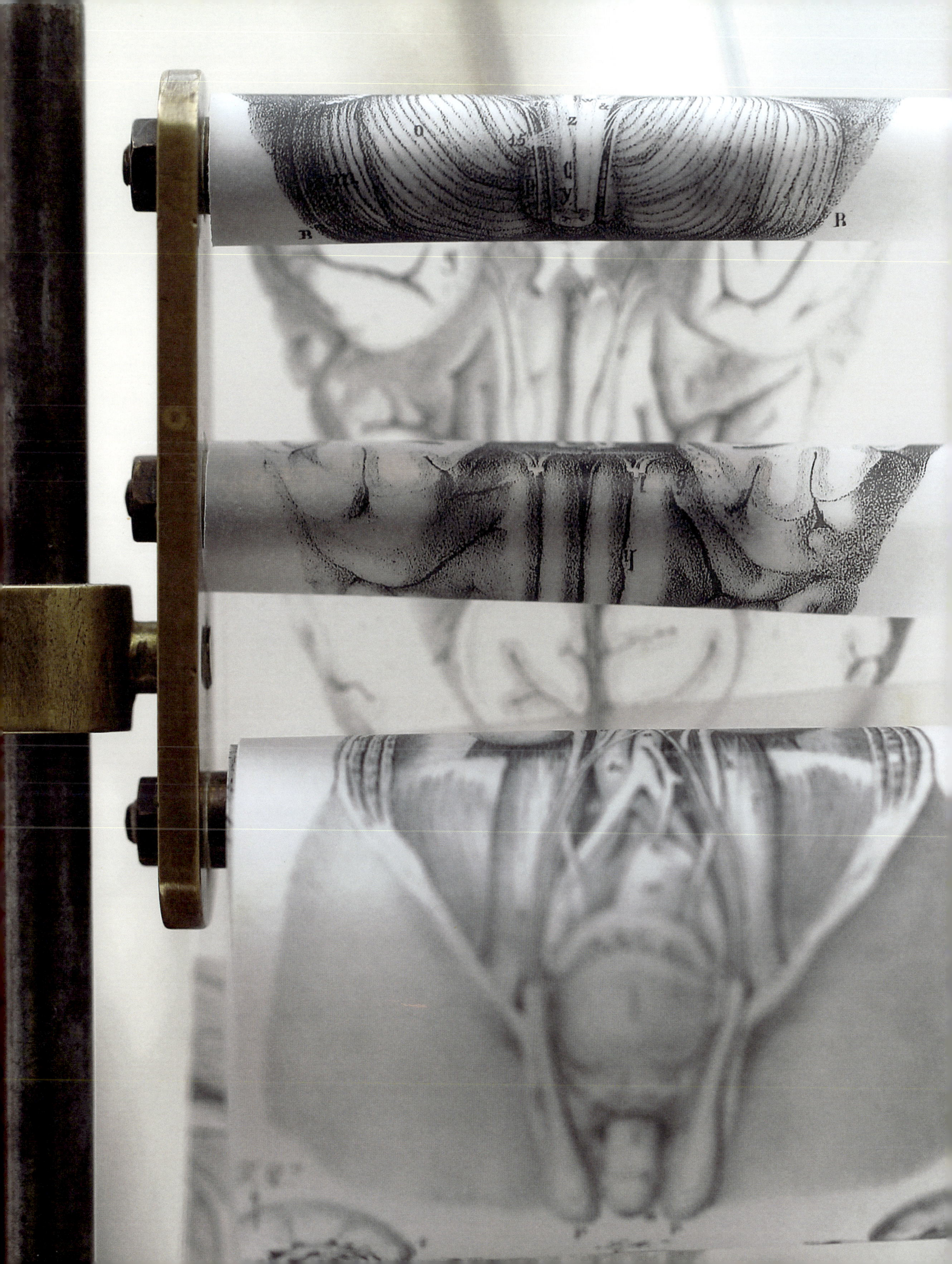

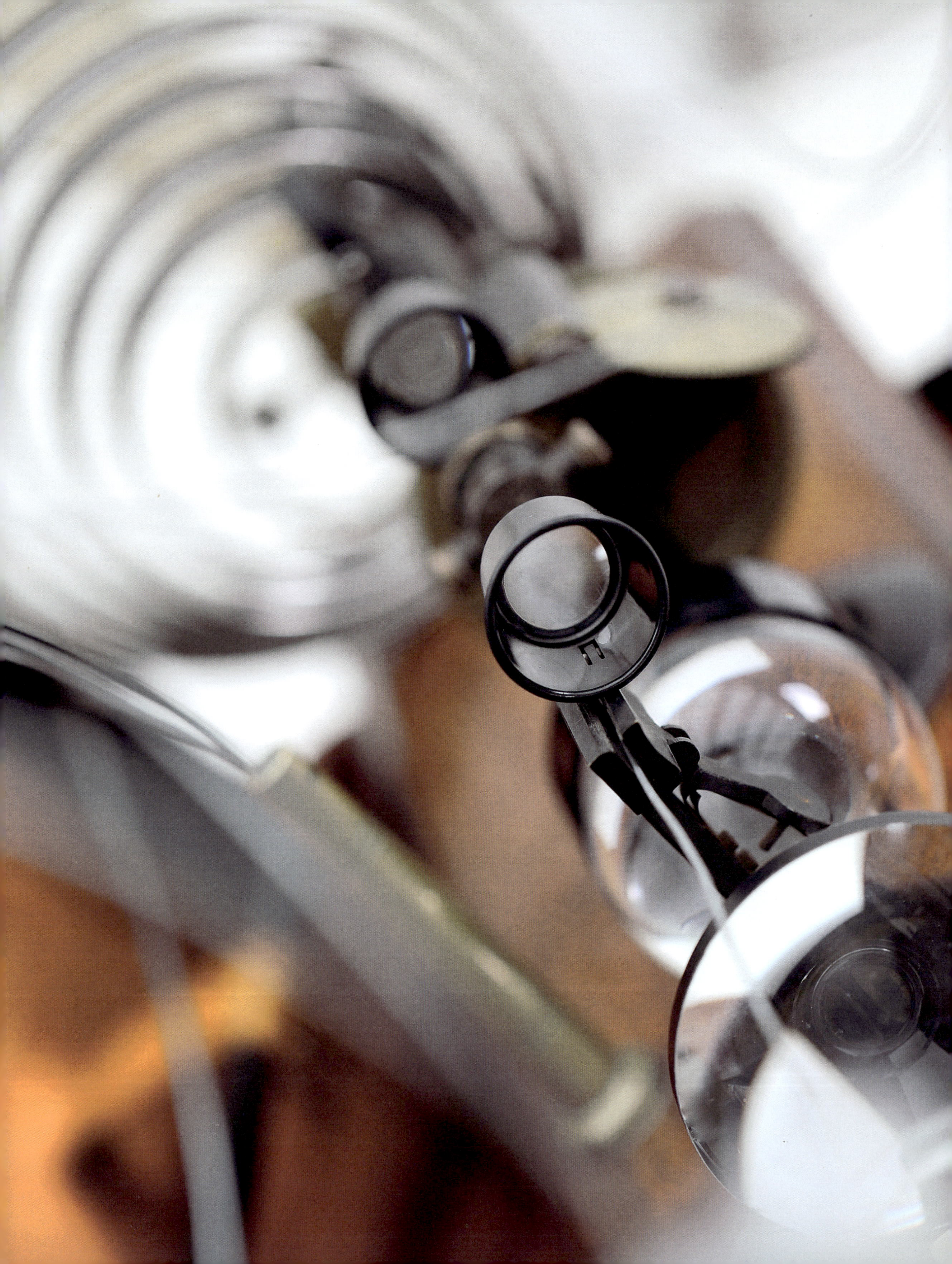

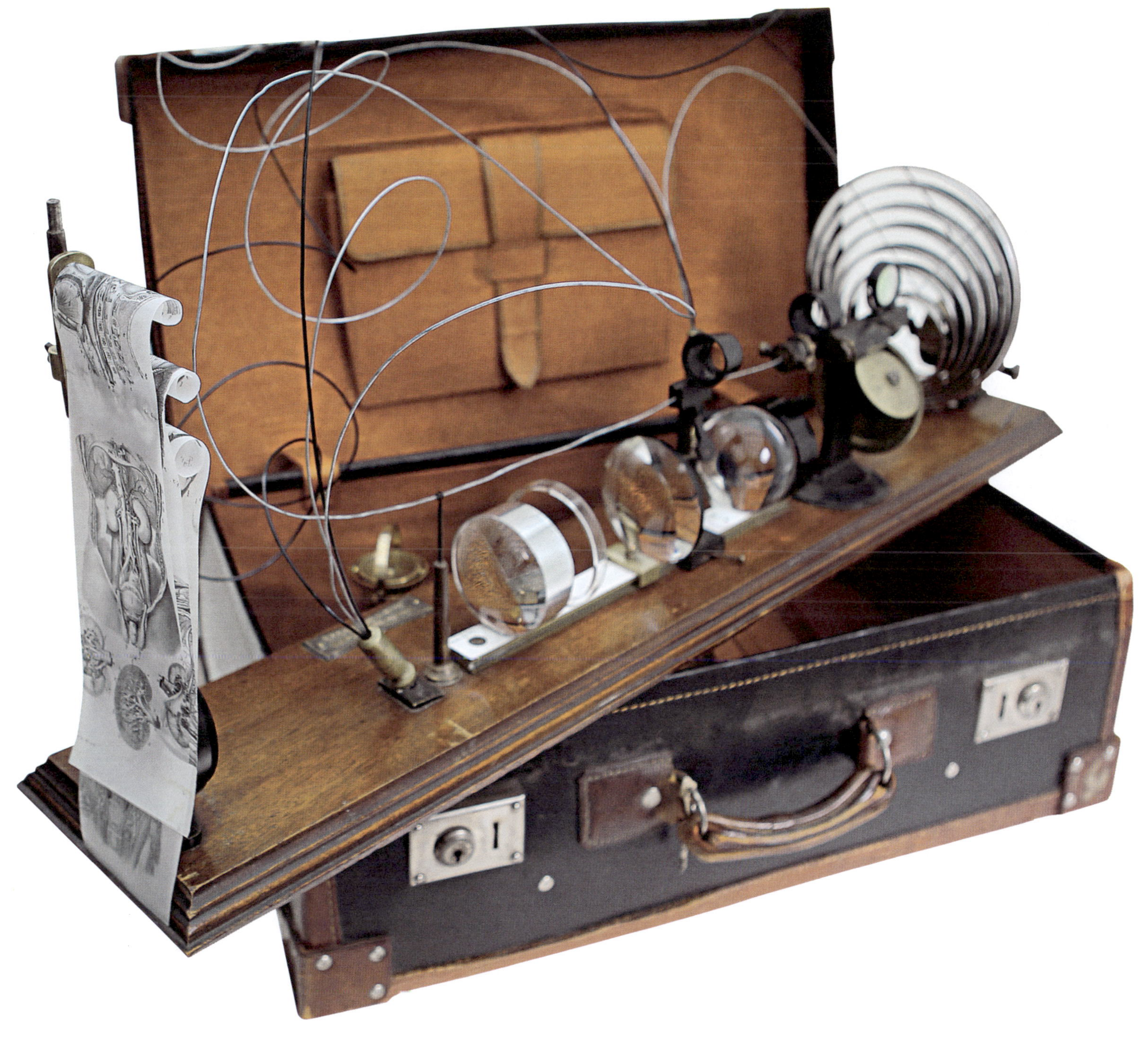

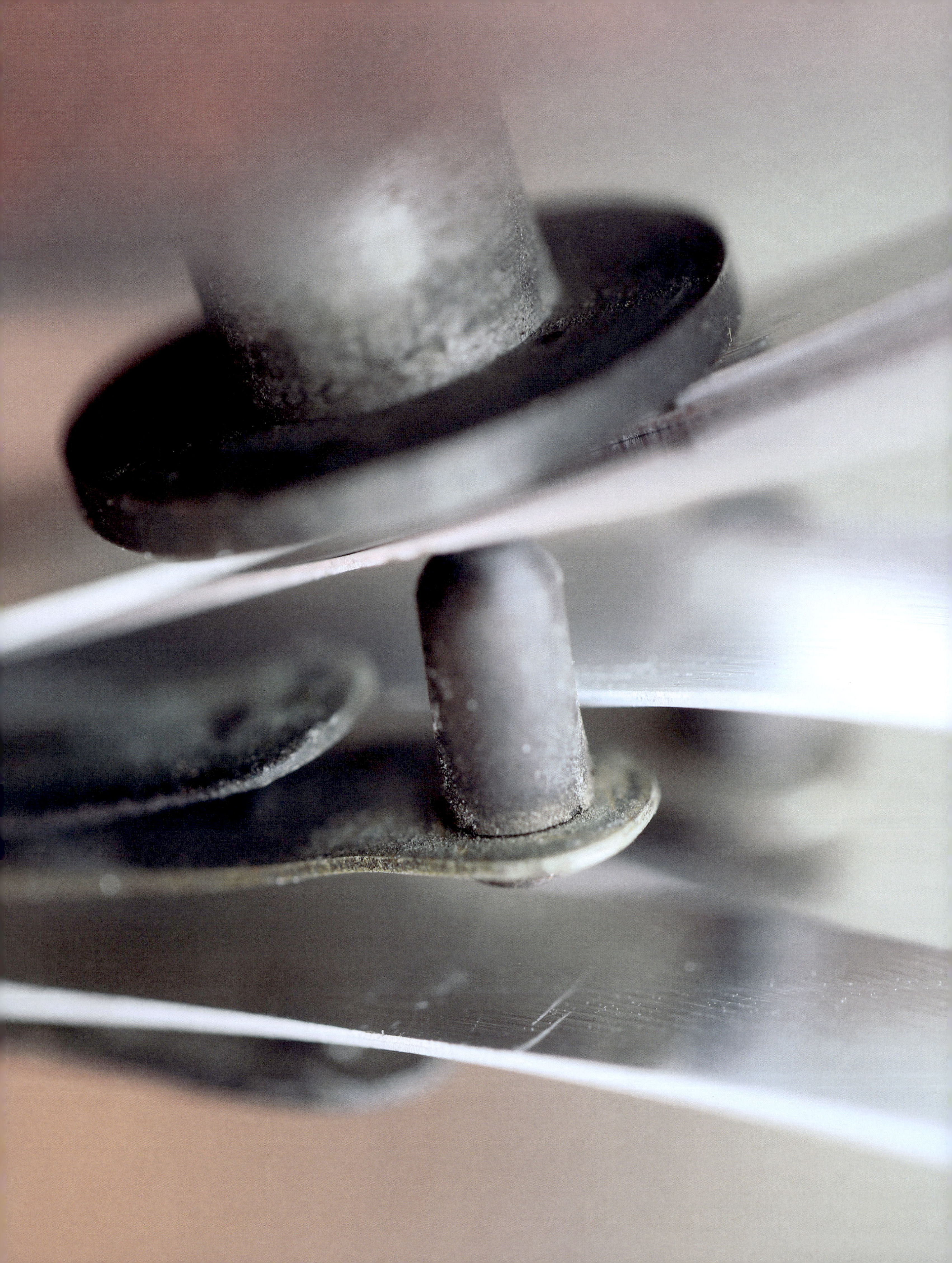

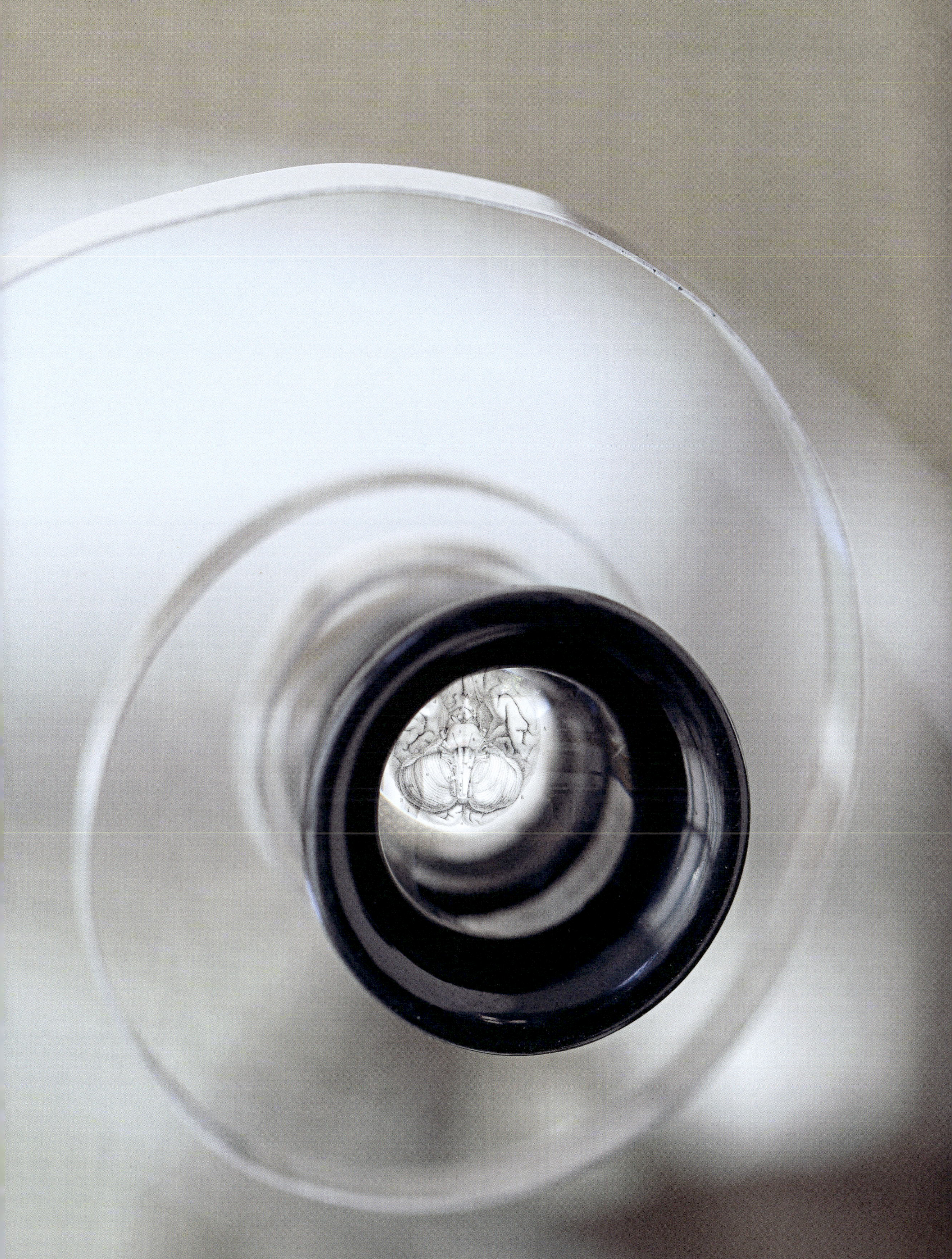

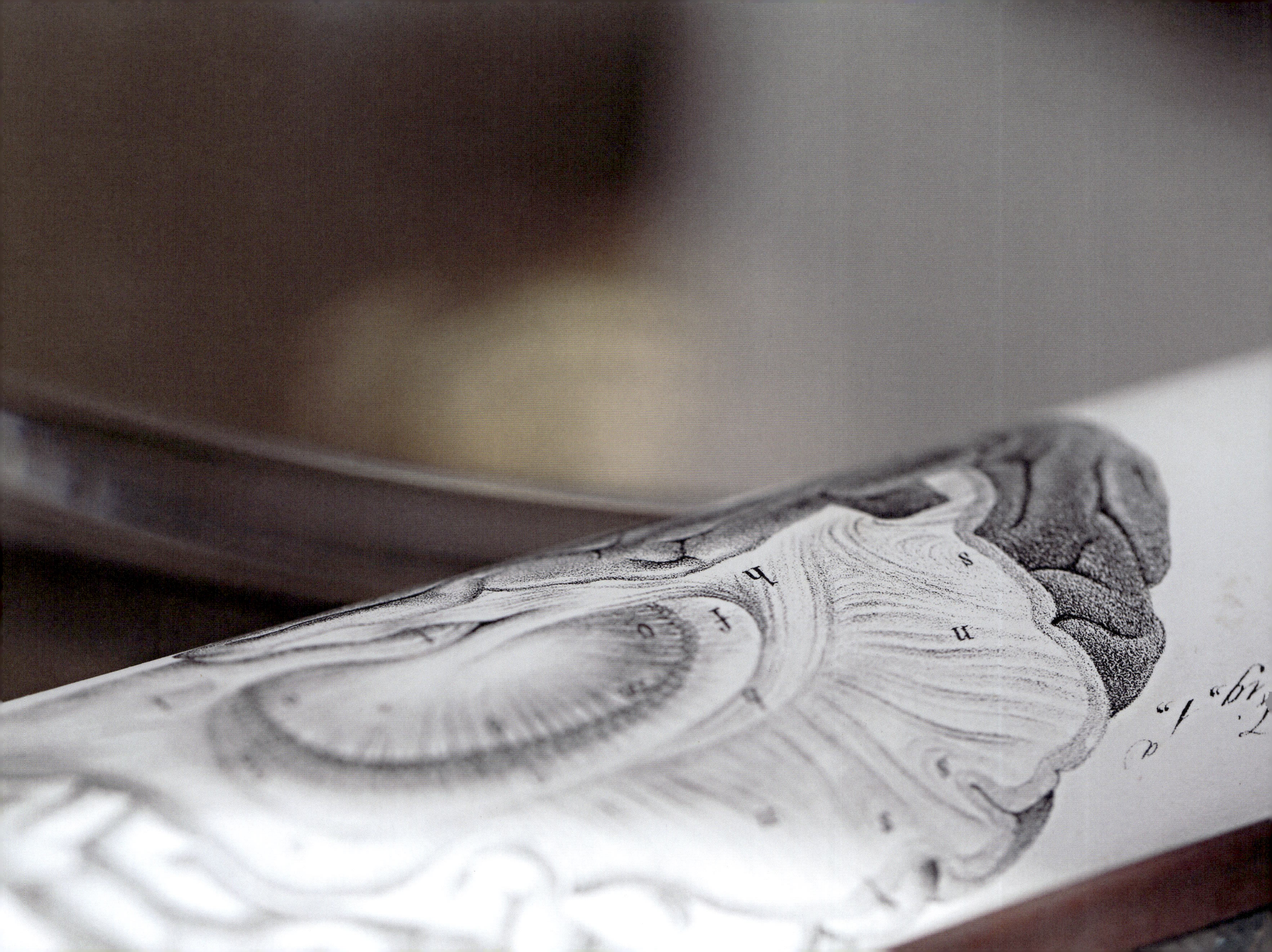
Fig. 1.

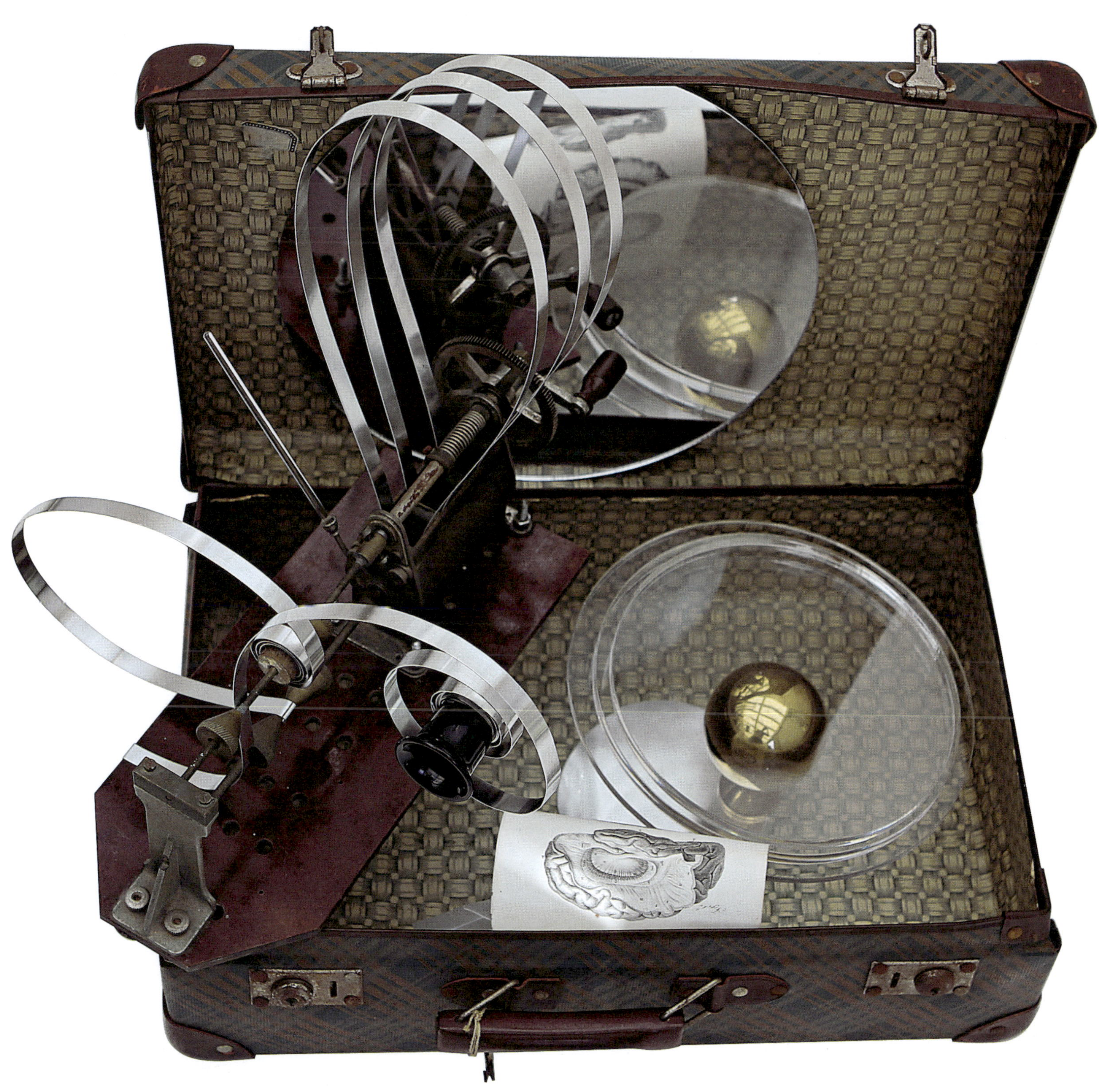

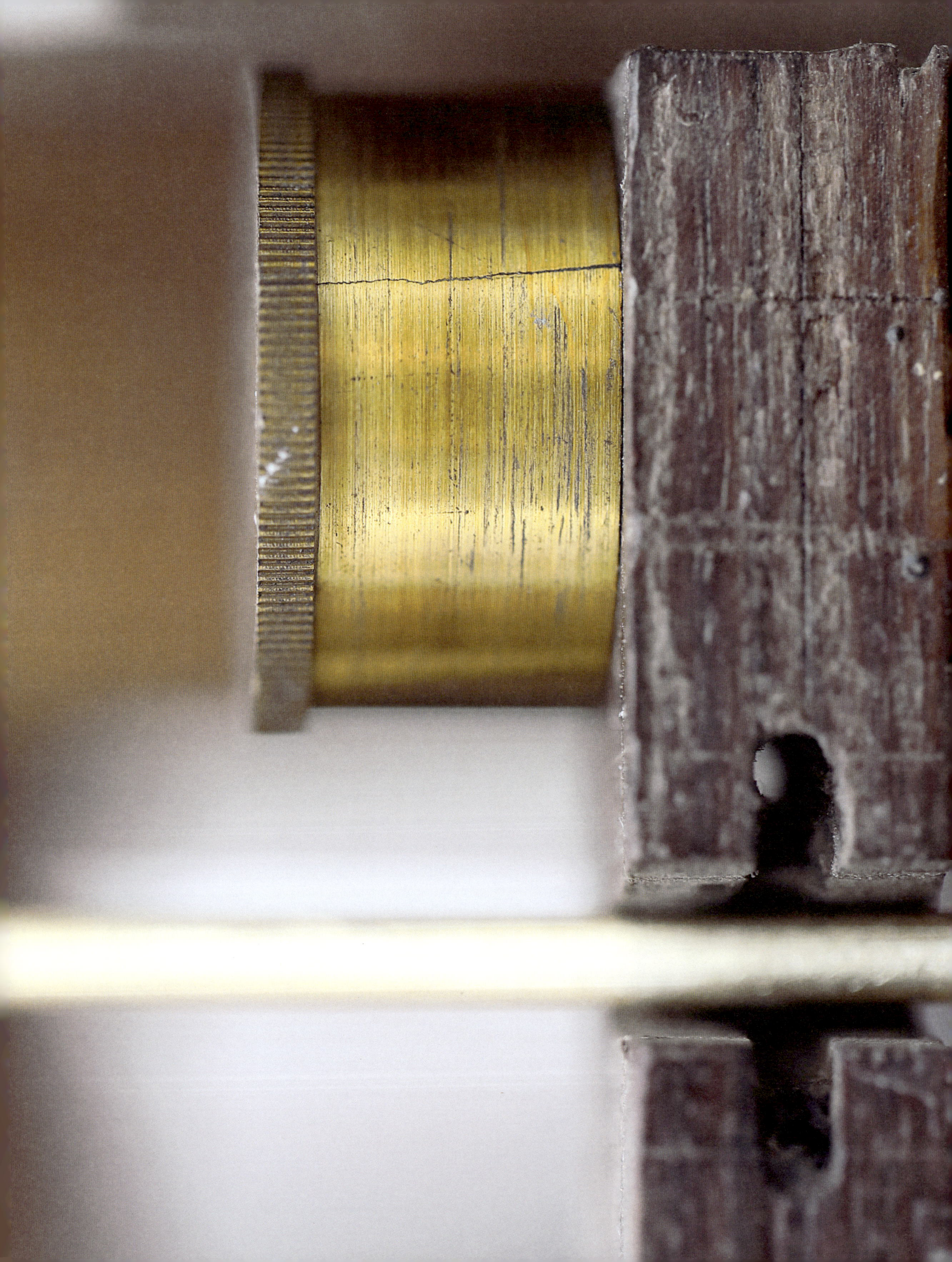

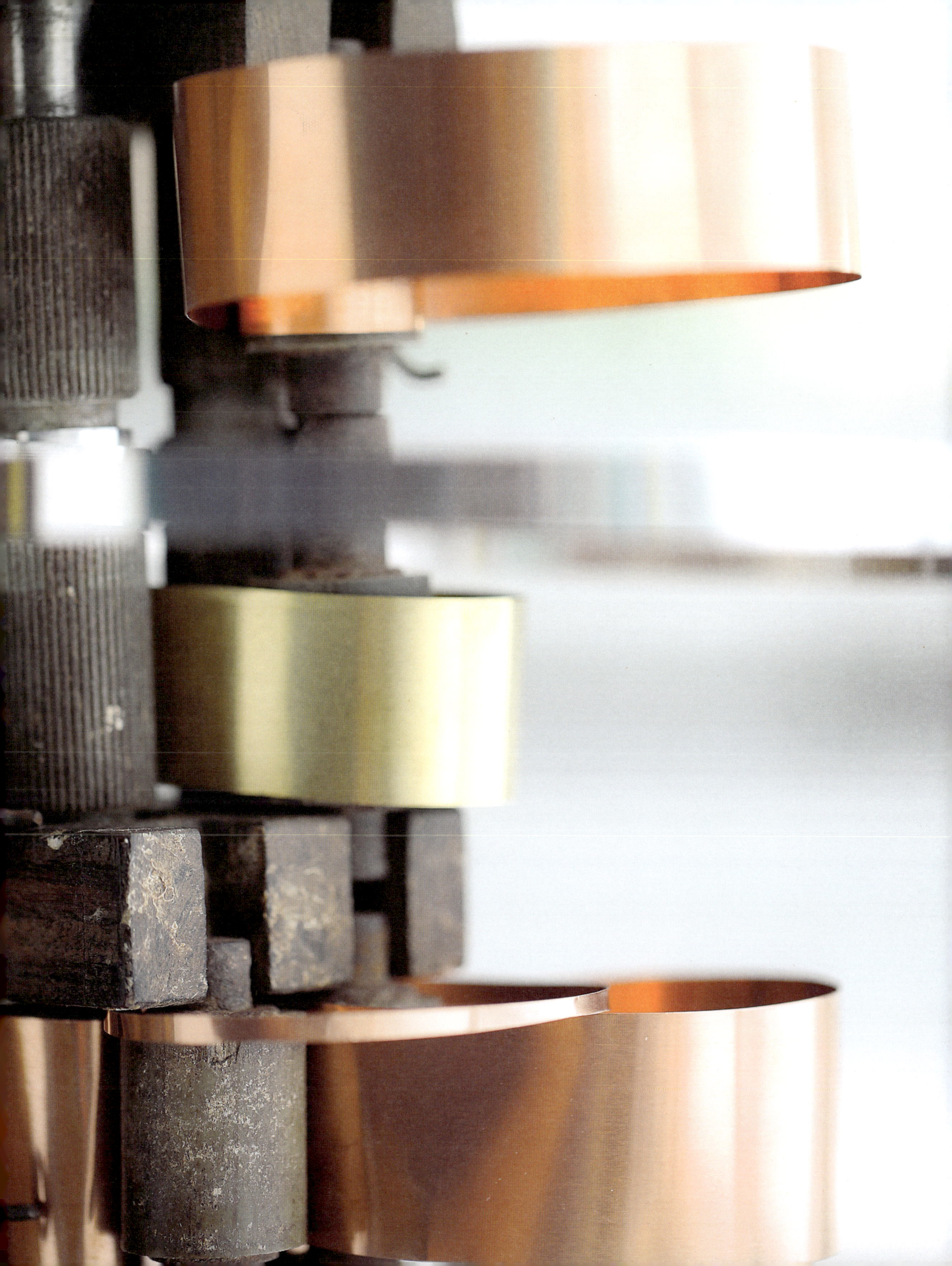

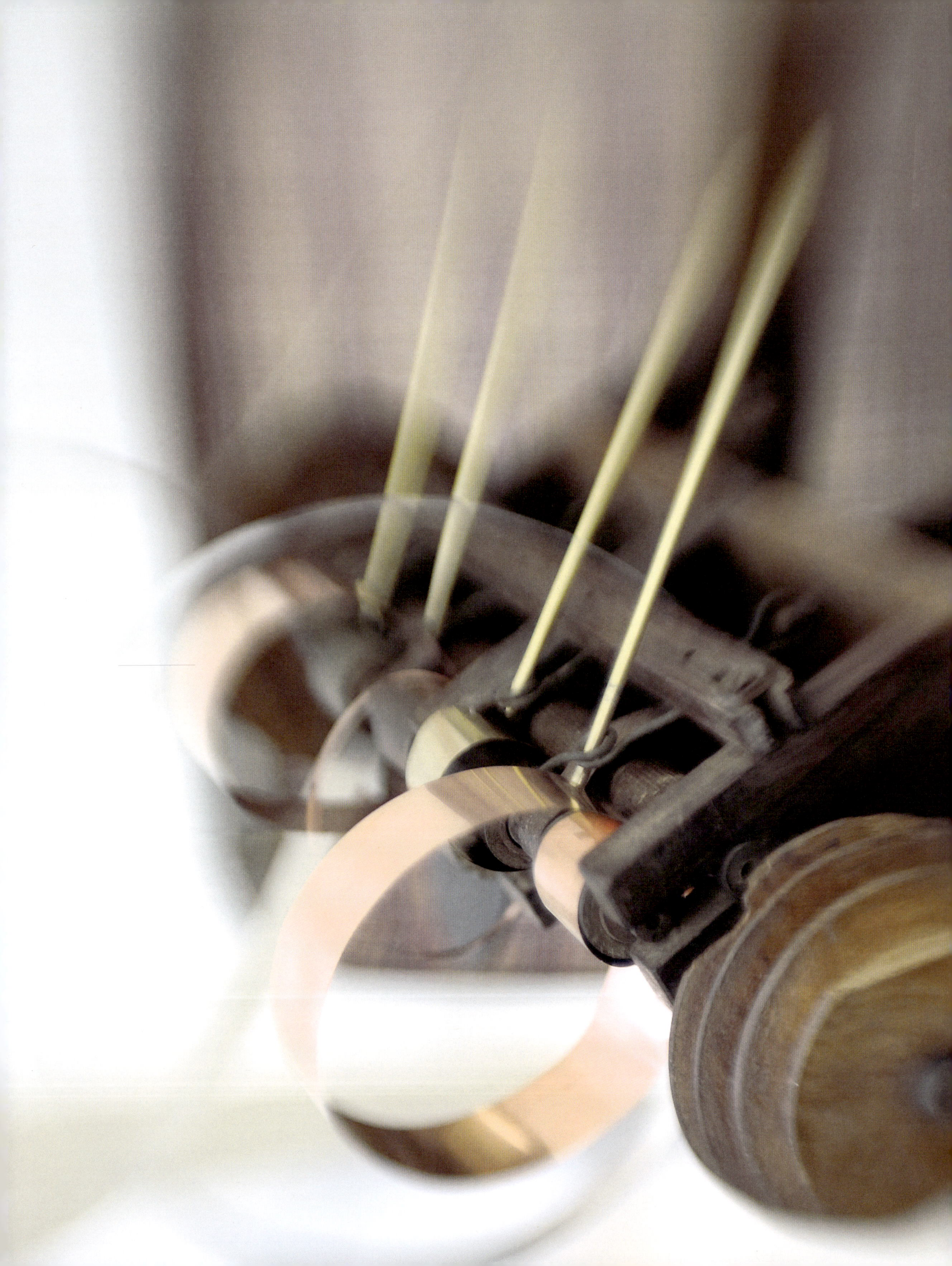

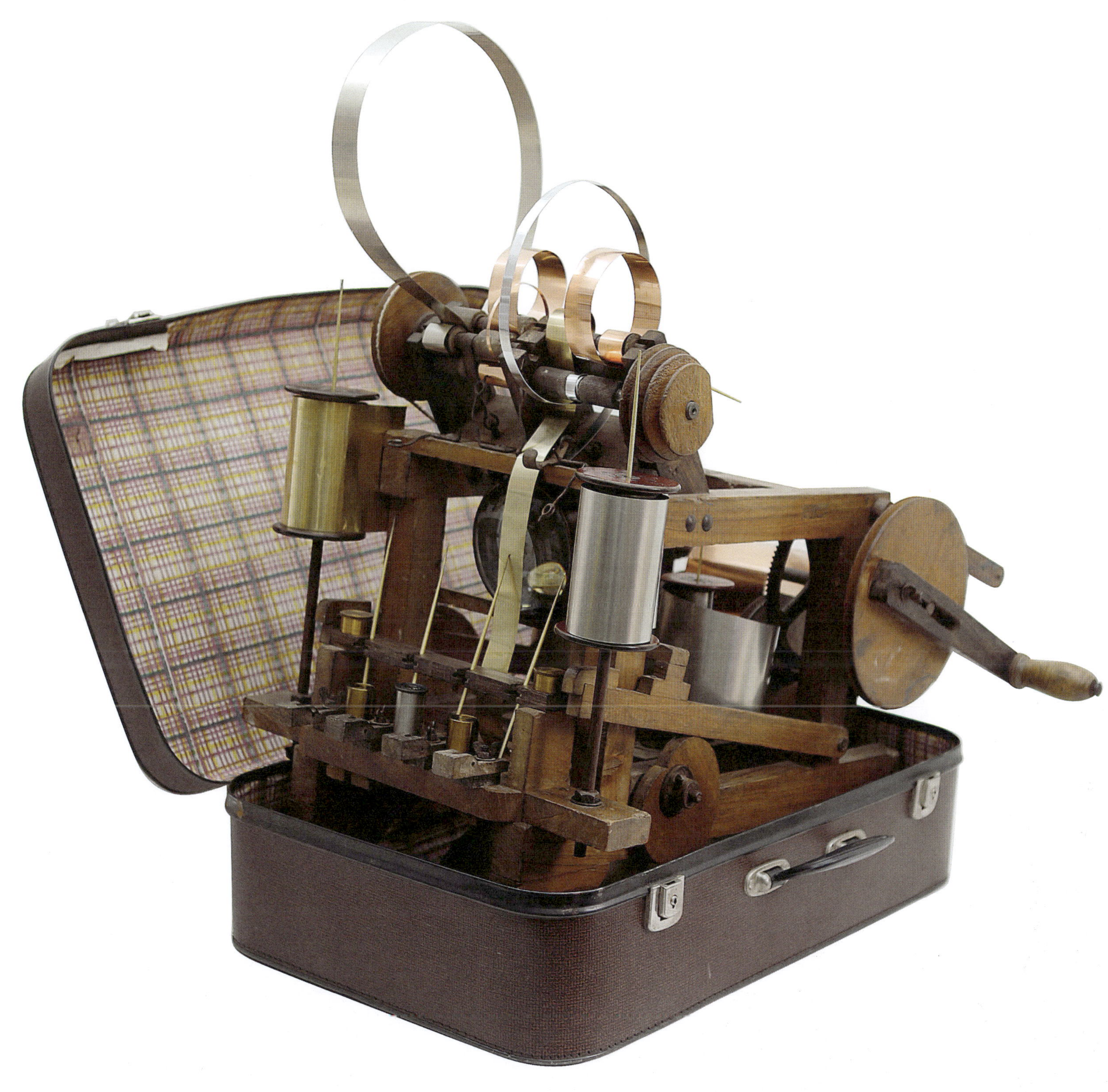

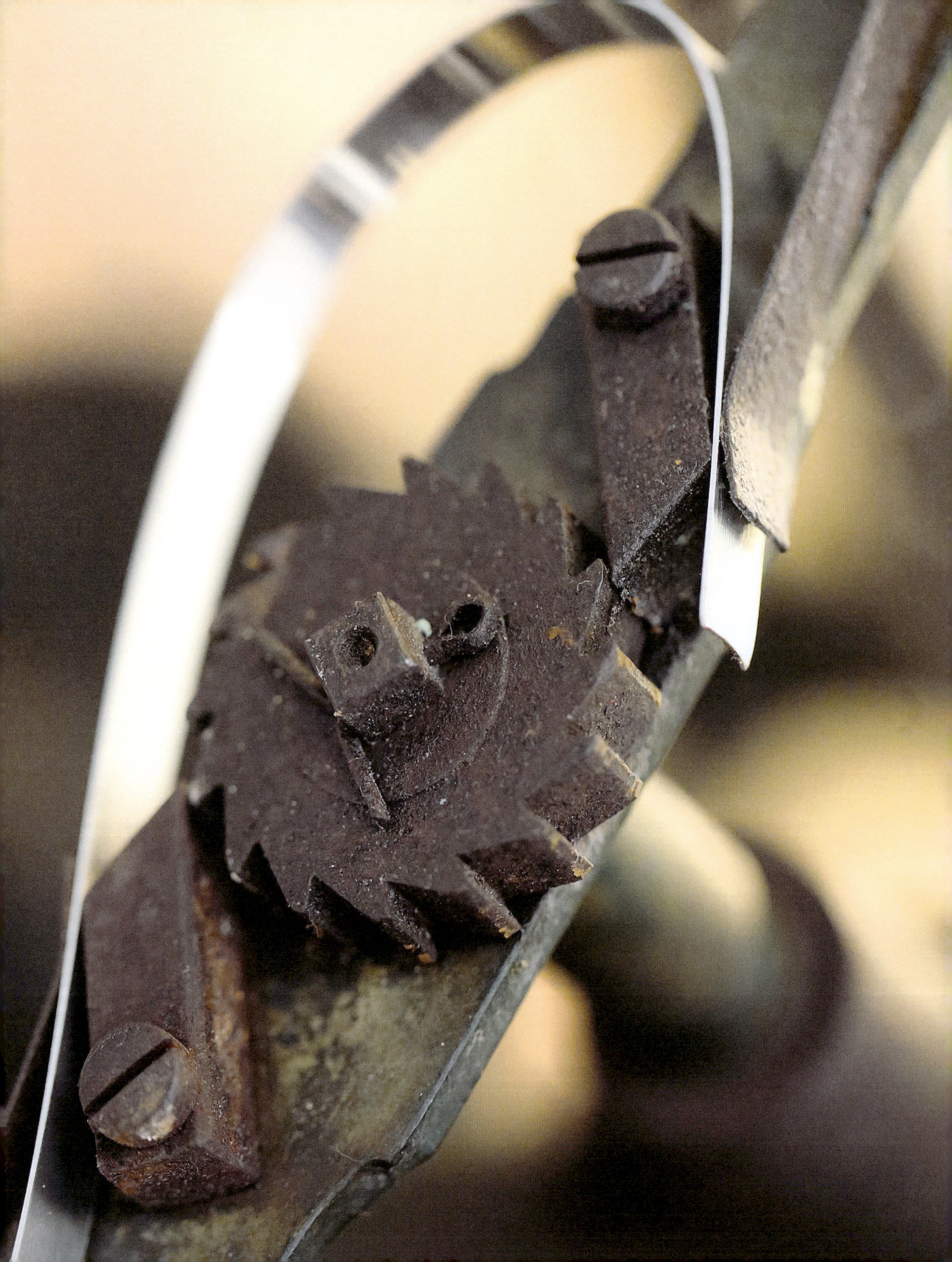

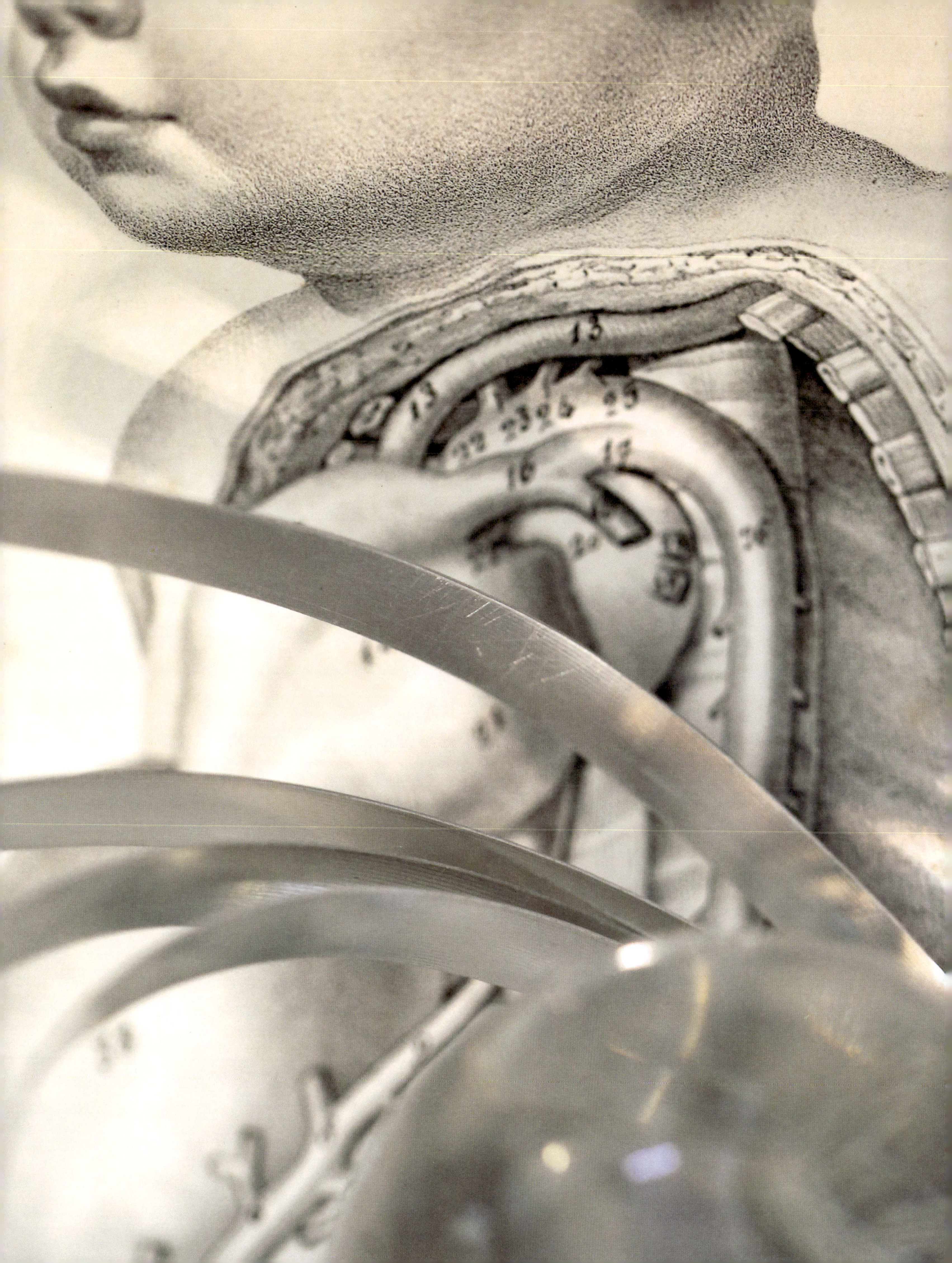

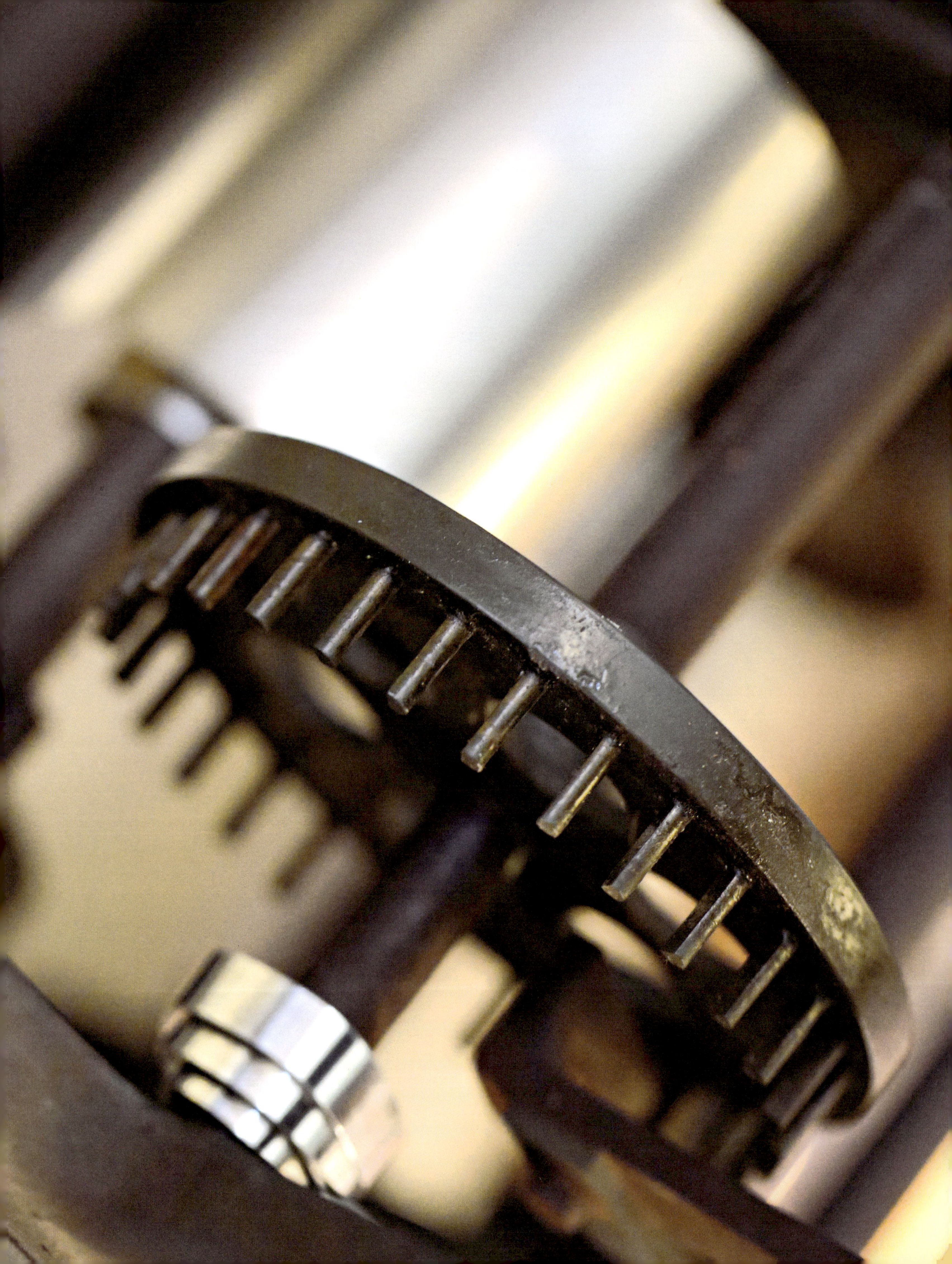

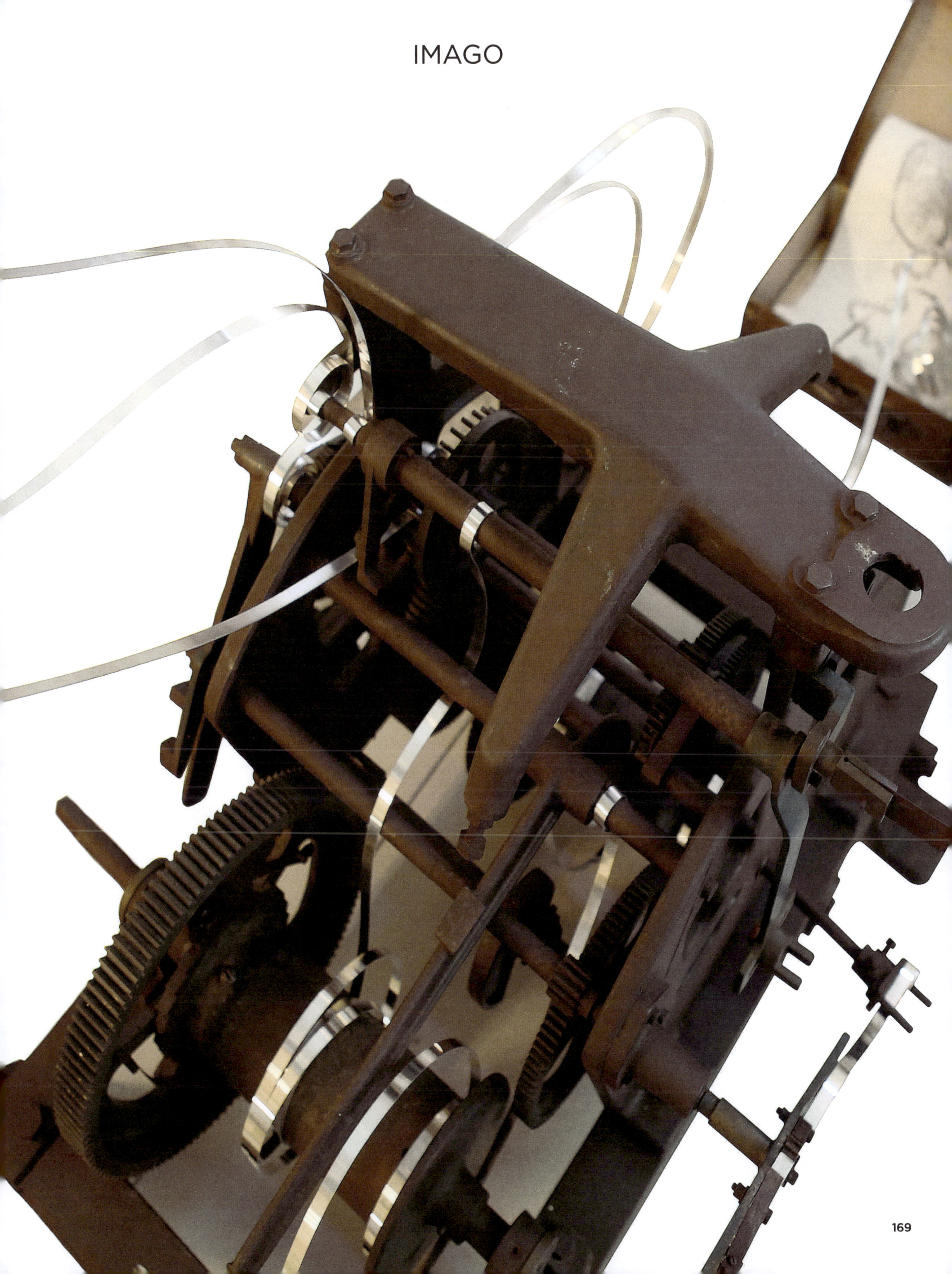

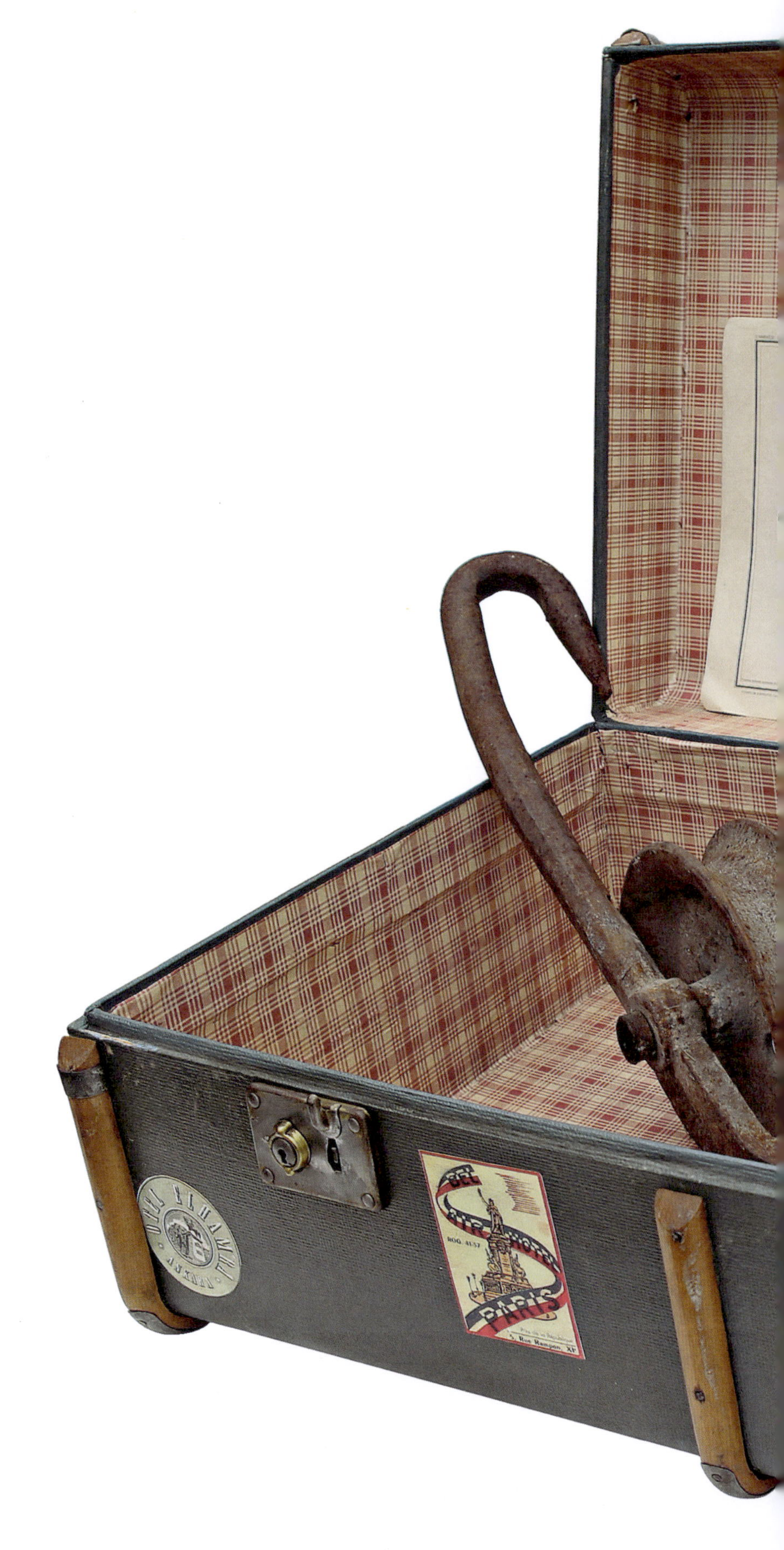

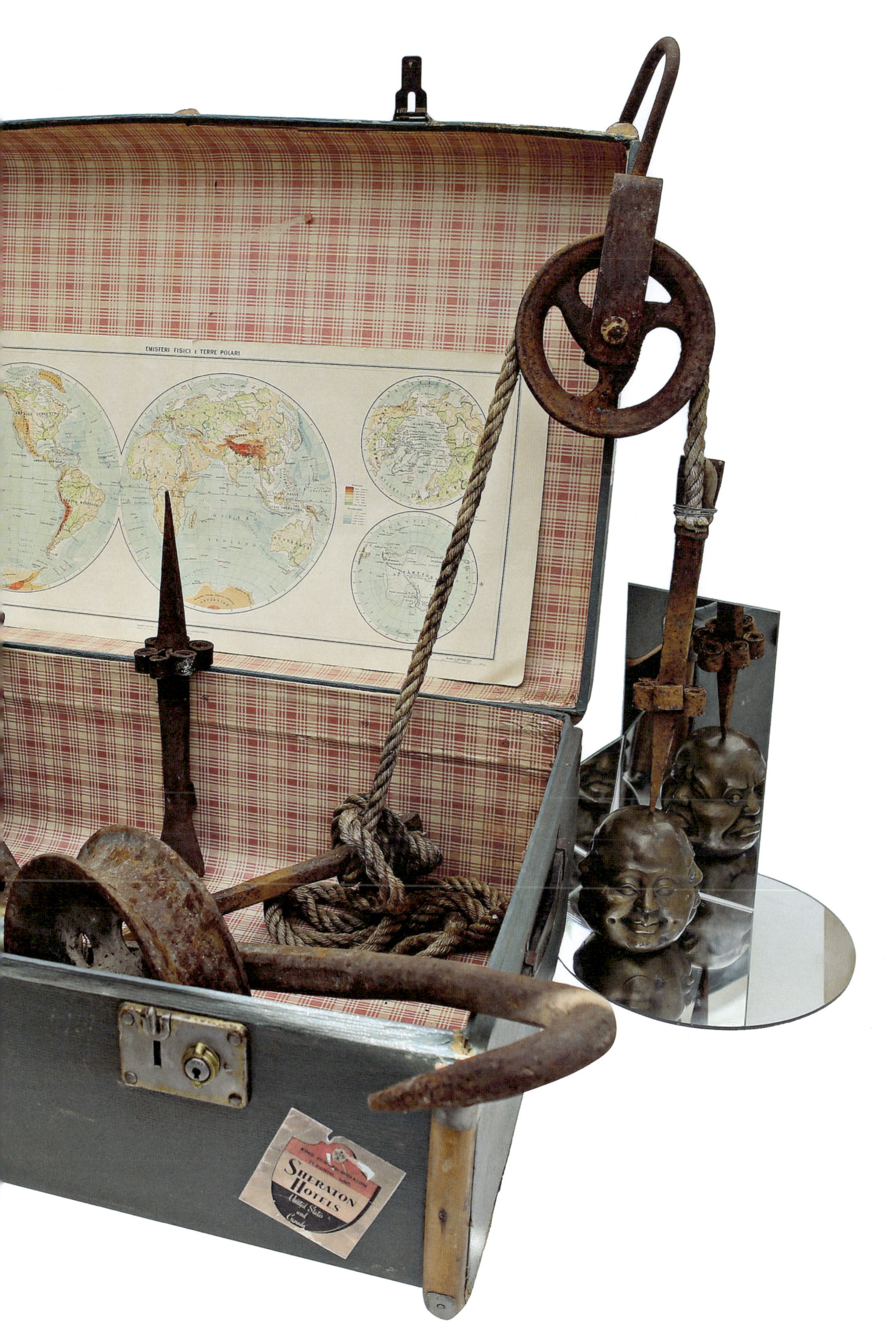
EMISFERI FISICI E TERRE POLARI
SHERATON HOTELS
United States
and
Canada

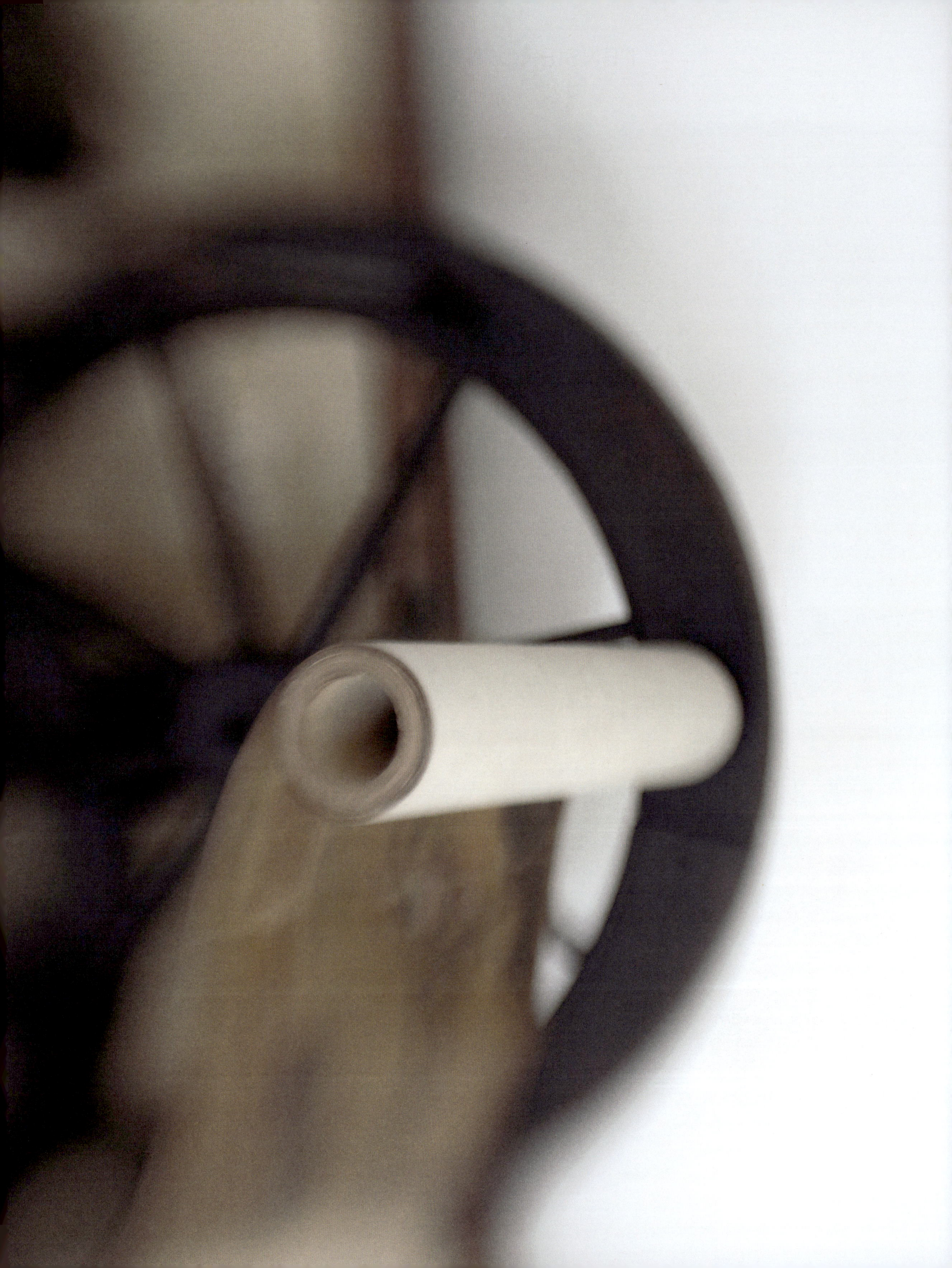

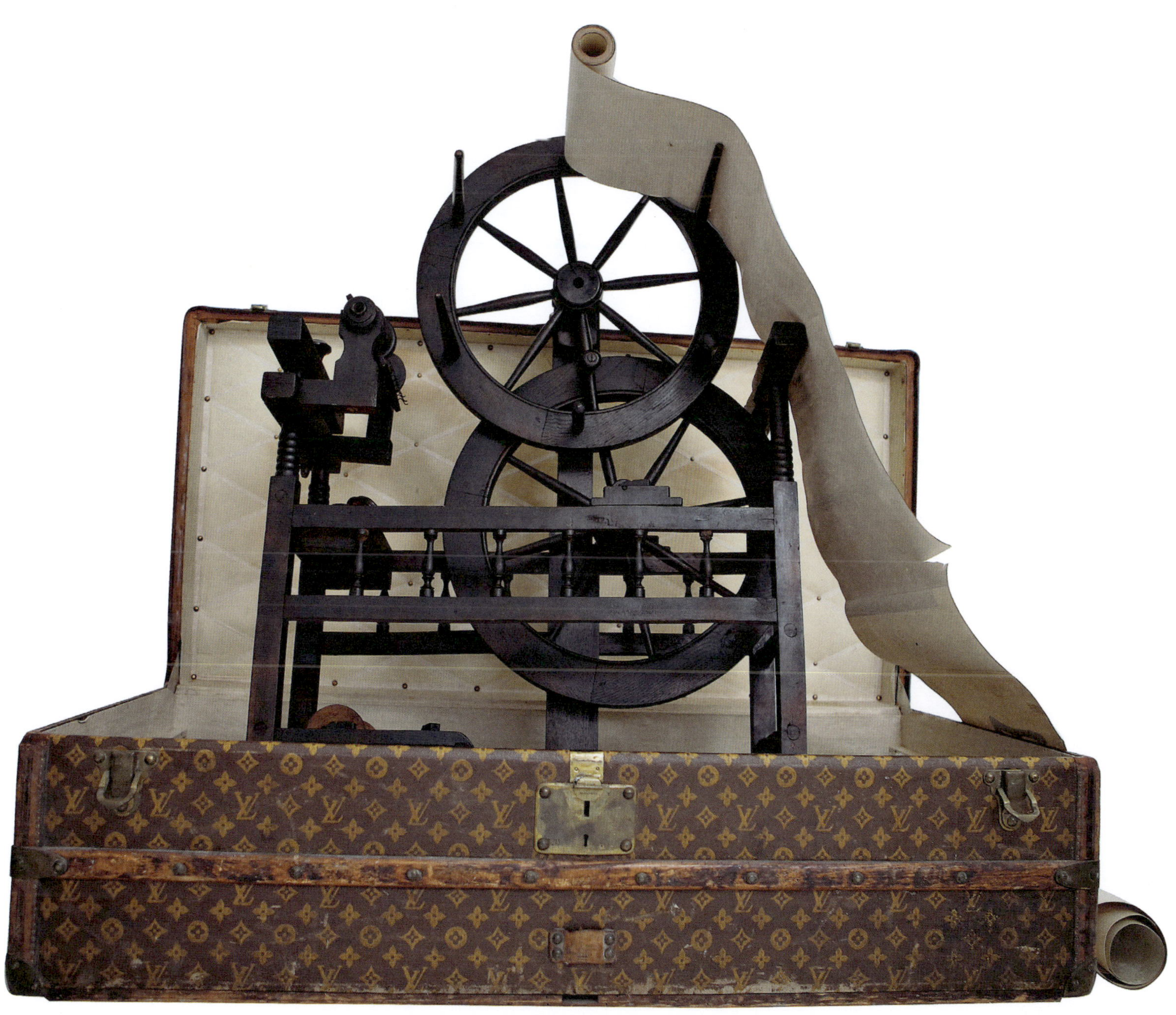

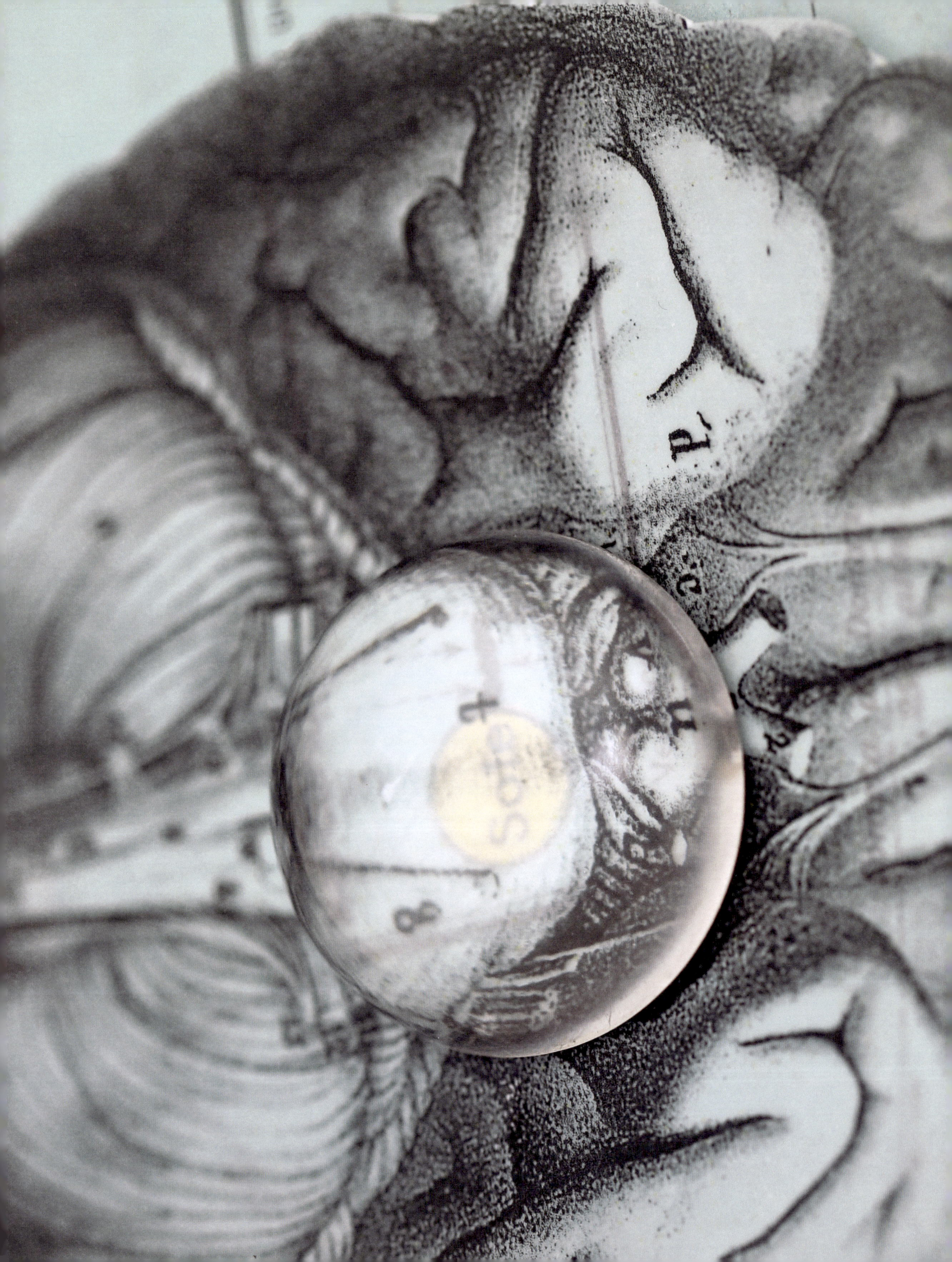

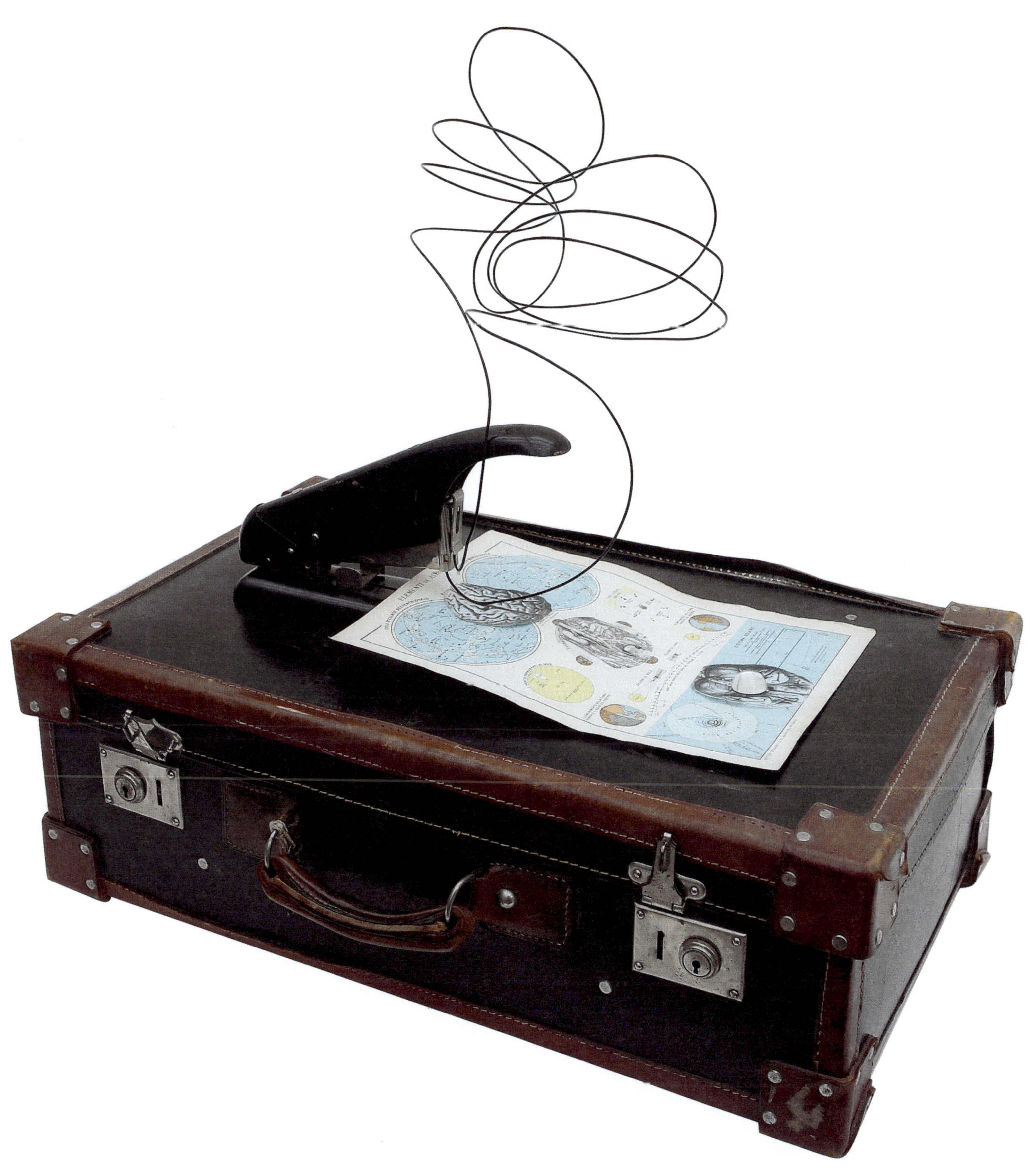

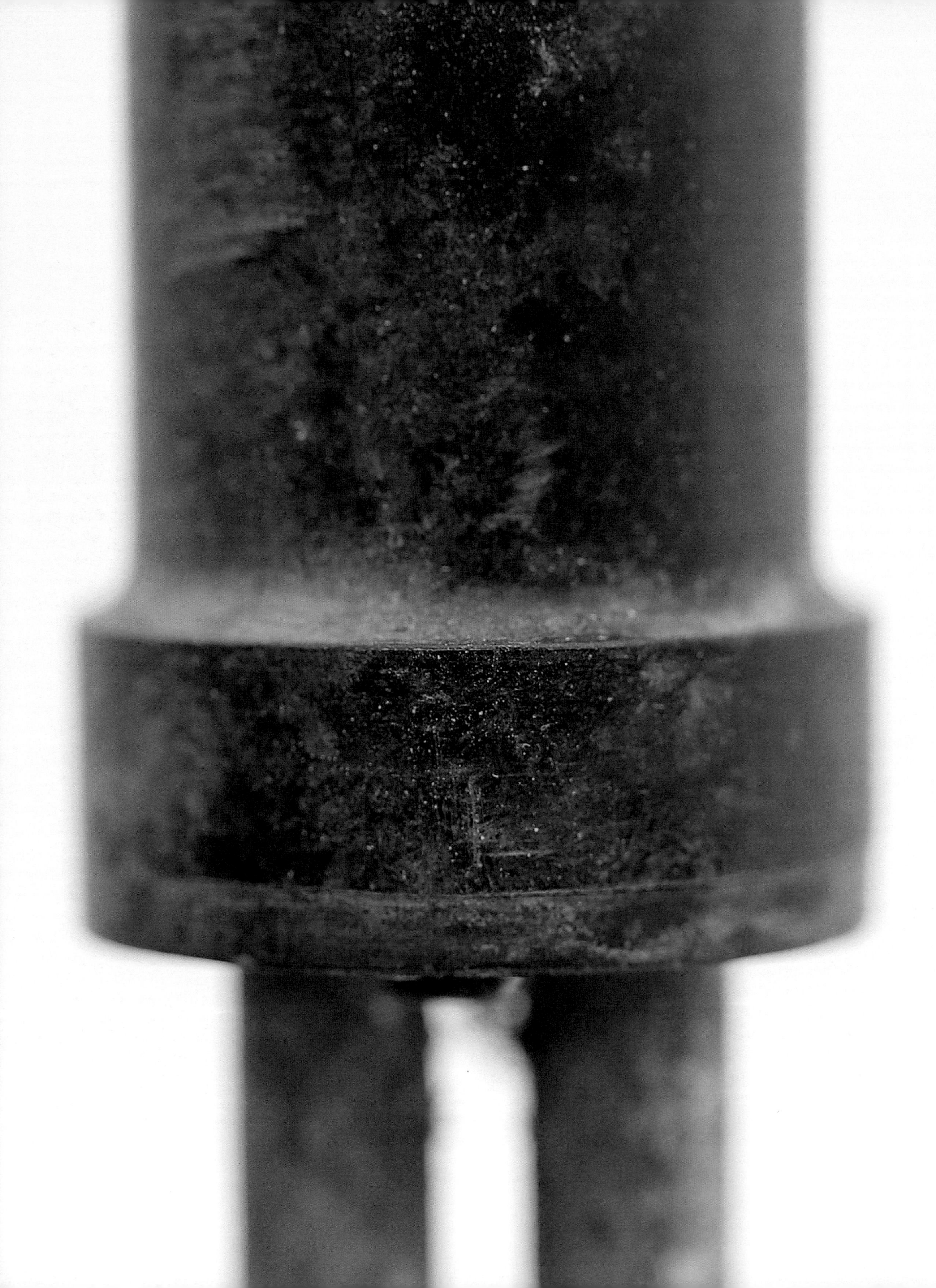

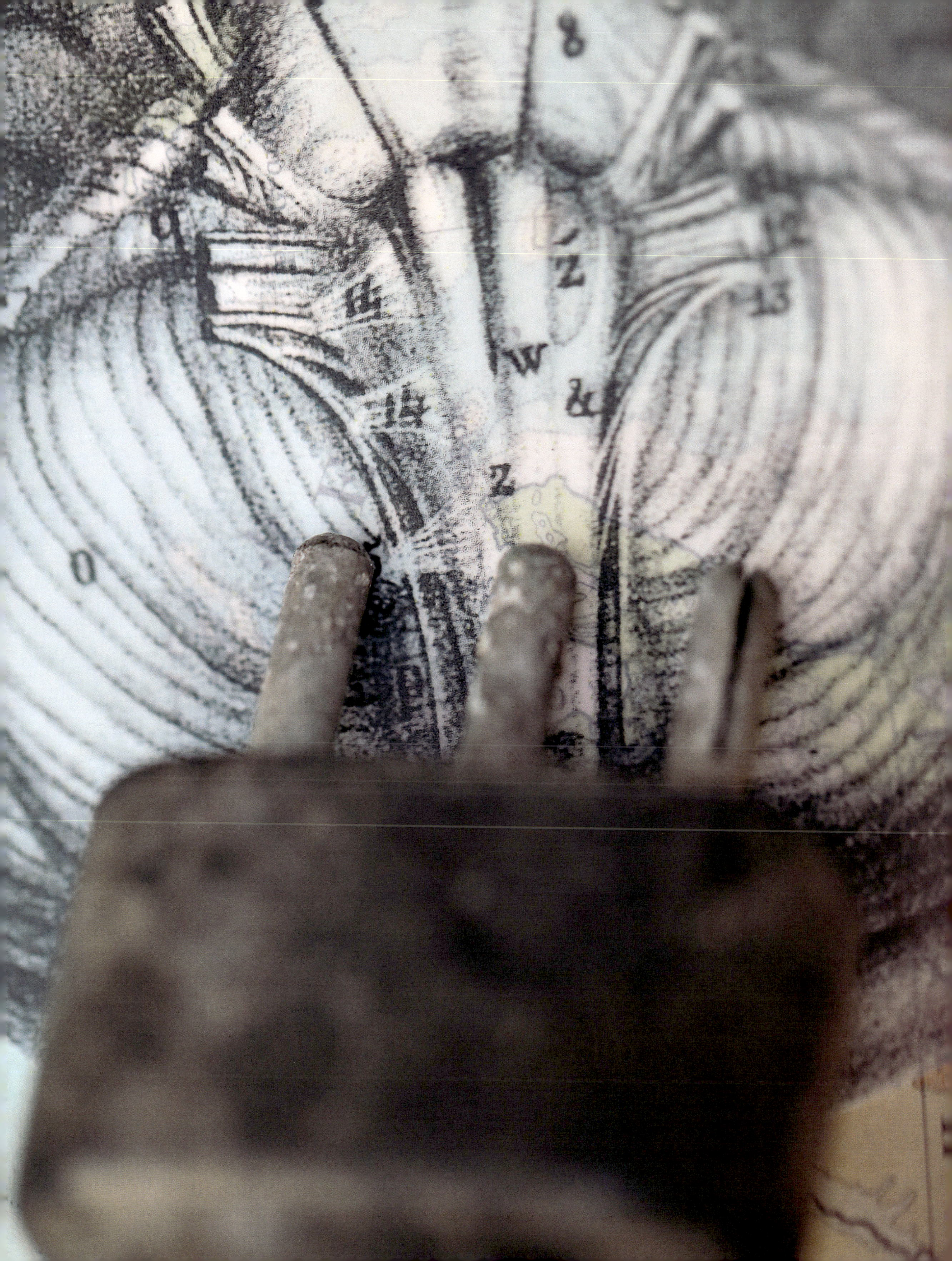

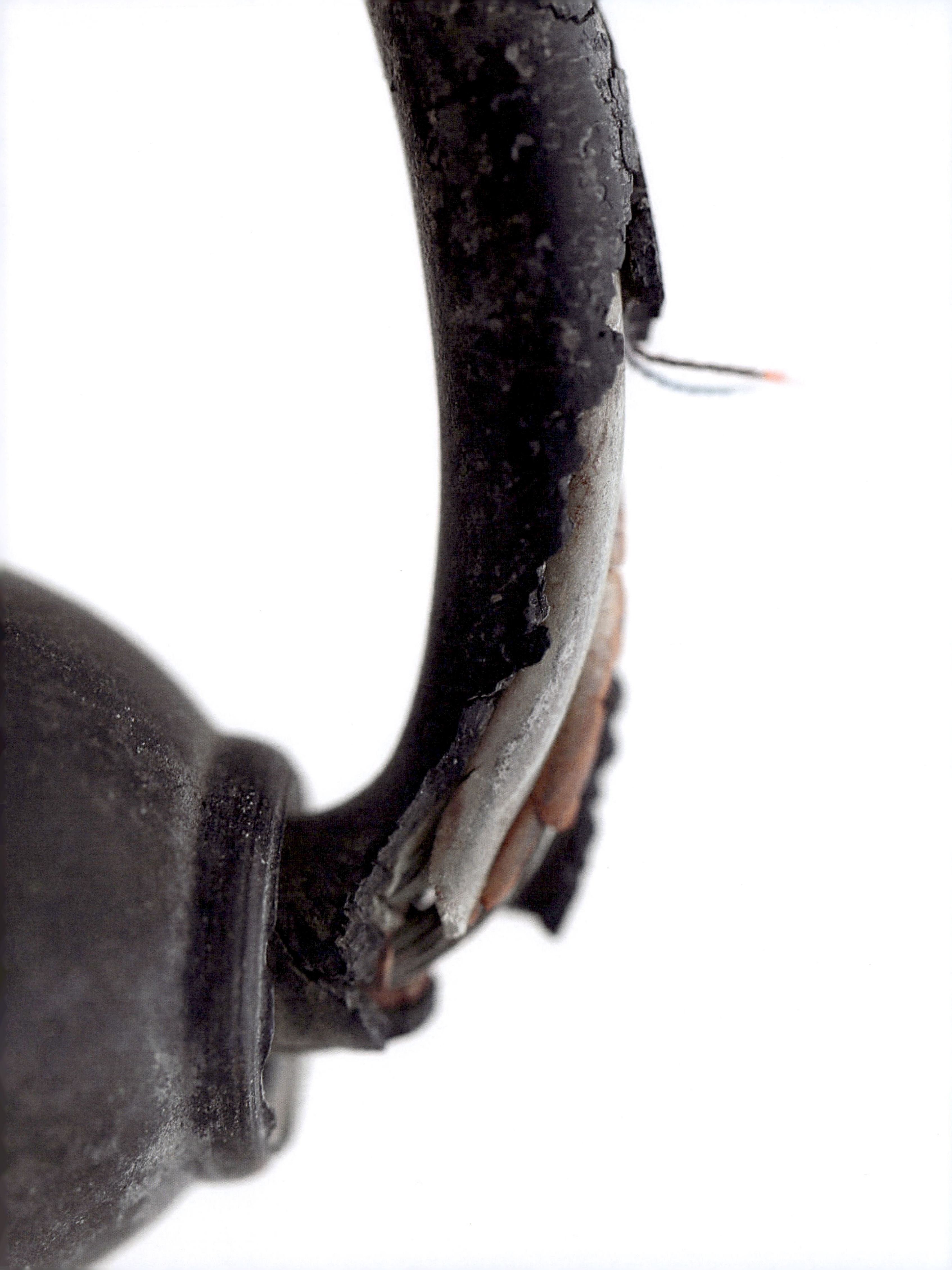

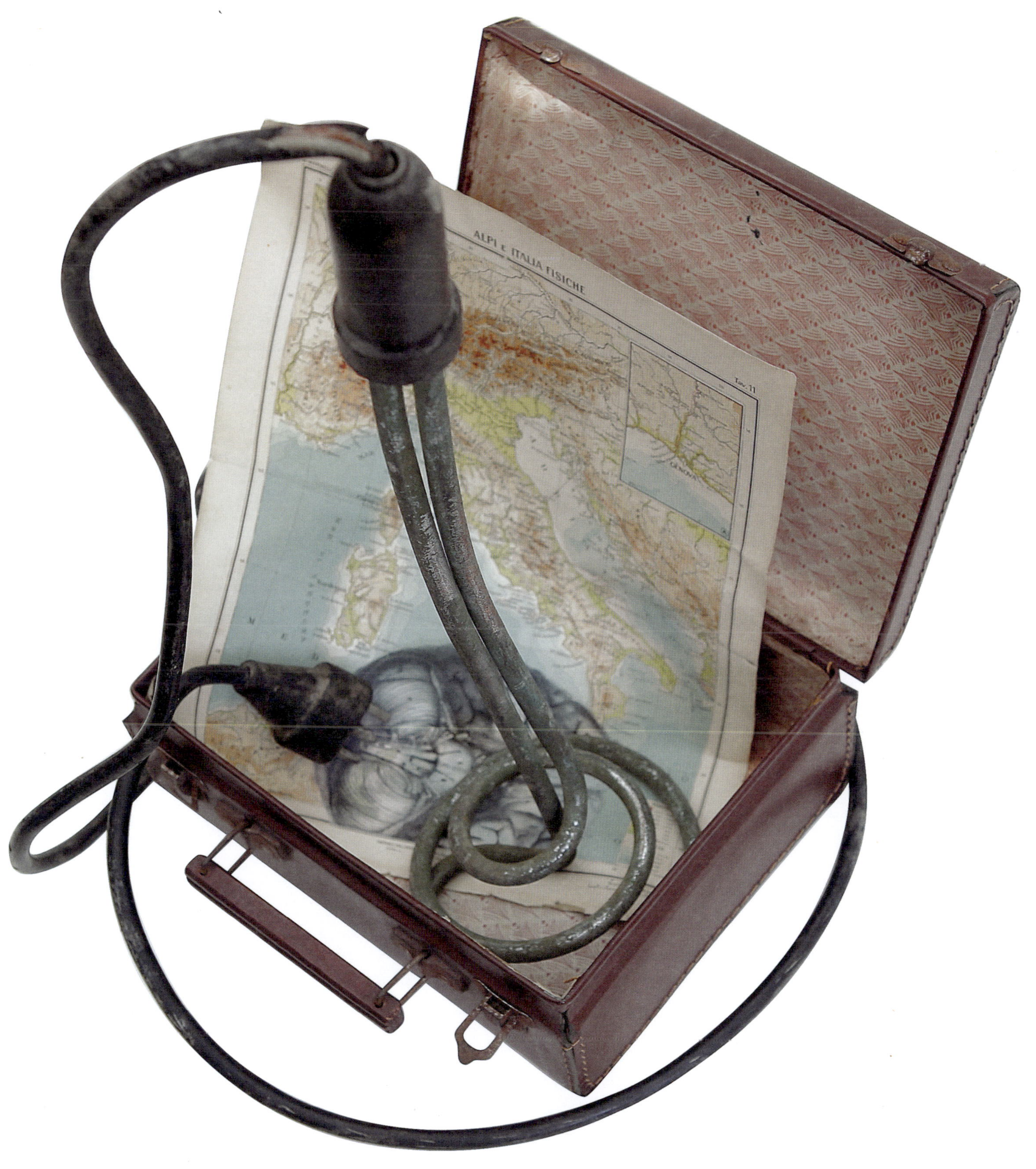

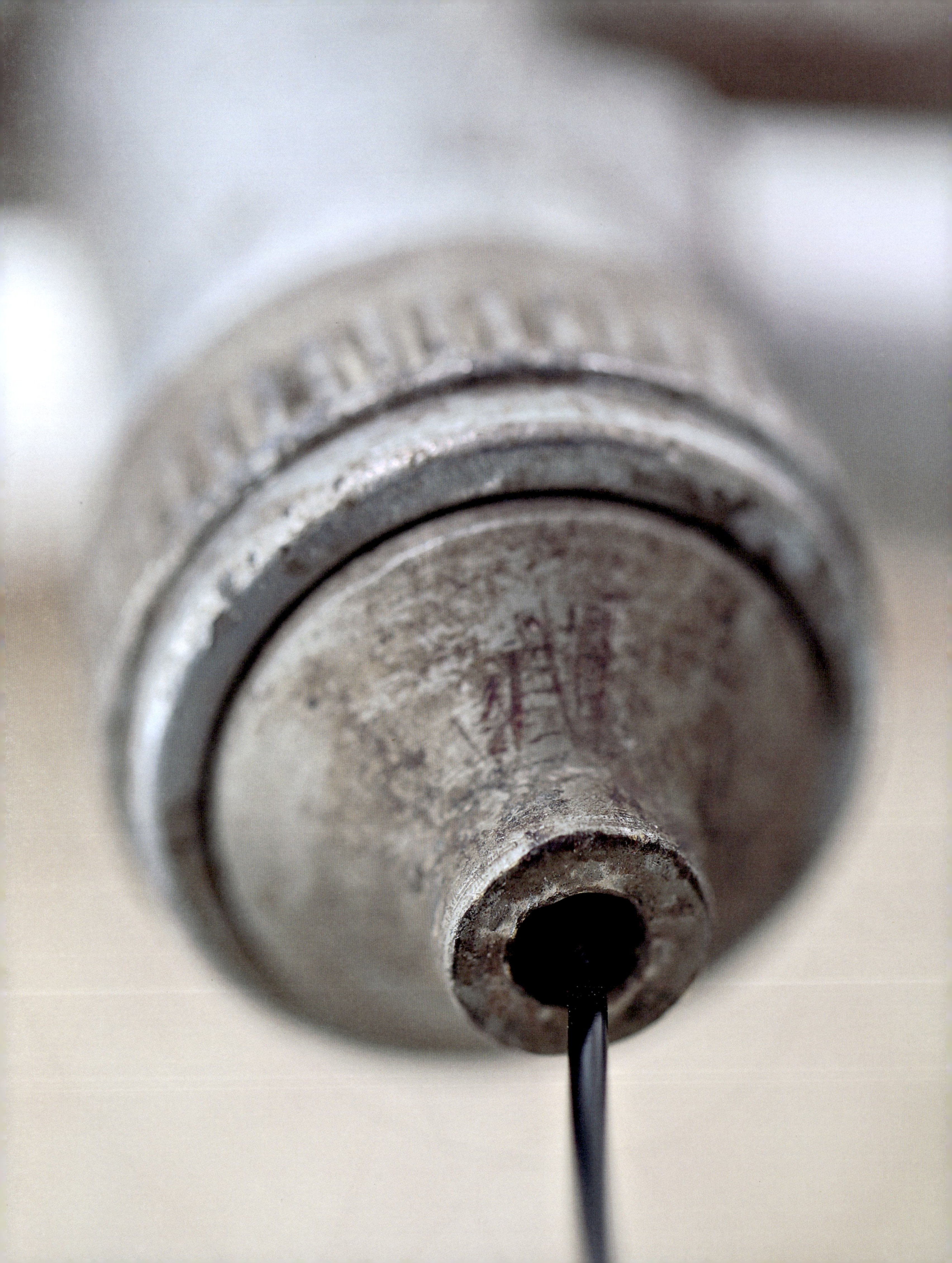

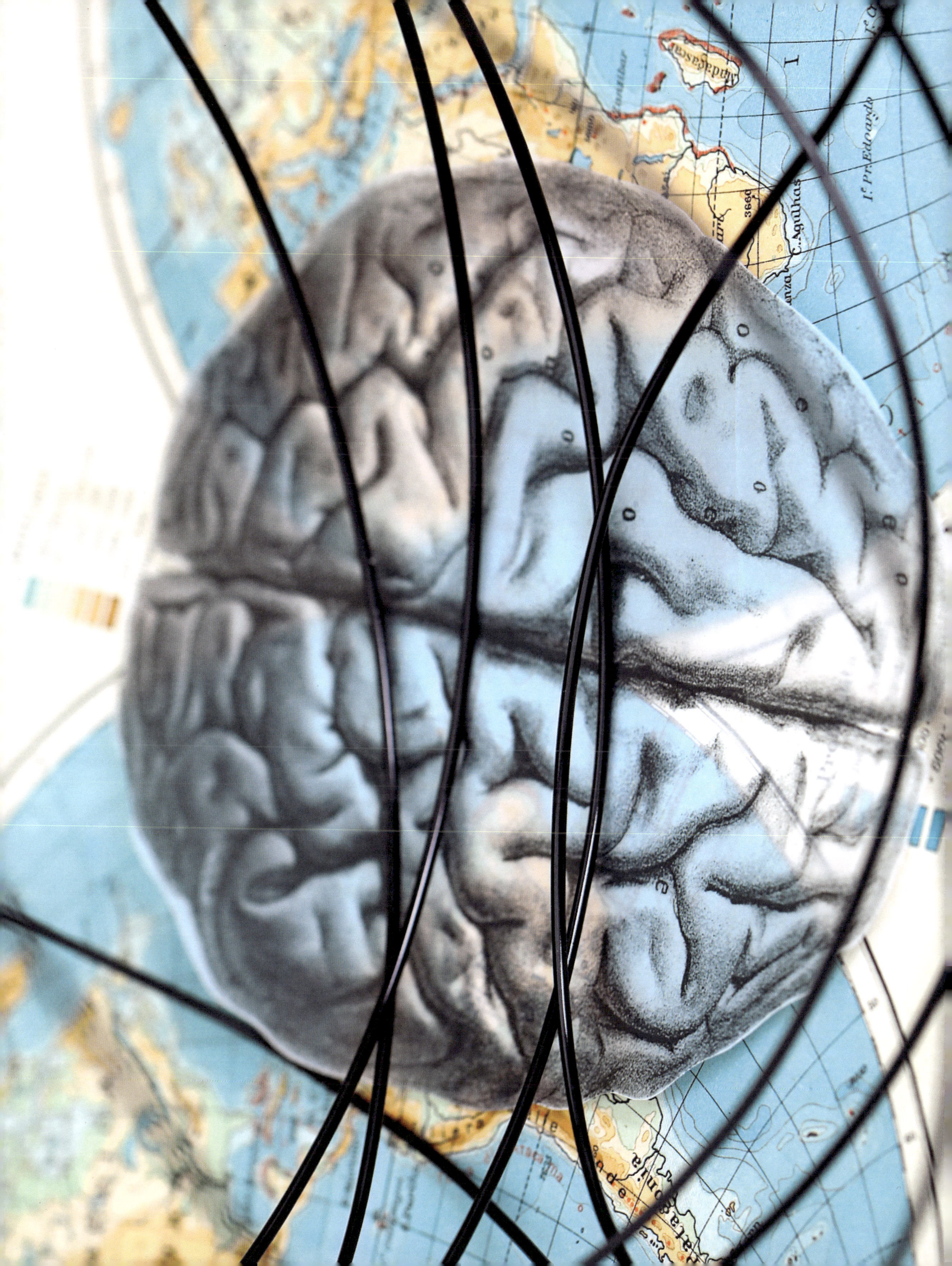

Madagascar
C. Agulhas
I. Pr. Eduardo
3660
I

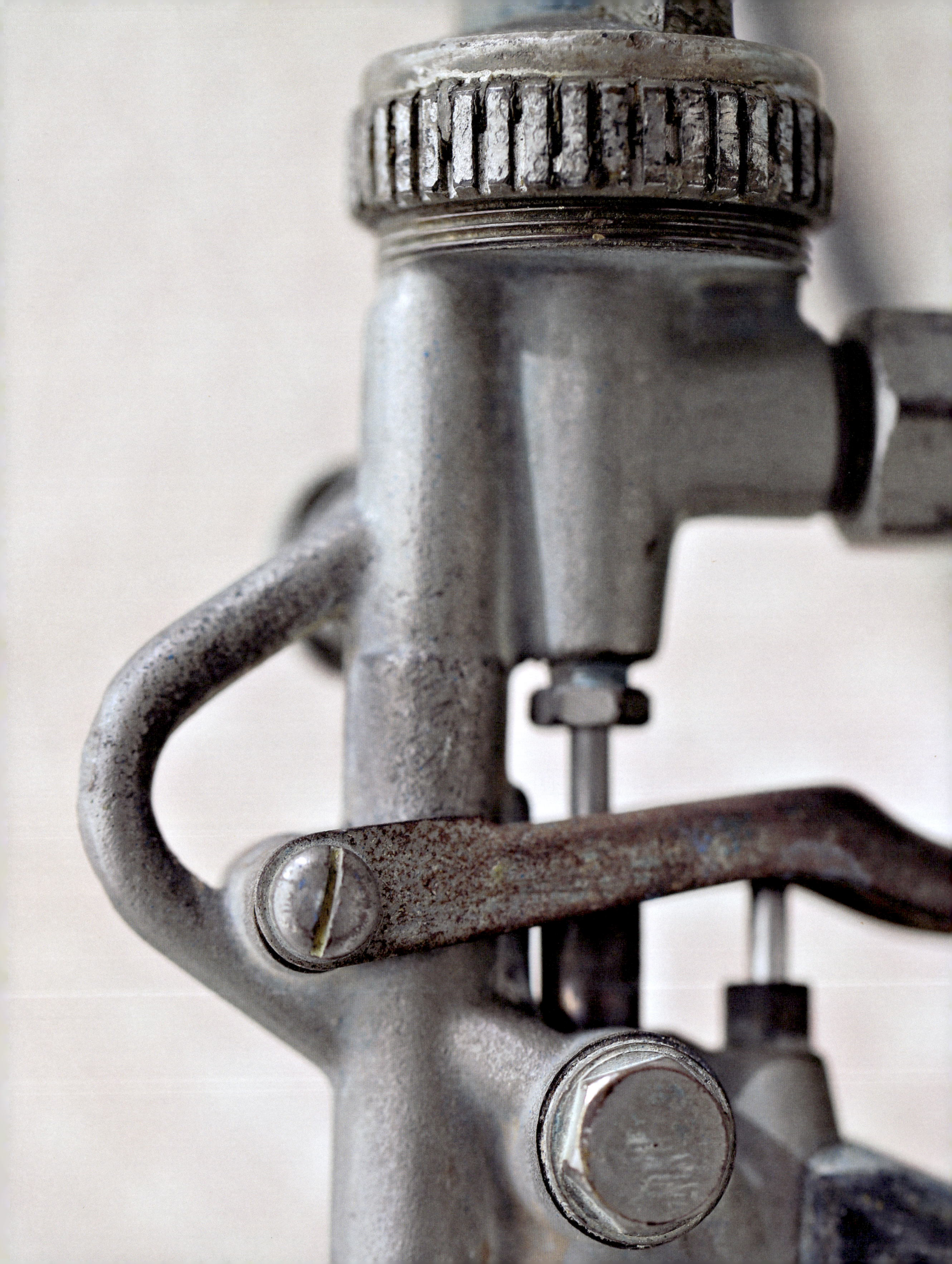

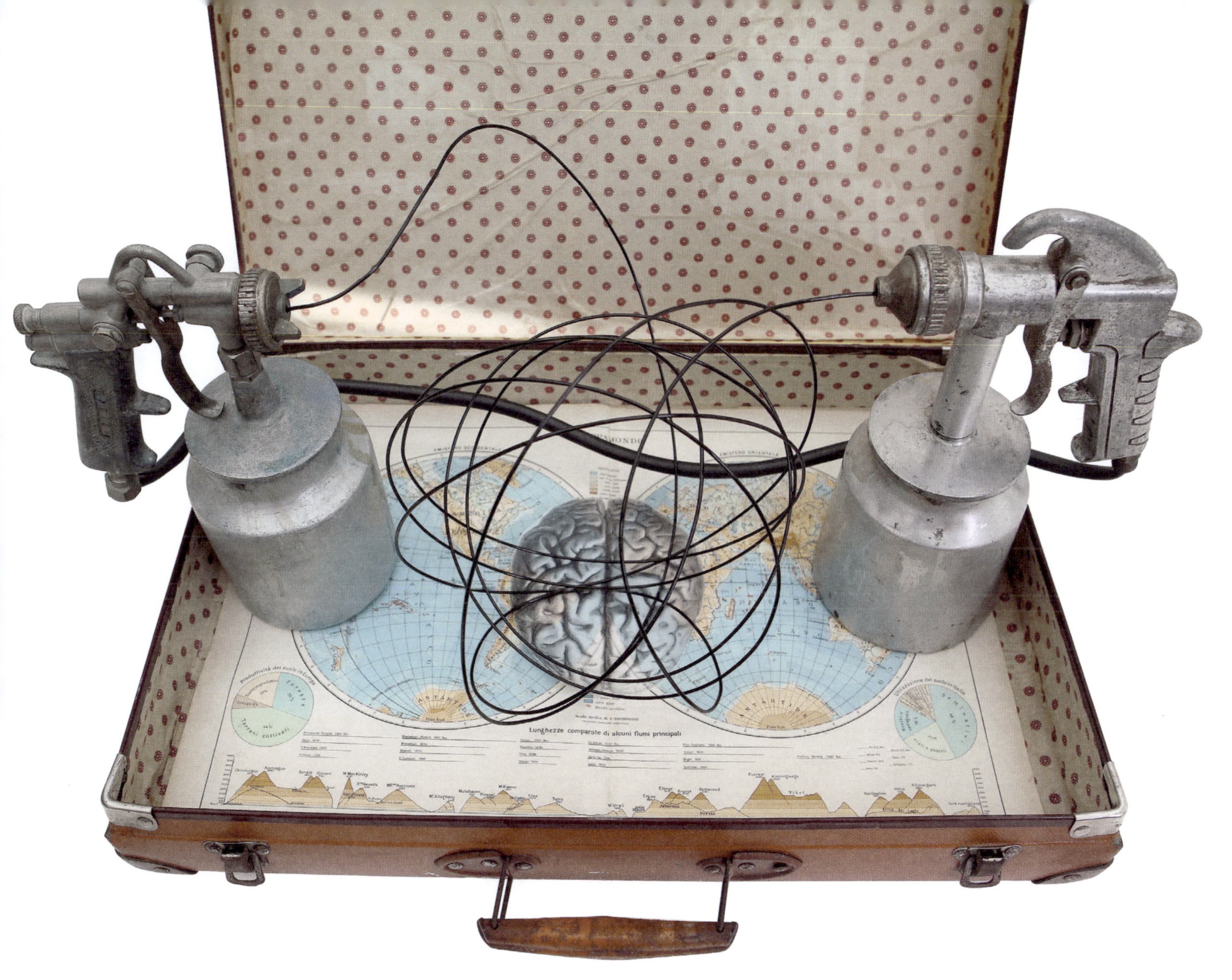

EMISFERI COMUNICANTI

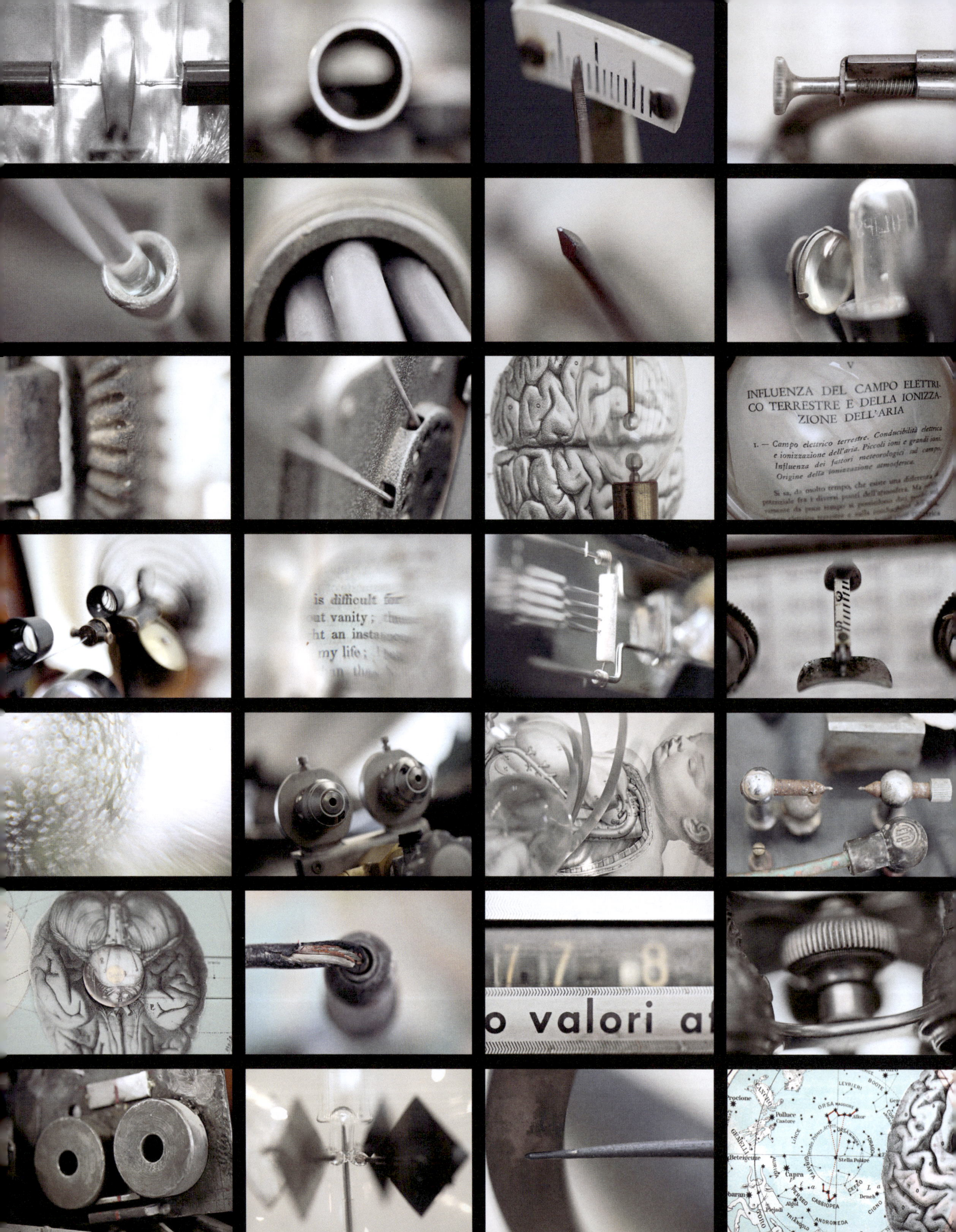
INFLUENZA DEL CAMPO ELETTRI-
CO TERRESTRE E DELLA IONIZZA-
ZIONE DELL'ARIA
is difficult for
vanity;
an instan
my life;
o valori af

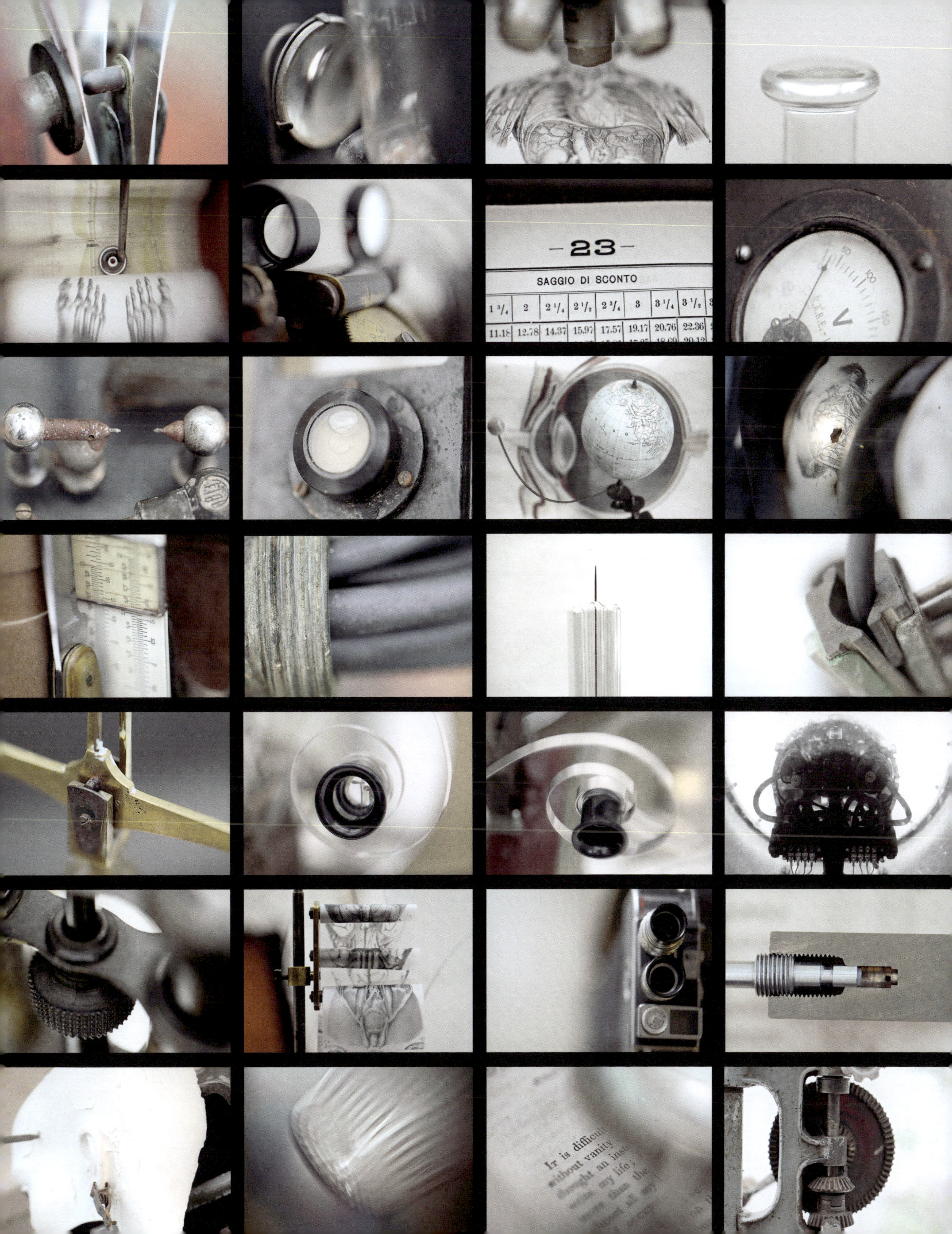

-23-
SAGGIO DI SCONTO
1 3/4   2   2 1/4   2 1/2   2 3/4   3   3 1/4   3 1/2
11.18   12.78   14.37   15.97   17.57   19.17   20.76   22.36
V
IT is difficult
without vanity
thought an inst
my life;
than the
all my

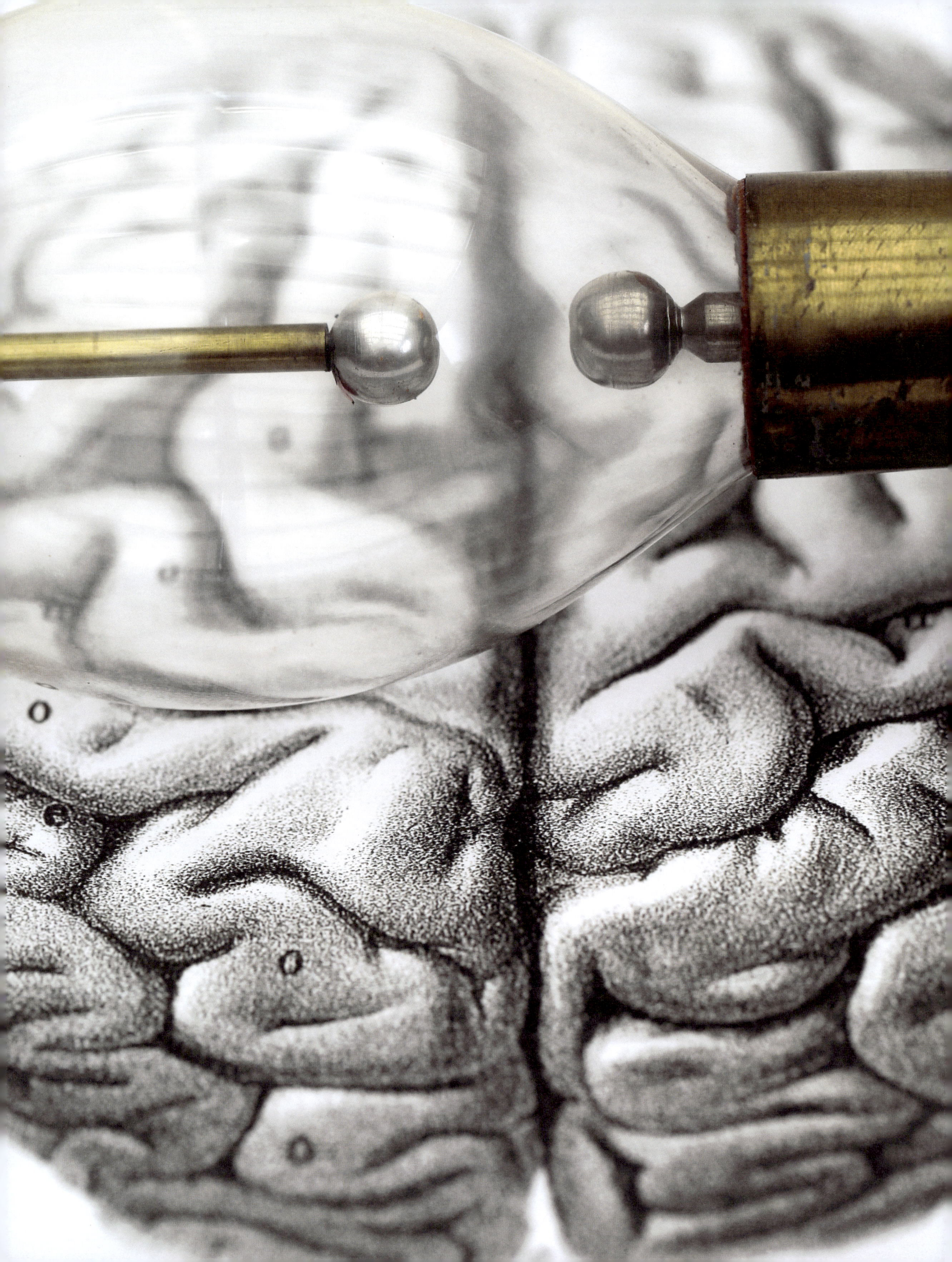

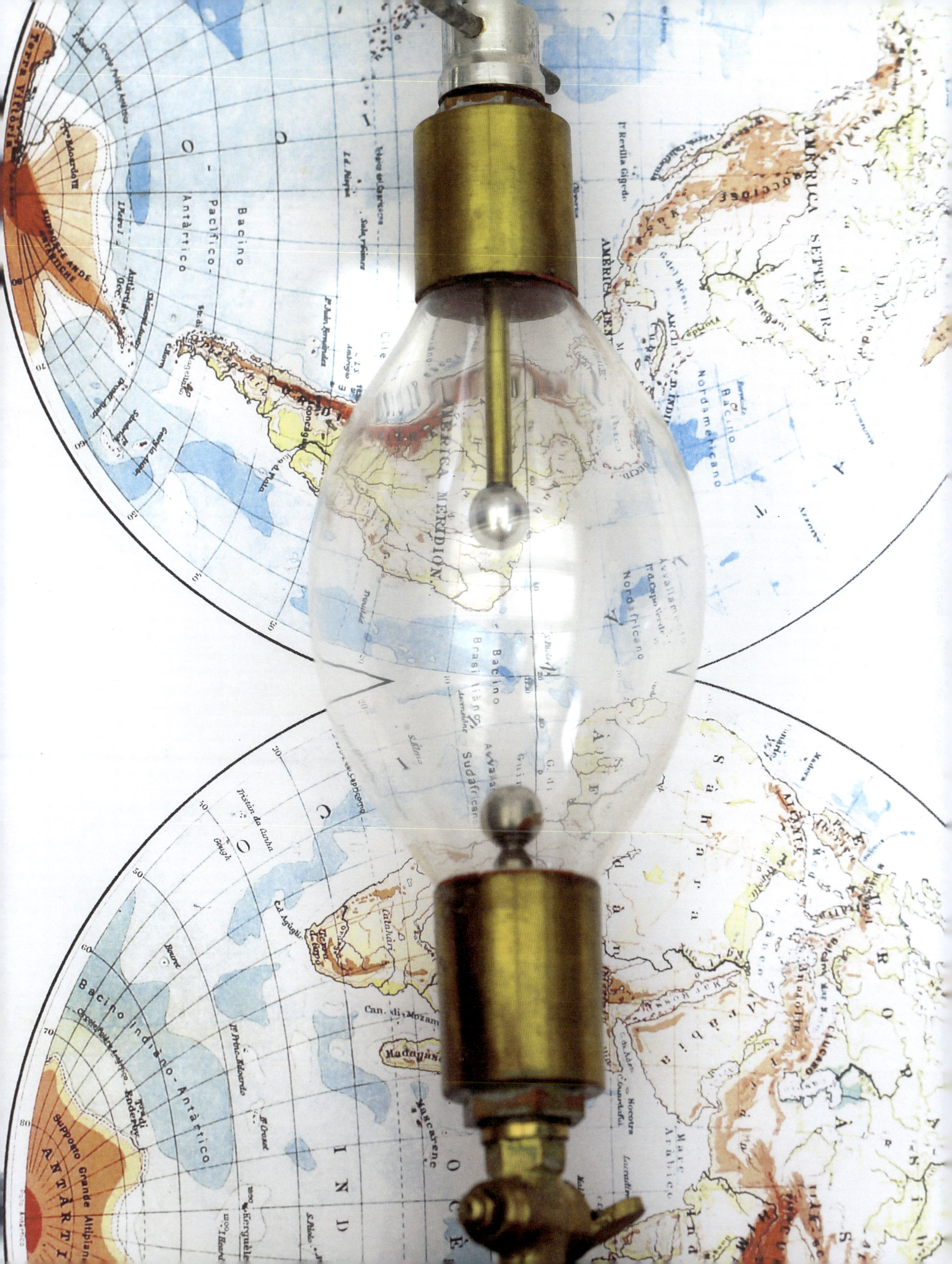

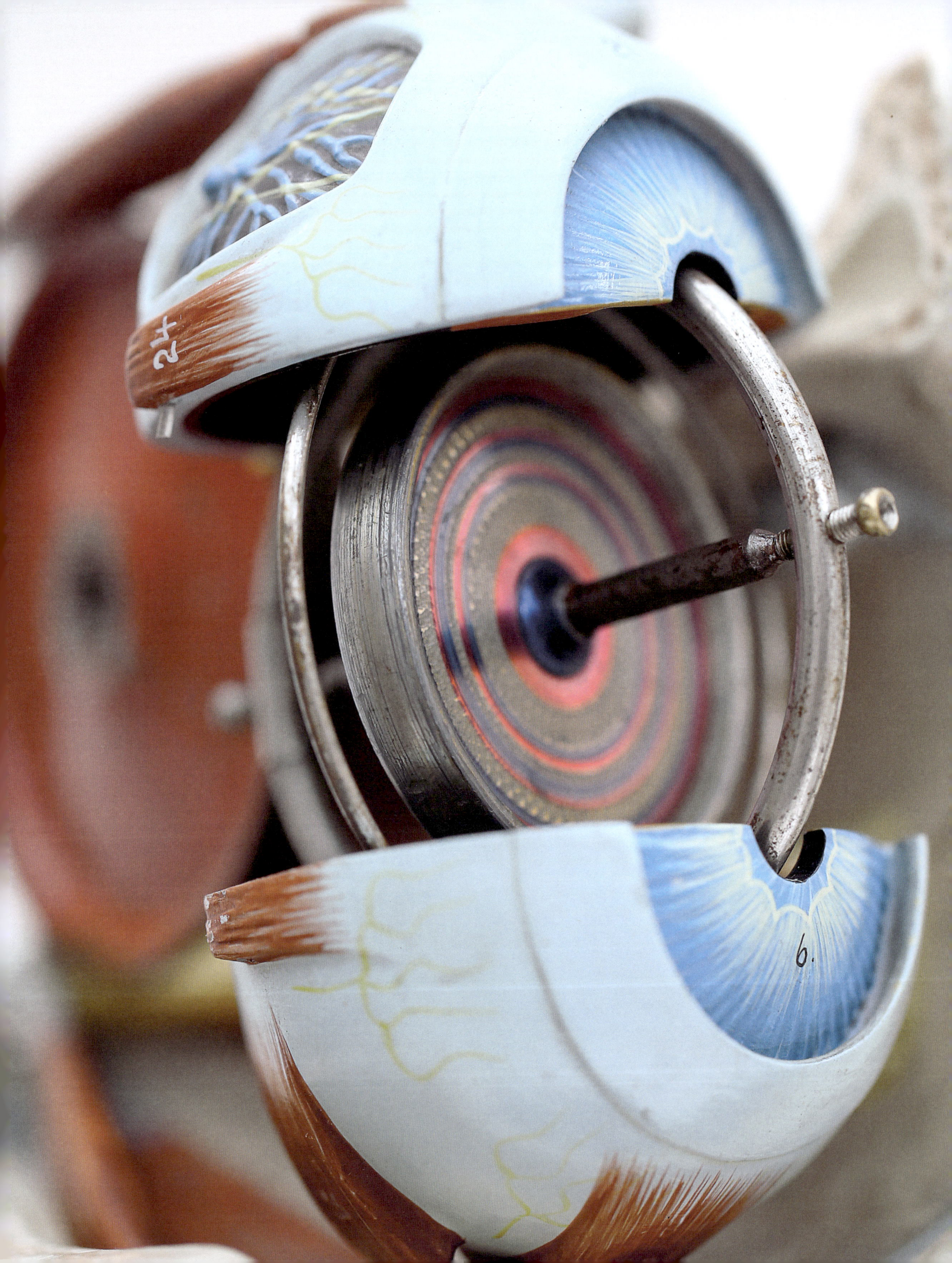
24
6.

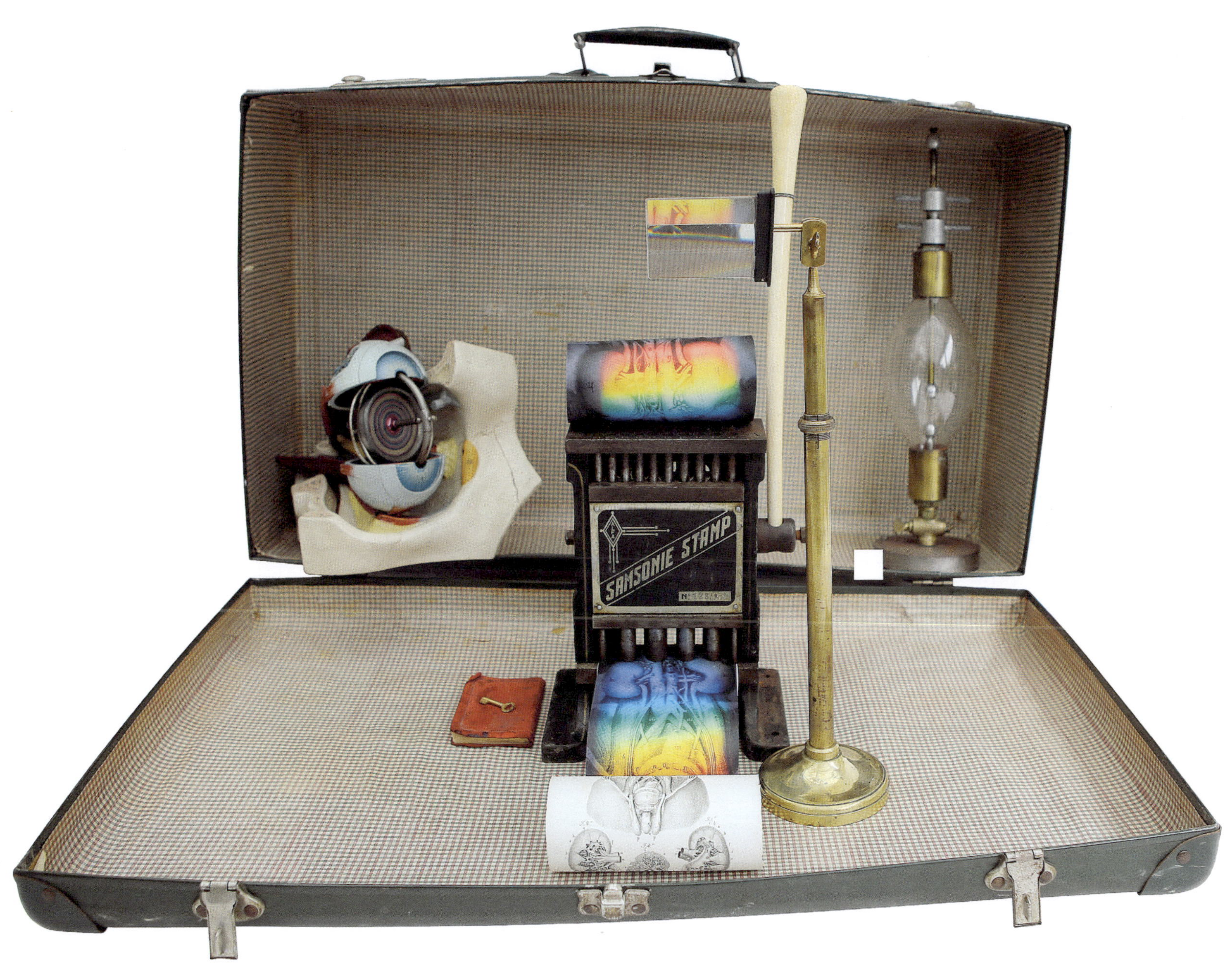

SAMSONIE STAMP

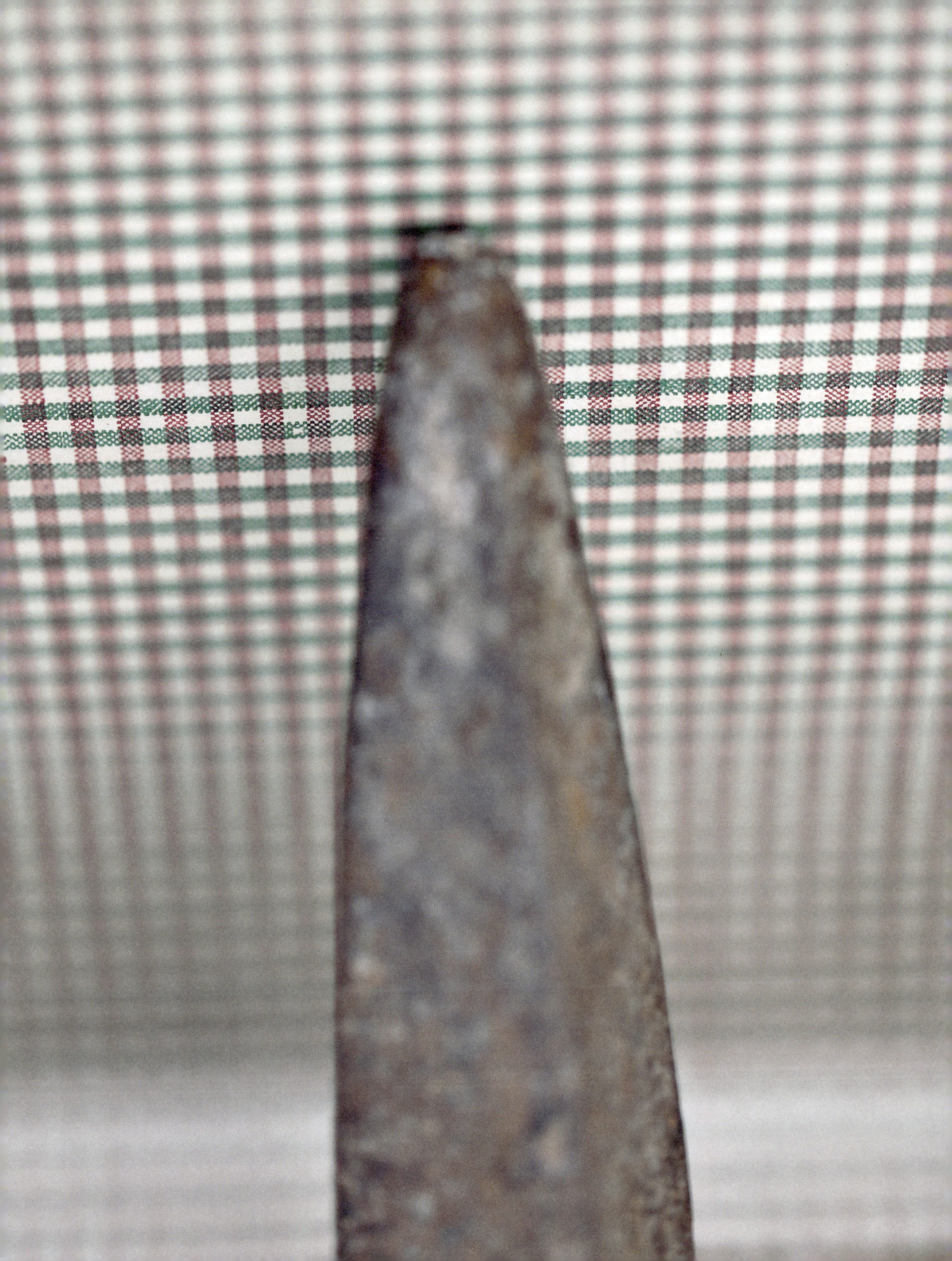

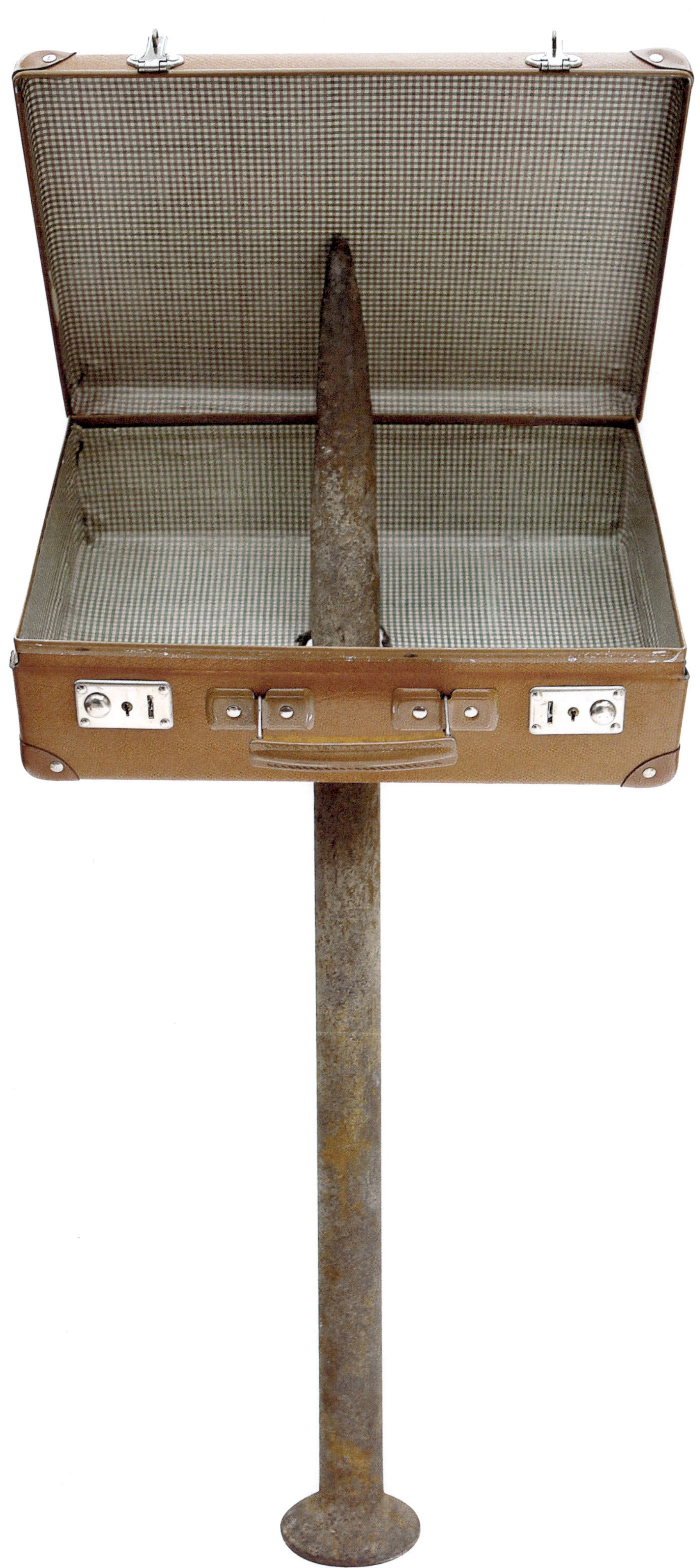

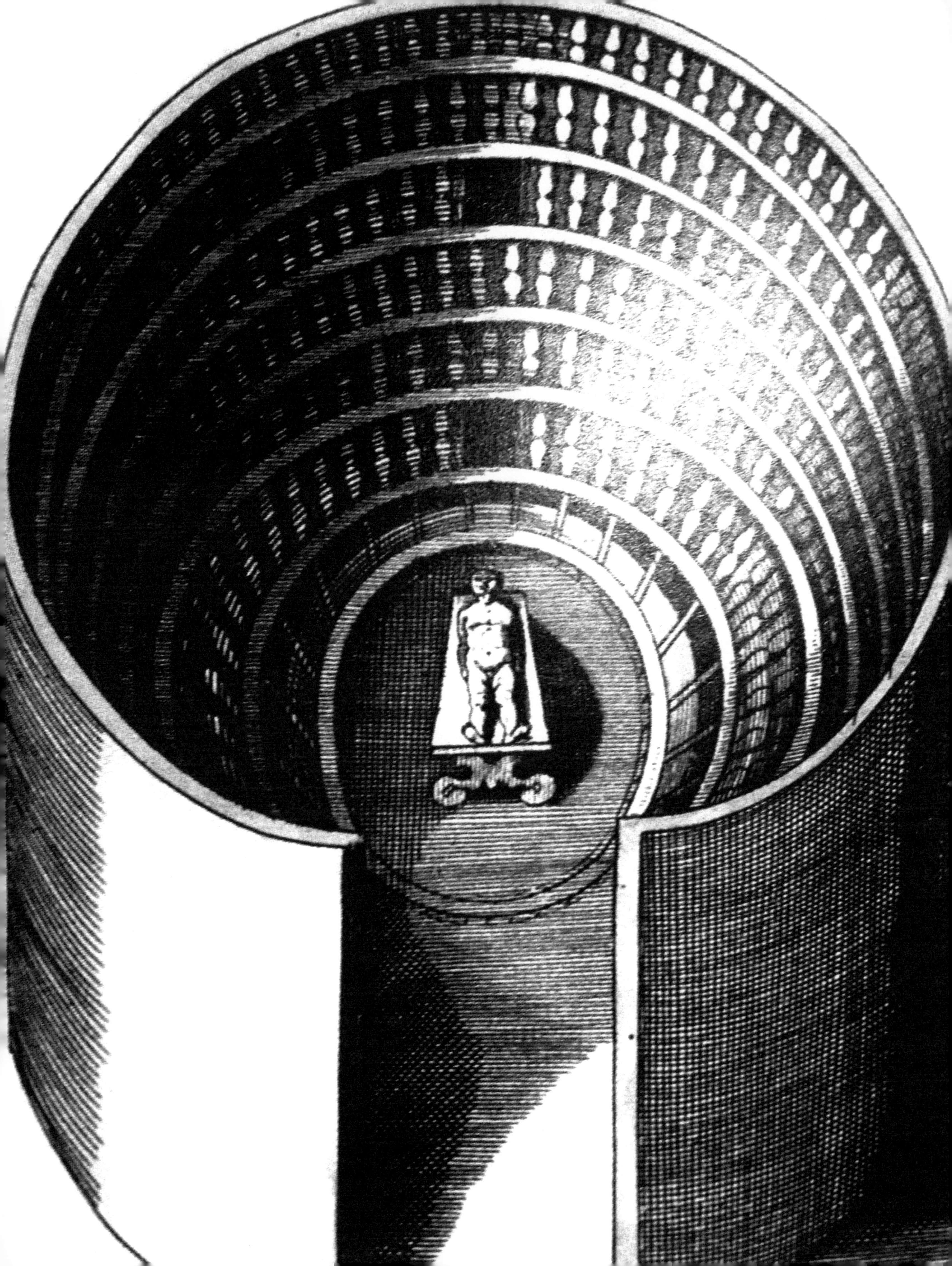

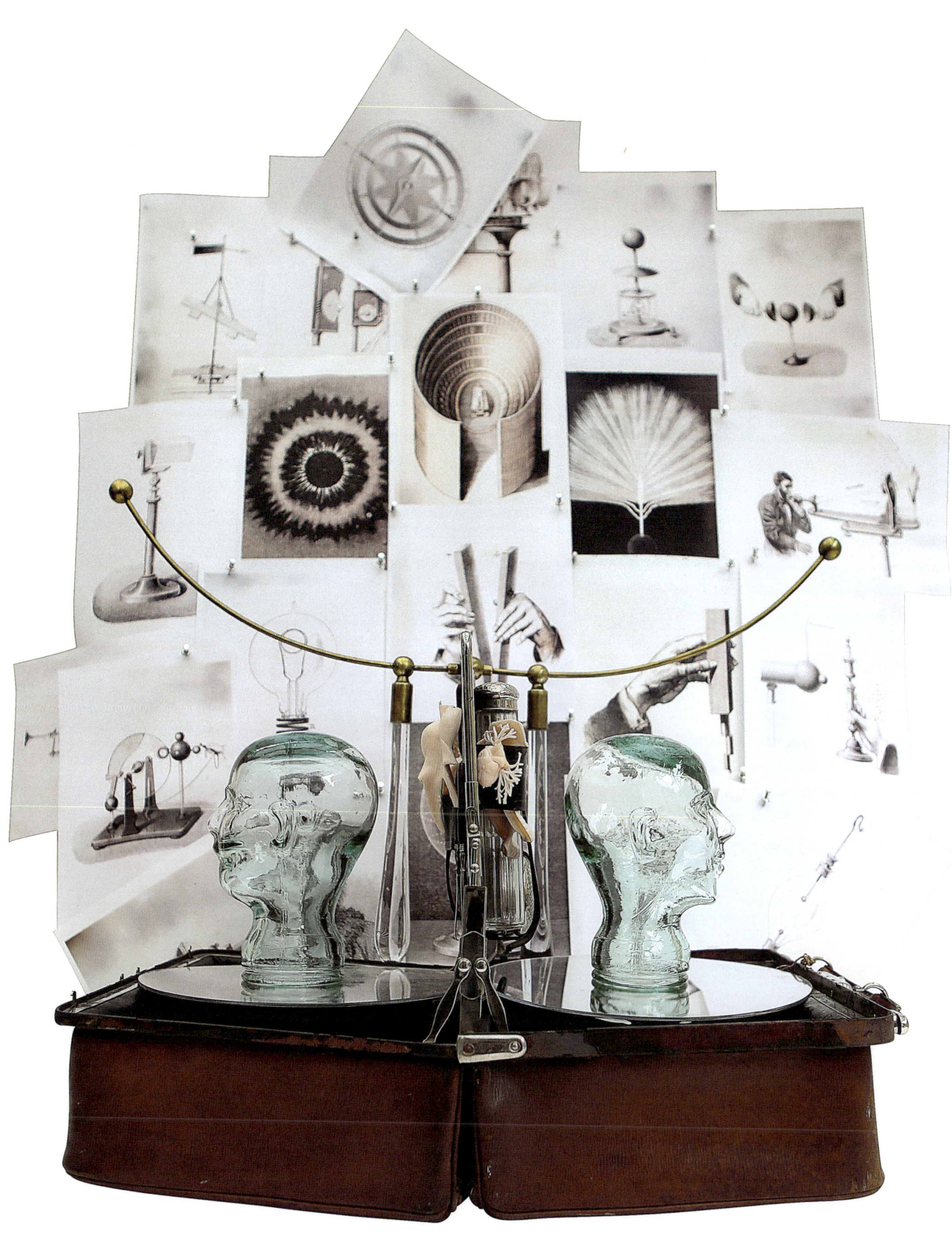

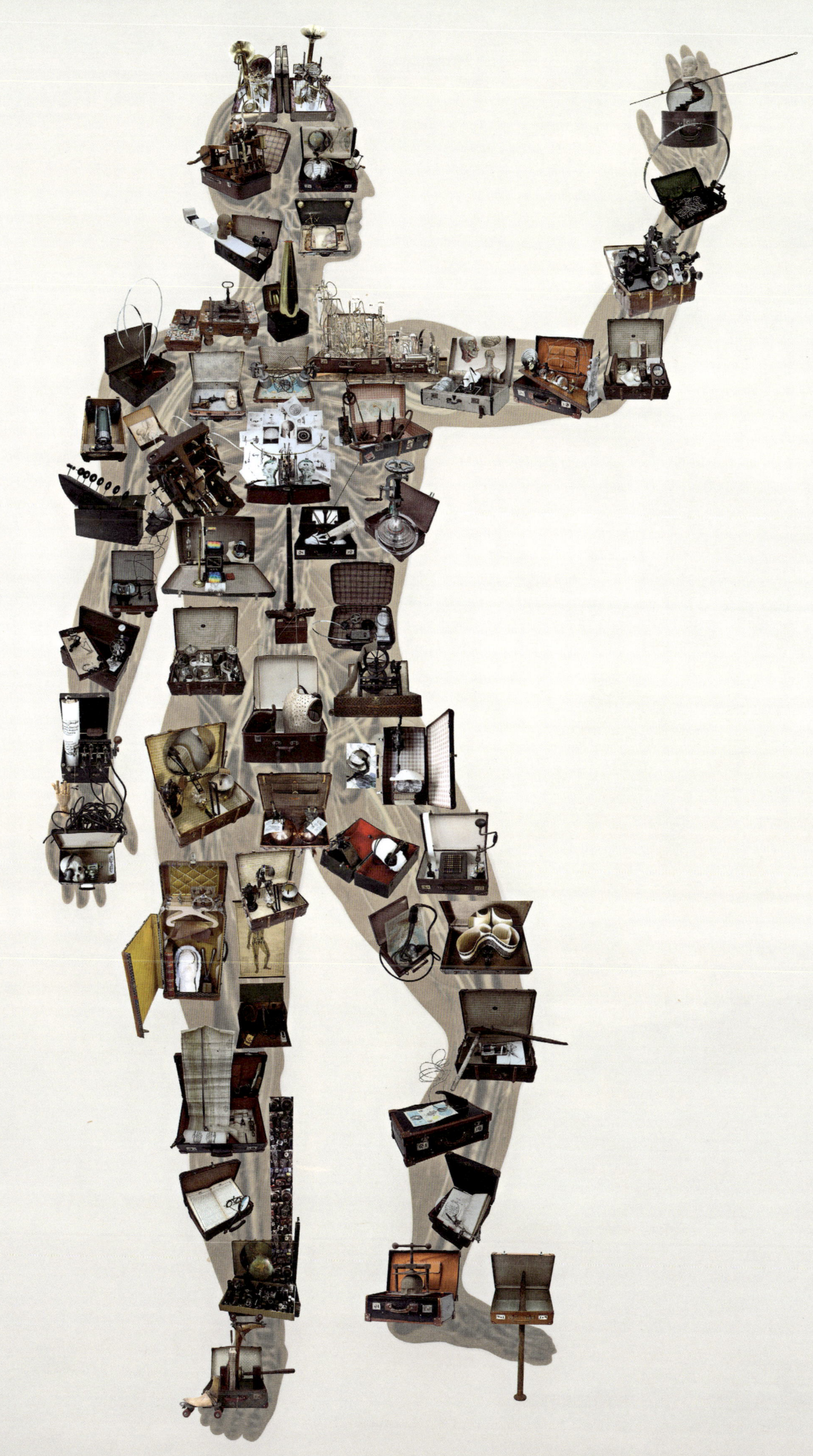

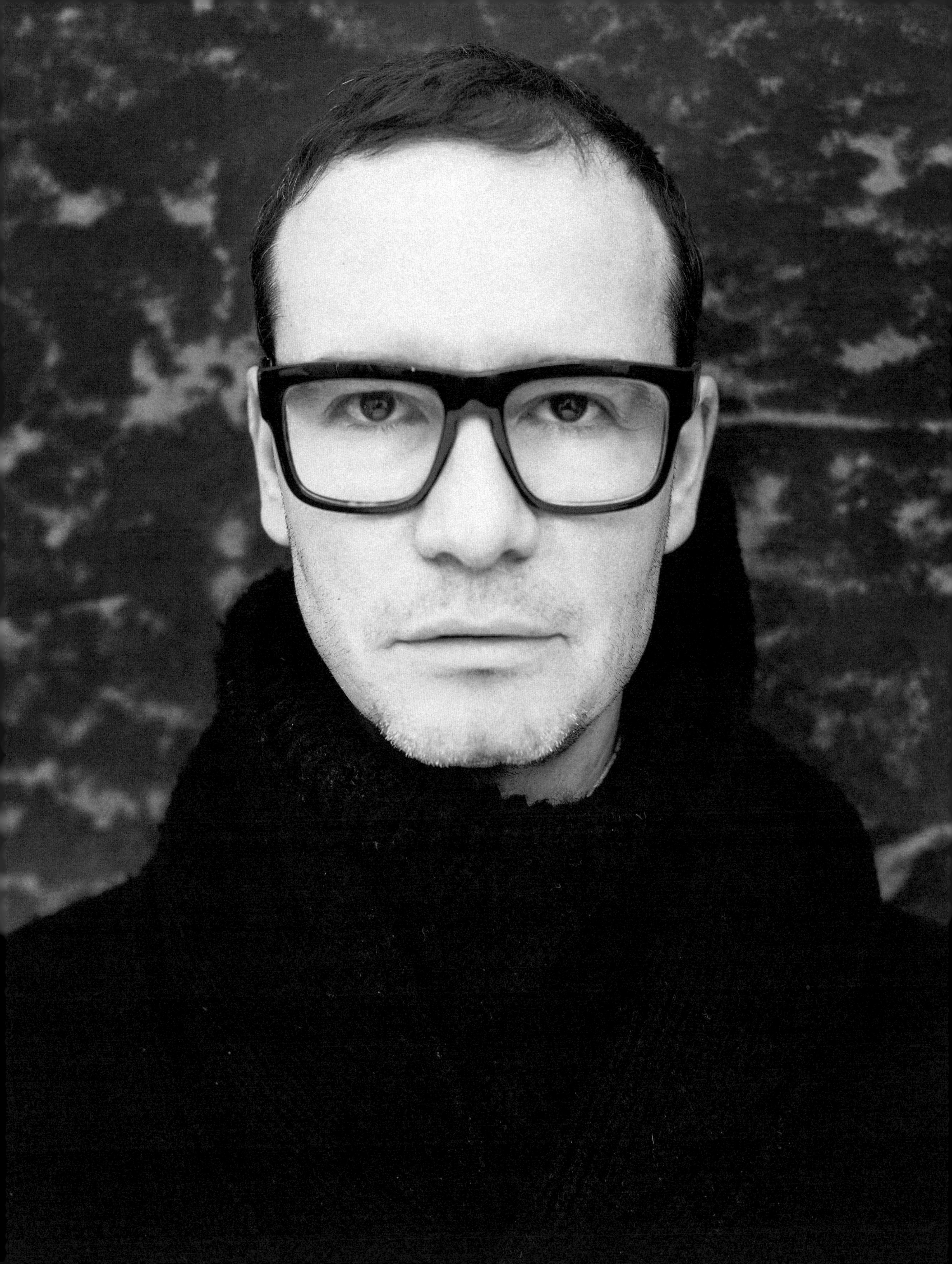

BIOGRAFIA

Stefano Russo, artista e designer, nasce in Sicilia nel 1969, vive tra Milano e Parigi. È docente di laboratori di ricerca presso il Politecnico di Milano, lo IED e Domus Academy. Nel 1994 fonda la Russo Design, uno studio di ricerca e progettazione che spazia dagli accessori per il corpo a gli oggetti per gli interni.

Da sempre ha basato la sua ricerca sull'essere umano, sul corpo ma soprattutto sui processi percettivi. Artista poliedrico, utilizza diversi linguaggi, dalla fotografia alle installazioni. Collabora con il marchio Louis Vuitton, e in contemporanea sta sviluppando un progetto tra arte e scienza.

Nel 1992 collabora con Arman. Dal 1992 al 1994 disegna per Favero e Gemma Gioielli. Nel 1993 vince il concorso Diamond Award con l'anello "Vortice". Nel 1994 espone "Magma Mutante", presso la galleria Farnese Roma e nel 1995 al Country House a Pavia. Tra il 1997 e il 1999 collabora con Swatch. Nel 1999 si occupa del lancio di Céline e Loewe occhiali. Dal 2000 al 2008 è direttore creativo occhiali di Prada, Miu Miu e Linea Rossa. Nel suo percorso lavorerà anche con Helmut Lang e Jil Sander. Nel 2001 presenta il progetto "Sogno e Volo" per Count Down Fuori Salone presso lo Spazio Consolo Milano; dal 2003 collabora alla linea di accessori e gioielli del Gruppo Giorgio Armani. Nel 2006, espone il progetto "Visionaire" Fuori Salone e Miart, Rotonda della Besana, Milano.
Nel 2007, con l'Area Lab del suo studio, progetta micro oggetti sperimentali per il corpo, per il teatro, il cinema e per famose testate giornalistiche; progetta inoltre il macro interno di sottomarini di lusso in collaborazione con Victoria Johannes Santi per la GSE. Nel 2011 espone "Electromagnetic Trasmutation", materiali riciclati e immagini estendibili nello spazio Officine Idee Verdi.
Nel 2012 lancia il Progetto multisensoriale "Athomie"; nel 2013, tiene la mostra personale "23 7 3 1" alla Fondazione Stelline a Milano. Sempre nel 2013 partecipa alla collettiva "8 Variazioni per Stradivari", presso il Museo Civico di Cremona.

Sono stati pubblicati articoli su di lui in varie riviste e giornali nazionali e internazionali tra cui: *Vogue, Vogue Gioiello, Flashart, Cosmopolitan, Artribune, JSH, 18 Karati, Corriere della Sera, Glamour, Precious, E & F, In The World, Donna, Panorama, D di Repubblica, Vedere International, Il giornale, Espoarte, Rock Star, Spoon, The Face, Ottagono, Numerò, Insideart, Wall Paper, Domus.*

BIOGRAPHY

Stefano Russo, artist and designer, born in Sicily in 1969, lives between Milan and Paris. He is a lecturer in research laboratories at the Politecnico University of Milan, IED and Domus Academy. In 1994 he founds Russo Design, a research and design studio in the eyewear, jewellery and horlogerie sector.

He always based his study on the human body but especially on perceptual processes. As a versatile artist, Stefano adopts diverse languages spacing from photography to installations.
He collaborates with the Louis Vuitton brand whilst developing a project between art and science.

In 1992, he works with the artist Arman. From 1992 to 1994, he designs jewellery for "Favero e Gemma Gioielli". In 1993, Stefano wins the "Diamond Award" competition with the "Vortex" diamond ring. In 1994, he exhibits "Magma Mutante" at the Farnese Roma Gallery and in 1995 at Country House in Pavia. Between 1997 and 1999, Stefano collaborates with Swatch. In 1999, he works on the launch of Céline and Loewe eyewear. From 2000 to 2008, he is Creative Director eyewear for Prada, Miu Miu and Linea Rossa. During this timeframe he will also work with Helmut Lang and Jil Sander. In 2001, he presents the "Sogno e Volo" for Countdown Fuori Salone' project at the cultural association Spazio Consolo Milano. From 2003, he collaborates on accessories and jewellery with the Giorgio Armani Group. In 2006, he exhibits the "Visionaire" Fuori Salone e Miart project, at Rotonda della Besana in Milan.
In 2007, with his studio's "Area Lab", he not only projects micro experimental objects for the body, theatre, cinema and known newspapers; but also the macro interiors of luxury submarines for GSE in collaboration with Victoria Johannes Santi.
In 2011, he exhibits "Electromagnetic Transmutation"; recycled materials and images then brought to the Officine Idee Verdi space.
In 2012, he launches the multisensorial project "Athomie", and in 2013 he exhibits his own personal show "23 7 3 1" in Milan's Fondazione Stelline. Again in 2013, he participates in a collective exhibition "8 Variazioni per Stradivari" in the Museo Civico in Cremona.

Articles have been published on Stefano in various magazines and national/international newspapers: *Vogue, Vogue Gioiello, Flashart, Cosmopolitan, Artribune, JSH, 18 Karati, Corriere della Sera, Glamour, Precious, E & F, In the World, Donna, Panorama, D di Repubblica, Vedere International, Il giornale, Espoarte, Rock Star, Spoon, The Face, Ottagono, Numerò, Insideart, Wall Paper, Domus.*

BIOGRAPHIE

Stefano Russo, artiste et designer, naît en Sicile en 1969 et vit entre Milan et Paris. Il est professeur auprès des laboratoires de recherche de l'Institut Polytechnique de Milan, de l'IED et de Domus Academy. En 1994, il fonde Russo Design, qui s'occupe de recherche et conception d'accessoires personnels et objets de design.

Depuis toujours il fonde sa recherche sur l'être humain, le corps mais surtout sur les processus liés à la perception. Artiste polymorphe, il manipule différents langages, de la photographie aux installations. Il collabore à la griffe Louis Vuitton et au même temps développe un projet mêlant art et science.

En 1992, il collabore avec Arman. De 1992 à 1994, il est designer pour Favero e Gemma Gioielli. En 1993, il remporte le concours Diamond Award grâce à sa bague « Vortice ». En 1994 il expose « Magma Mutante », à la galerie Farnese de Rome et en 1995 à la Country House de Pavie. Entre 1997 et 1999, il collabore avec Swatch. En 1999, il s'occupe du lancement de Céline et Loewe Lunettes. De 2000 à 2008, il est directeur artistique pour les lunettes de Prada, Miu Miu et Linea Rossa. Son parcours compte également des collaborations avec Helmut Lang et Jil Sander. En 2001, il présente le projet « Sogno e Volo » for Count Down Fuori Salone auprès du Spazio Consolo de Milan. Depuis 2003, il collabore à la ligne d'accessoires et bijoux du Groupe Giorgio Armani. En 2006, il expose son projet « Visionnaire » au Fuori Salone et au Miart, Rotonda della Besana, Milan.
En 2007, avec l'Area Lab de son studio, il conçoit des micro-objets expérimentaux pour le corps, le théâtre, le cinéma et pour des journaux à grande diffusion. Il conçoit également le plan général intérieur de sous-marins de luxe en collaboration avec Victoria Johannes Santi pour la GSE. En 2011, il expose « Electromagnetic Trasmutation », composée de matériaux recyclés et d'images extensibles dans l'espace Officine Idee Verdi.
En 2012, il lance le Projet multisensoriel « Athomie ». En 2013, il présente l'exposition personnelle 23 7 3 1 à la Fondazione Stelline de Milan. Toujours en 2013, il participe à l'exposition collective 8 *Variazioni per Stradivari*, auprès du Musée Civique de Crémone.

De nombreuses revues, des journaux nationaux et internationaux dont *Vogue, Vogue Gioiello, Flashart, Cosmopolitan, Artribune, JSH, 18 Karati, Corriere della Sera, Glamour, Precious, E & F, In The World, Donna, Panorama, D di Repubblica, Vedere International, Il giornale, Espoarte, Rock Star, Spoon, The Face, Ottagono, Numerò, Insideart, Wall Paper, Domus,* lui ont consacré des articles.

Ringraziamenti Acknowledgements Remerciements

Nathalie Bendaud
per le traduzioni in inglese for English translations
pour les traductions en anglais

Alfredo Chiarappa
per il ritratto for the portrait pour le portrait

Roberto, Gabriella e Lilly Russo
per la collaborazione for the collaboration
pour la collaboration

Victoria Johannes Santi, Sebastian
per il supporto for their support pour leur soutien

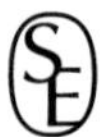

Silvana Editoriale

Progetto e realizzazione Produced by Projet et réalisation
Arti Grafiche Amilcare Pizzi S.p.A.

Direzione editoriale Direction Direction éditoriale
Dario Cimorelli

Art Director Directeur artistique
Giacomo Merli

Redazione Copy Editors Rédaction
Lorena Ansani, Chiara Golasseni

Traduzione in francese French Translation
Traduction en français
Contextus S.r.l., Pavia (Chéli Rioboo)

Coordinamento organizzativo Production Coordinator
Organisation
Michela Bramati

Segreteria di redazione Editorial Assistant
Secrétaire de rédaction
Emma Altomare

Ufficio iconografico Photo Editor Iconographie
Alessandra Olivari, Silvia Sala

Ufficio stampa Press Office Bureau de presse
Lidia Masolini, press@silvanaeditoriale.it

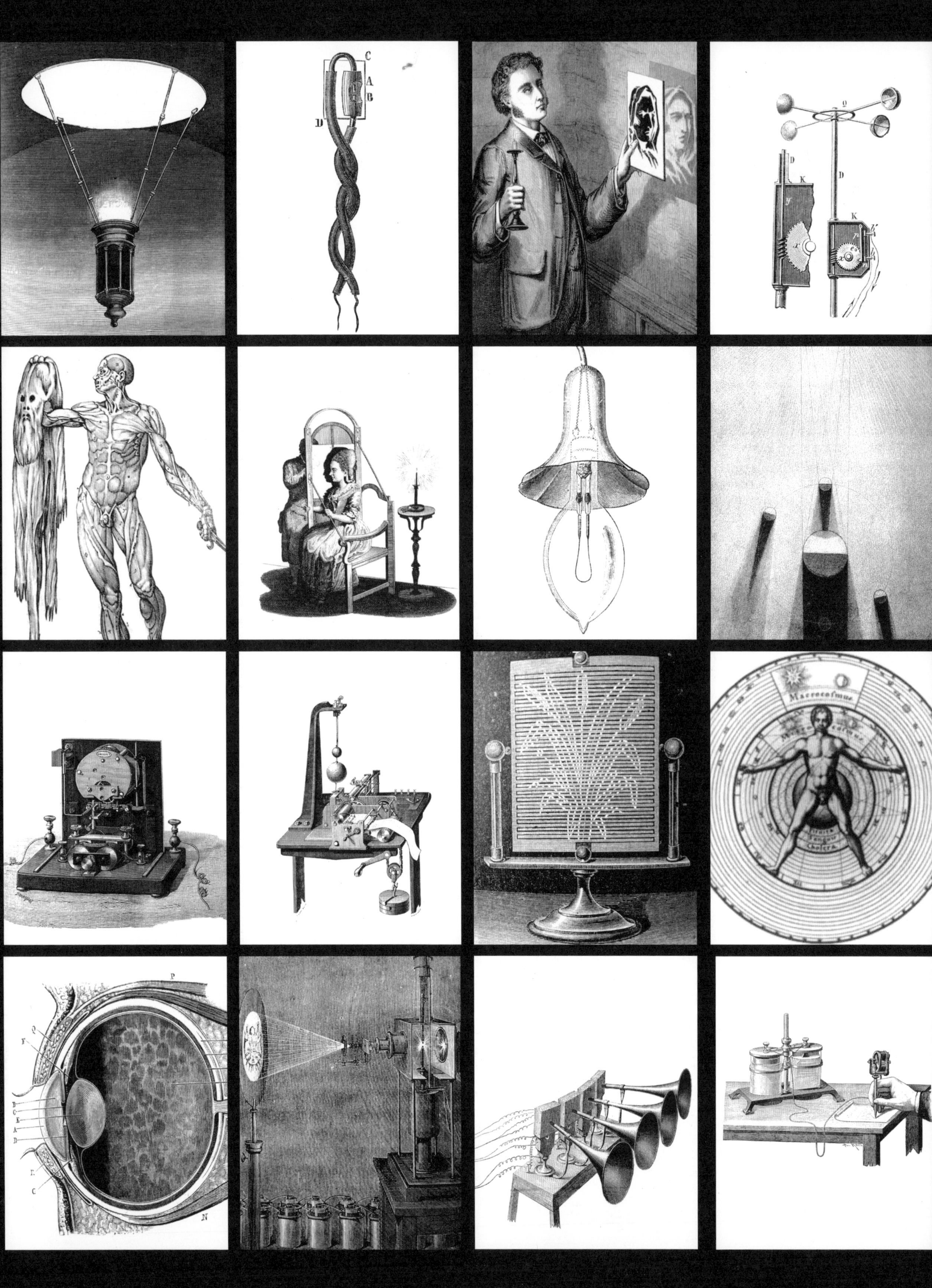